직장생활 인간관계론

에이미 갤로 지음 | 이윤진 옮김

일도 인간관계도 놓칠 수 없는 당신을 위한 가이드북

상상스퀘어

일러두기

1. 단행본은《 》, 신문·잡지·TV 프로그램·영화·그림·노래·글 등은 〈 〉로 표기했다.

2. 본문에 언급한 단행본이 국내에 출간된 경우에는 국역본 제목으로 표기했고, 출간되지 않은 경우 원서에 가깝게 번역하고 원제를 처음에만 병기했다.

3. 본문의 각주는 전부 옮긴이 주다.

4. 이 책에 나오는 외래어는 국립국어원 외래어표기법을 따랐으나, 외래어표기법과 다르게 굳어진 일부 용어의 경우에는 예외를 두었다.

사랑하는 대미언과 하퍼에게
이 책을 바칩니다.

이 책에 쏟아진 찬사

함께 일하기 어려운 관계를 긍정적이며 보람 있는 관계로 전환하는 방법에 관해 가장 쉽게 소개하는 책이다.

_**애덤 그랜트** 펜실베이니아대학교 와튼스쿨 조직심리학과 교수, 《오리지널스》 저자

대하기 힘든 동료를 다루는 방법을 깊이 있게 연구한 책이다. 에이미 갤로는 이 책에서 실행 가능한 프레임워크를 제시한다. 당신이 어떤 상황에 있든, 더 나은 업무 관계는 여기에서 시작한다.

_**다니엘 핑크** 세계적인 비즈니스 사상가, 《후회의 재발견》 저자

에이미 갤로는 일류 사상가와 훌륭한 작가의 자질을 모두 갖춘 보기 드문 인재다. 내심 눈앞에서 치워버리고 싶었던 짜증 나는 그 사람과 잘 지내며 일하는 방법을 알고 싶다면 이 책을 읽어보라!

_**대니얼 골먼** 세계적인 심리학자, 《EQ 감성지능》 저자

직장인이라면 누구나 가지고 있어야 할 책이다. 에이미 갤로의 안내서는 실용적이고 증거에 기반한, 유용한 팁이 가득한 보물 상자다. 나는 앞으로 이 필수 가이드를 참고하고 추천할 생각이다.

_**돌리 추그** 뉴욕대학교 스턴경영대학원 교수, 《상처 줄 생각은 없었어》 저자

직장 내 인간관계 때문에 밤잠을 설친 적이 있다면 이 책을 읽어보길 추천한다. 에이미 갤로는 수많은 연구를 바탕으로 공감할 수 있는 사례가 가득한 안내서를 내놓았다. 이 책은 어렵고 복잡한 관계를 배울 점 있는 관계로 바꾸는데 도움이 될 것이다.

_린다 힐 하버드 경영대학원 월리스 브렛 던햄 교수, 《혁신의 설계자》 저자

내가 지금까지 읽은 직장 내 관계를 다루는 책 중 가장 유용하고 매력적이다. 에이미 갤로는 모든 조직에서 볼 수 있는 8가지 유형을 파악하고 연구 결과, 흥미로운 사례, 설득력 있는 목소리를 결합해, 상대하기 어려운 동료와의 관계를 더 건강하고 더 나은 방향으로 변화시키는 방법을 보여준다. 그리고 이 모든 노력이 왜 가치 있는지까지 알려준다.

_로버트 서튼 스탠퍼드 공과대학 경영과학 교수, 《또라이 제로 조직》 저자

우리는 직장에서 자신에 대한 감정, 신뢰와 소통, 갈등을 관리하는 방법에 관한 여러 경험을 쌓는다. 이 책은 직장 내 관계에서 곤란한 상황을 헤쳐나갈 수 있는 명확한 지침을 제공한다.

_에스터 페렐 심리치료사, 《우리가 사랑할 때 이야기하지 않는 것들》 저자

《직장생활 인간관계론》은 실용적이면서도 지혜로운 책이다. 그리고 에이미 갤로는 경력의 단계마다 곁에 있었으면 하는 사람이다. 단지 논쟁에서 이기고 싶거나 자신의 방식을 상대에게 확신시키려고 한다면 이 책은 적합하지 않다. 이 책의 현명한 조언이 힘을 발휘하려면 실제로 다른 사람들이 어떻게 생각하는지에 관심을 가져야 하고, 배우고자 하는 마음이 있어야 한다.

　　_**에이미 에드먼드슨** 하버드 경영대학원 리더십 및 경영학 교수, 《두려움 없는 조직》 저자

그 어떤 까다로운 동료나 상사에게도 대처할 수 있는, 데이터 기반의 실용적인 가이드가 나왔다. 에이미 갤로는 정말 뛰어나다!

　　_**토마스 차모로-프레무지크** 컬럼비아대학교 경영심리학자,

《왜 무능한 남자들이 리더가 되는 걸까?》 저자

이 책은 대하기 어려운 동료를 다루는 방법을 소개하는 실용적이고 꼭 필요한 안내서다. 실행 가능한 전략과 누구나 공감할 만한 사례들로 가득 차 있는 이 책은 직장 내 인간관계를 생각하는 방식을 바꿔놓을 것이다.

　　_**리즈 포슬린** 마케팅 및 설계 분야 컨설턴트, 《노 하드 필링스》 저자

이 책은 예리한 통찰과 공감으로 어려운 직장 내 관계에 최대한 활용할 수 있는 실용적인 로드맵을 제시한다. 이 책 한 권으로 대하기 어려운 사람을 상대하는 방법뿐 아니라 더 나은 동료가 되는 법까지 배울 수 있을 것이다.

　　_**도리 클라크** 듀크대학교 푸쿠아경영대학원 부교수, 《롱 게임》 저자

에이미 갤로는 직장에서의 인간성에 대해 사려 깊고 실용적인 책을 써냈다. 이 책은 상대하기 어려운 사람들과 함께 일하고 살아가는 방법을 지혜롭고도 따뜻하게 안내한다. 심지어 우리 스스로 마음속에서 만들어내는 어려움까지도 포함해서 말이다.

_마티아스 버크 뉴욕대학교 및 컬럼비아 경영대학원 리더십·마음챙김 겸임 교수

에이미 갤로는 직장에서 어려운 관계를 헤쳐나가는 방법에 대해 매우 귀중한 통찰력을 제공한다. 실용적이며 증거에 기반한 이 접근방식은 신입사원부터 관리자까지 직장에 다니는 모든 사람에게 큰 도움이 될 것이다.

_캐린 트와로나이트 DEI(다양성·형평성·포용성) 분야 글로벌 리더

직장 내 인간관계와 직장생활의 질을 높이고 싶은 사람이라면 반드시 읽어야 할 책이다. 갤로는 까다로운 상사나 동료(당신이 지금 떠올리는 바로 그 사람!)를 상대하는 실행 가능한 전략을 제시할 뿐 아니라, 이런 관계를 효과적으로 관리하는 것이 직업적 성공에 중요한 이유까지 명확히 짚어준다.

_하이디 조 디지털미디어 임원이자 고성과 팀 구축 전문가

직장에서 사람은 가장 큰 힘이 되기도 하고, 가장 큰 어려움이 되기도 한다. 《직장생활 인간관계론》은 그 현실을 잘 다룰 수 있도록 돕는 책이다. 직장생활의 질이 삶의 질에 직결되기에, 이 주제는 더 늦기 전에 꼭 논의되어야 한다.

_짐 매카시 스텔라 라이브 및 골드스타 공동 설립자 겸 CEO

모두 다 잘 지낼 수 없는 걸까?

나는 첫 직장에서 까다롭기로 명성이 자자한 상사 밑에서 일했다. 그
상사를 엘리스라고 부르겠다. 많은 사람이 엘리스는 같이 일하기 어려
운 사람이라고 조언해주었다. 사람들이 하는 말을 믿긴 했지만, 나는
누구와도 잘 지내는 편이라는 자부심이 있었기 때문에 감당할 수 있을
거라고 생각했다. 사람들이 나를 쉽게 보지 못하게 했고, 어떤 사람이
라도 그 사람만의 장점을 찾아냈다.

　하지만 회사에 들어간 지 두 달도 되지 않아 퇴사를 준비하기 시작했
다. 엘리스는 내 예상보다 훨씬 심각했다. 온종일 일하고 주말에도 일
했다. 대놓고 요구하진 않았지만, 팀원들도 그렇게 일하길 바랐다. 엘
리스는 전날 저녁 6시에 지시한 일을 다음 날 아침 8시 30분에 확인하

곤 했다. 엘리스가 하루 만에 끝내길 기대하는 일의 양은 매우 비합리
적이었고, 엘리스가 새로운 일을 맡기려 할 때마다 그 일을 수행하려
면 지난주에 배정된 긴급한 프로젝트의 우선순위를 바꿔야 한다고 설
명해야 했다. 그러면 엘리스에게서 왜 아직도 그 일을 붙들고 있느냐는
대답이 돌아왔다.

하지만 그보다 더 나를 힘들게 했던 건 뒤에서 팀원들을 욕하는 엘리
스의 성향이었다. 엘리스는 팀원들의 직업윤리와 일에 대한 태도를 늘
의심했다. 팀원들의 일정표를 정기적으로 확인하며 회의 없는 날에 일
을 적게 했다고 지적했다. 그 말을 들으면 엘리스가 뒤에서 나를 비난
할 것이라는 생각이 들 수밖에 없었다.

어느 일요일 저녁, 인내심의 한계를 넘는 순간이 왔다. 엘리스와 함
께 일한 지 3개월이 되던 때였고, 나는 주말이 너무 빨리 지나가버린
것을 아쉬워하고 있었다. 의식적으로 일과 거리를 두며 이메일도 확인
하지 않았지만 제대로 쉰 기분이 들지 않았다. 오히려 지나치게 많은
시간을 엘리스 생각으로 보냈다. 개와 산책할 때도, 딸과 함께 간 생일
파티에서도, 한밤중에 일어나서도 월요일에 무슨 일이 생길지를 걱정
했다.

상사와의 관계는 내 정신세계를 침범했고, 시간이 갈수록 내가 가장
아끼는 사람들과의 관계보다 더 중요해지고 더 많은 시간을 차지하게
되었다. 물론 근무시간이 아니어도 일 생각을 하는 사람은 많다. 가정
생활과 직장생활의 경계가 흐려질수록 드문 일도 아니다. 내가 한 모든

결정이 걱정되고, 가득 차다 못해 넘쳐나는 메일함도 신경 쓰이고, 지금 하는 일이 의미 있는 일인지도 생각하게 된다. 하지만 가장 큰 고민은 동료들과의 관계, 특히 나를 열받게 하는 동료와의 관계다.

　이건 나 혼자만의 고민이 아니다. 대다수가 누군가와 일할 때 어려움을 겪는다고 털어놓는다. 한 연구에 따르면 94퍼센트의 사람들이 지난 5년간 유해한 사람과 일했고, 87퍼센트는 그 결과로 팀 문화가 피해를 입었다고 보고했다.[1] 미국 근로자 2000명을 대상으로 한 다른 설문조사에서는 세 명 중 한 명이 불쾌하거나 오만한 동료 때문에 직장을 그만둔 것으로 나타났다.[2] 이 조사에서 응답자들은 직장에서 가장 큰 긴장의 원인이 '대인관계'라고 대답했다.

결국 모든 것은 관계다

직장에서 무엇이 사람들을 행복하게 하는가에 대해 말할 때 전문가들은 보통 의미 있는 일, 성취감, 다른 사람에 미치는 영향력을 꼽는다. 하지만 내 경우에는 항상 사람이었다. 동료들과의 관계, 함께 일하는 상사에 대한 존경, 내가 관리하는 사람들과의 유대감, 고객과의 상호존중이 나를 행복하게 했다. 하루를 기분 좋게 보내느냐 마느냐는, 누구와 소통하고 그 소통이 어떻게 진행되는지에 달려 있을 때가 많았다.

　심리치료사이자 관계 전문가 에스터 페렐Esther Perel은 우리 삶을 지지하는 기둥이 두 개가 있다고 말한다. 바로 '사랑'과 '일'이다.[3] 각각에서 우리는 소속감, 의미, 만족을 추구한다. 그리고 이 두 영역에서 맺는 관계가 중요하다. 직장은 우리가 하루를 보내는 곳이자, 가장 치열하고 복잡한 관계를 맺는 곳이기도 하다.

물론 함께 일하는 사람들과 모두 사이좋게 지낸다면 더없이 좋을 것이다. 나 역시 동료 몇 명과 소중한 우정을 쌓았다. 전에 다닌 컨설팅 회사에서 만난 동료는 평생 친구가 되었다. 어쩌다 호텔 방을 같이 쓰게 되어 밤늦도록 이야기를 나누다가, 고객과의 회의를 앞두고 놀라운 연결고리를 발견한 것이 계기가 되었다. 그 동료는 내가 딸을 낳은 다음 처음으로 찾아온 사람 가운데 하나였고, 나는 그의 결혼식에서 건배사를 하기도 했다.

〈하버드비즈니스리뷰〉에서 대학 친구가 내 상사였을 때는 둘 다 긴장과 걱정이 앞섰다. 우리는 일이 우정에 영향을 미치지 않도록, 친구가 나를 편애하는 것처럼 보이지 않도록 몇 가지 규칙을 정했다. 그중 일부는 철저히 지켰지만, 지금 생각해보면 참 순수했다고 느껴지는 규칙도 있었다. 하지만 경계 설정에 관한 대화는 매우 중요했다. 우리는 같이 일한 7년 동안 몇 가지 사소한 문제를 맞닥뜨렸지만, 함께 해결해나갔다. 대부분 긍정적이었다. 지금 우리는 그 어느 때보다 가장 튼튼한 관계를 유지하고 있다. 이는 성인이 되어 만난 관계에서는 매우 드문 일이다. 그리고 '일'이라는 공통 관심사가 우리의 새로운 기둥이 되어주었다.

이런 관계는 직장을 더 재미있고 매력적이고 즐거운 곳으로 만든다. 그리고 그 덕분에 직장에서 일도 더 잘할 수 있다고 믿는다. 이 의견을 뒷받침하는 연구는 셀 수 없이 많다. 샤스타 넬슨Shasta Nelson은 자신의 저서 《우정의 비즈니스The Business of Friendship》에서 이렇게 말했다. "수많은 연구에 따르면 함께 일하는 사람에게 호감을 갖는지가 직장에서 참여, 근속, 안전, 생산성을 예측하는 가장 중요한 변수임을 알 수 있다. … 직장에 친구가 없을 때 더 나은 성과를 내고 더 행복하다는 연구는 단 한 건도 없다."[4]

하지만 동료와 절친한 친구가 되기란 항상 가능하지도 않고, 어쩌면 바람직한 것도 아닐 수 있다. 엘리스 밑에서 일하기로 했을 때, 나는 존경하고 우러러볼 수 있는 사람과 일하기를 바랐다. 나의 멘토가 되어줄 사람이기를 바랐다. 친구가 되길 바라지는 않았지만, 그렇다고 내 전화기에 그 사람 이름이 뜰 때마다 움츠러들길 바라지도 않았다.

하지만 안타깝게도 내가 만난 상사는 그런 사람이었다. 몇 달이 지나도 매주 똑같은 이야기가 반복되는 기분이 들었다. 맹세하는데, 상사가 나를 어떻게 대하는지에 신경을 덜 쓰거나 상사의 날카로운 면을 조금이나마 부드럽게 해보겠다고 넘치도록 친절하게 대한 적도 있었다. 기분이나 상황이 좋을 때는 친절하게 대하고자 하는 마음을 유지할 수 있었다. 하지만 열심히 일하지 않는다고 눈치를 주는 순간, 내 모든 선의는 창밖으로 날아가버렸다. 나는 수동공격적인 태도로 행동했다. 어떤 일을 하기로 해놓고 제시간에 끝내지 않거나 팀원들에게 상사에 대한 불만을 늘어놓았다.

우리는 엘리스처럼 대하기 어려운 사람들을 그냥 참아내는 경우가 너무 많다. 첫 직장이든 열 번째 직장이든 마찬가지다. 동료를 직접 선택할 수 없기에 참는 것 말고는 달리 방법이 없다. 하지만 부정적인 관계에 갇힌 채 최선을 다하기란 쉽지 않기 때문에 우리는 눈을 치켜뜨고 돌이킬 수 없는 뼈아픈 말을 내뱉는다. 또 신념을 저버리고, 업무의 질을 떨어뜨리며, 상황을 악화시키는 후회스러운 행동을 한다. 그로 인한 스트레스는 쉽게 벗어나기 힘들다.

원격근무를 많이 하는 경우, 불편한 관계가 악화될 수 있다. 작은 사각 화면으로 동료들을 대하다 보면 단절감을 느낀다. 글로 주고받는 대화는 오해를 낳을 수 있다. 사소한 의견 불일치가 걷잡을 수 없이 부풀려지기도 한다. 순간 발끈해서 직접 만나서는 하지 않을 말을 쉽게 쏘아붙인다. 이렇게 빗나간 관계를 회복하기는 더 어렵다. 우연히 복도에서 만나 대화하거나 휴게실에서 웃으며 어색한 관계를 풀 수도 없다. 원격회의에서는 대부분 마이크와 카메라를 꺼놓기 때문에 상호작용이 덜 인간적으로 느껴진다.

본능을 믿을 수 있을까?

새로운 일을 시작하거나 더 어려운 역할을 맡을 때는 보통 일을 배우고 업무에 적응하는 시간을 갖는다. 특히 우리에게 없는 새로운 기술이 필요할 때는 시작하자마자 모든 것을 바로 알 거라고 기대하지 않는다.

하지만 까다로운 사람하고 잘 지내야 할 때는 이런 노력을 하지 않는다. 왜냐하면 우리는 평생 다른 사람과 상호작용해 왔고, 이들 가운데 다수는 우리를 힘들게 했다(곤란한 질문을 하는 친척이나 고등학교 시절 친구이자 적이었던 누군가를 떠올려보라). 다시 말해, 우리는 본능적으로 그런 사람들을 대하는 방법을 안다고 생각한다. 하지만 보통은 '공격적이고 잘난 척하는 사람을 물리치는 방법'이나 '계속 반대만 하는 사람을 상대하는 방법'을 알고 태어난 사람은 없고, 알려주려는 사람도 없다. 사내 정치꾼에게 대처하는 방법을 가르치는 수업도 들어본 적 없고, 무능한 상사와 일할 때 어떻게 해야 하는지 조언해주는 멘토도 없었다(적어도 나는 그랬다).

까다로운 상사 밑에서 일했던 나의 이야기에서 알 수 있듯이, 타고난 본능이 어려운 상황을 건설적으로 대처하는 데 항상 도움이 되는 것은 아니다. 돌이켜보면 내 생각이나 감정은 상황을 헤쳐나가는 데 오히려 걸림돌이 되었다. 유능하고 인기 있는 사람이라는 내 정체성이 위협받자, 뇌에서 '나는 무고한 피해자고, 엘리스는 완전히 비합리적인 인간'이라는 이야기를 만들어냈다. 그러고 나자 엘리스와의 모든 상호작용이 머릿속에서 만들어낸 이야기가 사실이라는 증거로 느껴졌다.

연구자들은 이런 내 행동이 특이하진 않지만, 그렇다고 완전히 자의적이지도 않다고 말한다. 갈등에는 침착하고 현실적인 상태를 유지하기 어렵게 하는 생리학적, 정서적 효과가 있는 것으로 보고되었다. 불쾌한 상사는 우리를 비참하게 했던 관리자, 지나치게 비판적이었던 부모, 관심받으려 애썼던 어린 시절의 부정적인 경험과 순식간에 결합되어 위협으로 다가온다. 연구에 따르면, 가벼운 스트레스조차 순식간에 극적인 전두엽 인지능력 상실을 유발할 수 있다. 결과적으로 우리의 생각, 관심, 행동, 감정, 의사결정 등을 결정짓는 고차원적 사고의 틈을 주지 않는다. 간단히 말해, 명확하게 생각하지 못하고 건전한 판단 능력을 상실한다. 이는 생산적인 행동에 결코 필요하지 않다.

우리는 건설적으로 대처하는 대신, 자기만의 생각에 갇히게 된다. 걱정하는 시간이 늘고, 자극하는 사람을 피하려 하고, 심하면 직장을 그만둘 생각을 한다. 점점 창의력이 줄고, 판단은 느려지고, 올바른 결정을 하지 못한다.[5] 실수가 잦아지거나 치명적인 실수를 저지를 가능성이 크다. 의사, 간호사, 병원 근무자 4500명을 대상으로 한 설문조사에서 응답자의 71퍼센트가 언어폭력, 고압적 태도, 모욕 같은 부정적인 행동이 의료과실과 연관 있다고 말했고, 27퍼센트는 환자 사망과 연관시켰다.[6]

동료와의 관계가 긍정적이지 못하면 당사자만 고통받는 게 아니다. 조직도 고통받는다. 직장 내 인간관계 갈등을 해결하는 데 들어가는 시간, 돈, 자원을 생각해보면 그 부담은 어마어마하다. 낭비되는 에너지와 성과에 미치는 영향력도 무시할 수 없다. 여러 산업, 분야, 지역에 걸쳐 수천 개의 팀을 대상으로 한 연구에서 저성과 팀과 고성과 팀 사이에 존재하는 차이의 70퍼센트가 팀 내 관계의 질과 관련이 있는 것으로 나타났다.[7] 나는 이 연구 결과의 실제 사례들을 보아왔고, 아마 당신도 마찬가지일 것이다.

"내 동료가 어떤 사람인지 믿지 못할 겁니다."

몇 년 전, 직장 내 갈등에 관한 책을 썼다. 그 이후로 운 좋게 원격근무 환경이나 콘퍼런스, 대면 워크숍을 통해 직장에서 겪는 긴장과 어려운 대화를 관리하는 전략에 대해 수천 명의 사람과 이야기할 기회가 생겼다. 그렇게 여러 행사를 진행하며 많은 이에게 같은 일이 일어난다는 사실을 알게 되었다. 공개 질의응답 시간이나 엘리베이터 안, 비공개 대화창으로 소심하게 도움을 요청하곤 하는데, 보통 이런 식이다.

"저한테 이런 동료가 있는데요. …"
"상사 때문에 너무 힘듭니다. …"
"제 부하직원이 한 일을 이야기하면 아마 믿지 못할 겁니다. …"

믿기 어려운 이야기들을 수도 없이 들었다. 자신이 싫어하는 표현을 누군가 사용했다는 이유로 소리를 지른 창업자도 있었고, 휴가 중인 동료의 책상을 자기 마음대로 쓰는 사람도 있었다. 심지어 실수로 회의 참석자에 누락시켰다는 이유로 같은 사무실을 쓰는 동료와 3개월 동안 말 한마디 하지 않은 사람도 있었다. 한 관리자는 아침 9시 전에 부하직원에게 이메일 50개를 보내놓고 (수신확인 설정을 해서) 9시 15분에 전화해서 왜 모든 이메일에 답하지 않느냐고 다그쳤다. 심지어는 부하직원이 신혼여행을 가서도 일하길 바라거나, 중요한 미팅과 겹치지 않도록 결혼식 일정을 바꾸게 한 CEO도 있었다.

이 중 몇 가지는 당신도 겪어본 일일 수도 있다. 안타깝게도 모든 직장에는 경솔하고 모호하며 비합리적이고 악의적으로 행동하는 사람들이 있고, 이들 중 상당수는 존경과 권력을 누린다. 행사장에서 만났던 많은 이가 고장 난 관계를 되돌리기 위해 선의의 노력을 기울였지만 실패를 반복했다. 관계 개선을 위한 노력은 비웃음을 받고, 윗사람을 참여시키려는 노력은 역효과를 일으키고, 명확하게 설정했던 경계들은 결국 지켜지지 않는다. 왜 이런 결과가 생기는 걸까?

나는 상대하기 어려운 동료들을 경험하고 '갈등'이라는 주제를 광범위하게 연구하면서 갈등에 접근하는 수많은 조언이 몇 가지 잘못된 가정에 바탕을 둔다는 사실을 깨닫게 되었다(이 바탕에는 내가 전작에서 설명한 몇 가지 원칙도 포함된다). 잘못된 가정이란 이를테면 이런 것들이다. 첫째, 하나의 전략이 모든 유형의 어려운 행동에 똑같이 효과가 있을 것이라는 가정. 둘째, 인종, 성별, 정체성에 상관없이 모든 사람이 대인 관계 갈등을 동일하게 경험하고 인식할 것이라는 가정. 셋째, 독자들이 책에서 읽은 갈등에 대한 일반적이고 이론적인 내용을 자신의 상황에 잘 적용할 수 있을 것이라는 가정이다. 이 같은 해결책들은 깔끔하고 단정하며, 때론 1차원적이고 지나치게 단순하다. 하지만 실제 삶은 지저분하고 복잡하다.

그래서 이 책을 쓰고 싶었다. 좀 더 구체적이고 실용적이며 증거에 기반한 접근방법을 제공하고 싶었다. 직장 내 건강하지 못한 관계의 복잡성과 그로 인해 발생할 수 있는 거대한 불편함을 알리고 싶었다. 덫에 걸린 건 알지만 어떻게 대처해야 할지 모르는 사람, 일반적인 조언대로 해봤지만 효과가 없었던 사람들을 돕고 싶었다.

도전적인 관계에 접근하는 새로운 방식

갈등 해결에 관한 수많은 문헌은 말할 것도 없고, 개인적·직업적 경험에서 내가 발견한 근본적인 결함 가운데 하나는 대하기 어려운 사람을 전부 '멍청이'라는 큰 카테고리 하나에 넣고 절대 변하지 않는 대상처럼 취급하는 가정에 있었다. 하지만 한번 생각해보자. 나쁜 행동에는 정말 다양한 형태가 있고, 대하기 힘든 동료와 효과적으로 협력하는 데 필요한 전략은 자신이 상대해야 하는 동료의 행동에 따라 달라야 한다.

바로 이런 이유에서 이 책은 대하기 힘든 동료를 8가지 유형으로 구분하고, 각각의 유형에 맞는 대처 방안을 제공한다. 또한, 어떤 유형에도 속하지 않는 사람이 있다는 것을 아는 것도 중요하다. 따라서 어떤 종류의 나쁜 행동에도 적용할 수 있는 원칙들 또한 제시할 것이다.

책 전반에 걸쳐 인종, 성별, 다른 정체성에 관한 문제에도 관심을 기울이려고 노력했다. 이미 시중에 관련 책이 많이 나와 있긴 하지만, 그 책들에서는 편견이 어떻게 동료와의 관계에 영향을 미치는지를 자세하게 설명하지 않는다. 하지만 이 책은 이런 문제들을 피하지 않는다. 모든 사람이 직장에서 동일한 경험을 하지는 않는다. 특정 집단은 지나칠 정도로 자주 무례한 행동의 대상이 된다. 나는 사람들이 대우받는 방식에 불평등이 존재하고, 집단마다 특정 전술의 효과가 다를 수 있다는 점에 주목했다. 예를 들어, 수동공격성을 보이는 동료를 지적하는 방식은 백인 남성에게는 효과적일 수 있지만, 라틴계 여성에게는 그렇지 않을 수 있다. 이는 직장에서 유색인종 여성이 할 수 있는 '적절한' 행동의 범위가 매우 좁기 때문이다.

나는 많은 특권을 누리고 있는 백인 여성으로서 편향된 시각으로 차별의 복잡성을 바라보고 있다. 아마 몇 가지 오해나 실수도 피할 수 없을 것이다. 하지만 앞으로 더 나아지길 바란다면 직장 내 관계에 대한 논의에 정체성을 포함해야 한다. 불완전한 일을 할 수도 있다는 위험을 감수하더라도 말이다.

시중에 나온 책들에서 말하는 수많은 조언의 또 다른 단점은 충분히 실용적이지 않다는 점이다. 대부분 과도하게 수준이 높거나, 너무 추상적이거나, 매우 일반적이다. 이 책의 목표는 지금 당장 당신이 행동할 수 있도록 만드는 것이다. 이론적 개념을 실천에 옮길 방법을 고민할 필요가 없다. 그 숙제는 개인적 경험과 학문 연구에서 도출한 결과를 바탕으로 내가 이미 대신했다. 또한 생산적이고 구체적인 방식으로 문제 관계를 탐색하는 데 도움을 주고자 신경과학, 감성지능, 협상, 경영과학 등 다양한 분야의 발견과 조언을 통합했다.

마지막으로, 이 책이 당신의 대인관계 회복탄력성을 기르는 데 도움이 되기를 바란다. 부정적인 상호작용에서 빨리 회복하고, 힘든 상황에서도 스트레스를 덜 받는 힘을 기르길 바란다. 직장에서의 갈등은 피할 수 없다. 인간관계의 일부이기 때문이다. 하지만 그저 참고 견디는 것보다는 좋은 방법이 있다. 3장부터 10장까지 제시된 8가지 유형과 전략, 11장에서 소개하는 9가지 원칙은 당신이 누구와도 일할 수 있도록 돕기 위해 설계되었다.

가장 어려워하는 관계를 변화시키는 방법을 배우는 동안, 당신은 모든 관계의 질을 높일 때 필요한 기술과 자신감을 개발하게 될 것이다. 보너스로 높은 수준의 자기 인식과 향상된 감성지능도 얻을 수 있으며, 이는 당신을 더 좋은 리더로 만들어줄 것이다. 당신이 어떤 산업에 있건, 어떤 위치에 있건 상관없다. 이 책에서 알려주는 전략들은 직장에서 성공하는 데 꼭 필요하다. 갈등을 해결하고 어떤 사람과도 잘 지내는 능력은 당신을 전도유망하게 만들어줄 것이다.

동료와의 부정적인 상호작용에서 비롯한 스트레스는 업무 생산성을 저해하고, 직장을 견디기 힘든 곳으로 만들며, 심지어 우리 생활의 다른 면에도 스며든다. 하지만 그렇다고 두 손 들고 포기할 필요도 없고, 윗선에서 개입해주길 바랄 필요도 없다. 우리는 문제의 동료가 그렇게 행동하는 이유를 배우고, 그들의 가장 힘든 특성을 다루는 전술을 습득하며, 궁극적으로 계속 노력할 때와 미련 없이 그만둬야 할 때를 스스로 정할 수 있다. 이 책에서 제시하는 조언으로 업무 갈등을 가라앉히고 정말 중요한 일을 할 수 있는 소중한 시간과 정신적 여유를 확보하게 될 것이다.

이 책에서 제공하는 통찰, 도구, 기법은 내가 지난 14년 동안 동료 학자들과 사회심리학자, 경영 전문가, 신경과학자들을 인터뷰한 내용을 바탕으로 한다. 그리고 이 책을 읽고 있는 당신처럼 힘든 직장생활을 겪는 사람들과도 대화를 나눴다. 이들은 이메일이나 설문조사를 통해 고통스러운 경험을 공유해주었다. 그들의 이야기를 이 책 곳곳에서 만날 수 있다(개인정보보호를 위해 이름과 세부 내용은 수정했다). 여러 사례를 통해 관계를 변화시키고 적을 동지로 바꾼 사람들을 만날 수 있을 것이다. 이들 중에는 상황을 견딜 수 있는 대응기제를 개발한 사람도 있고, 자신의 정신 건강을 지키기 위해 직장을 떠나는 힘든 결정을 한 사람도 있다.

8가지 유형

이 책은 8가지 유형을 중심으로 구성되었고, 각각은 대하기 힘든 사람의 일반적인 유형을 나타낸다.

- 불안정한 상사
- 비관론자
- 피해자
- 수동공격적인 동료
- 잘난 척하는 사람
- 괴롭히는 사람
- 편견 있는 동료
- 사내 정치꾼

아마 이 유형들이 낯설지 않을 것이다. 각 유형에 해당하는 동료가 머릿속에 저절로 떠오르겠지만, 이런 분류에도 한계가 있다. 당신이 상대하는 행동 유형을 파악하는 데는 도움이 될 수 있지만, 그런 성향의 동료를 하나의 유형으로 단정 짓는 것은 관계 개선에 도움이 되지 않는다. 그런 태도는 부정적인 관계를 강화시킬 뿐이다. 8가지 유형이 상황을 판단하는 데 도움이 될 수는 있지만, 진짜 해야 할 일은 이를 넘어 생산적인 사고방식으로 전환할 때 생긴다. 바로 상대방이 자기 방식을 바꿀 수 있고, 나아가 당신이 그들의 행동을 잘못 해석했거나 잘못된 의미 부여를 했을 수 있다는 가능성을 열어두는 것이다.

그리고 특정 유형에 해당하는 사람에게 심리적 장애가 있다고 섣불리 판단하지 않는 것이 중요하다. 사람들은 같이 일하기 힘든 동료에 대해 이야기할 때 '나르시시스트'나 '사이코패스' 같은 용어를 함부로 사용하곤 한다. 방구석 심리학자가 되려는 충동일랑 꾹 참자. 직장 문화 변화에 중점을 두는 비영리단체 마인드 셰어 파트너Mind Share Partners의 설립자이자 CEO인 켈리 그린우드Kelly Greenwood는 내게 이런 말을 했다. "사람들에게 무슨 일이 있는지, 그렇게 행동하는 이유가 무엇인지 우리는 절대 알 수 없다. 정신 건강에 문제가 있는 사람들을 종종 '어려운' 사람으로 정의하지만 그건 오히려 그들에 대한 편견만 강화할 뿐, 그렇지 않은 경우도 많다."[8]

그린우드의 말은 내가 하고자 하는 최종적인 말이자, 가장 중요한 핵심으로 이어진다. 나는 당신이 이 책을 읽는 동안 여러 유형의 렌즈로 자기 행동과 반응을 살펴볼 기회를 주고 싶다. 어떨 땐 모든 것을 아는 듯 행동하고 또 어떨 땐 피해자처럼 행동하지 않는 사람이 어디 있겠는가? 동료에게 흠은 있지만 악한 존재는 아니고, 우리도 실수하고 틀리는 존재라고 인정하는 것이야말로 좋은 관계에 필요한 자세다. 자기 인식을 높이고 공감과 이해에 기대라는 조언을 앞으로 반복해서 만나게 될 것이다. 사실, 나야말로 바보였다는 것을 깨달은 이야기를 이 책을 통해 공유하려고 한다!

직장 내 관계 개선을 위한 로드맵

이 책은 사람들과 잘 지내는 당신만의 방법을 찾도록 안내한다. 이제 막 사회생활을 시작했든, 이미 까다로운 동료들을 꽤 많이 만나봤든 상관없다. 그저 그들을 무시하거나 신경 쓰지 않으면 된다고 생각할 수 있지만, 그런 생각은 도움이 되지 않을 확률이 높다. 1장에서는 직장 내 관계의 중요성에 관한 연구를 소개한다. 그리고 전혀 희망이 보이지 않을 때도 관계 개선에 시간과 노력을 기울일 만한 가치가 있는 이유를 설명한다.

다음 단계는 내면으로 들어가 문제 동료에게 보이는 자신의 반응을 살펴보는 것이다. 이 관계가 당신에게 그토록 크게 느껴지는 이유는 무엇일까? 왜 그냥 넘기지 못하는 걸까? 2장에서는 갈등에 휘말릴 때 우리 뇌에서 어떤 일이 일어나는지를 이야기한다. 뇌에서 일어나는 화학작용 반응을 이해함으로써 투쟁-도피 반응*을 인식하고 극복하는 방법을 살펴본다. 이 과정을 이해하면 냉철하게 앞으로 나아가는 생산적인 방법을 찾을 수 있을 것이다. 이 과정에는 올바른 마음가짐을 갖추고, 자기 인식을 높이며, 상황을 악화시키지 않고 풀어나갈 수 있도록 반응을 조절하는 것이 포함된다.

3장부터 10장까지는 8가지 유형을 소개한다. 동료의 행동에 깔린

---

* 교감신경계가 스트레스나 응급 상황에 대비하는 일련의 생리학적 반응.

심리적 토대와 그 뒤에 숨겨진 동기를 포함해 다양한 연구를 깊이 있게 파고든다. 그 동료가 왜 그렇게 행동하는지, 그런 행동으로 무엇을 얻는지 궁금하지 않은가? 행동의 근본적인 원인을 이해하면 실행 계획을 세우기 쉬워진다. 나는 여러 연구와 실험에서 효과를 증명한 전술뿐만 아니라 실제로 작동한다고 밝혀진 전술들을 공유할 것이다. 또한 긴장한 상태에서 해야 할 말을 찾지 못해 당황스러울 때가 종종 있기에, 당신에게 유리하고 올바른 말을 찾는 데 참고할 만한 말과 표현들도 포함했다.

8가지 유형으로 직장에서 부딪치는 사람들을 모두 분류할 수는 없다. 어느 범주에도 해당하지 않거나 여러 범주에 해당하는 동료도 있을 수 있다. 이때는 당신이 부딪치는 동료와 가장 가까운 유형을 고르거나, 아니면 먼저 관련된 장을 읽은 다음 실험해보고 싶은 몇 가지 전술을 선택해보자. 동료가 어떤 유형에 해당하는지 확실하지 않으면 부록을 참고하여 그들의 행동을 파악하고 어떤 유형에 해당하는지 확인할 수 있다.

어떤 범주에도 속하지 않는 동료도 있으므로 11장에서는 8가지 유형과 상관없이 어떤 동료와의 갈등도 헤쳐나갈 수 있는 9가지 원칙을 공유한다. 이 원칙들은 상대하기 어려운 동료에게 생산적으로 반응하고, 적절한 경계를 설정하며, 직장에서 더 튼튼하고 만족스러운 관계를 형성하는 기초가 될 것이다. 이 원칙들은 내가 대인관계에 관련된 문제에 부딪힐 때마다 되새기는 개념들이기도 하다.

여기서 제시한 전략들이 항상 100퍼센트 효과가 있을 거라고 생각하지는 않는다. 깊은 자기 성찰과 갈등 해결에 노력을 기울였지만 실패했다면, 이제는 위기에 대비하고 자신을 보호해야 할 차례다. 12장에서는 정신 건강에 타격을 받지 않고 어떻게 경력, 평판, 업무 수행 능력을 지킬 수 있는지 이야기한다. 13장은 효과가 거의 없는 몇 가지 전략을 피하는 데 중점을 둔다. 대하기 힘든 동료와 함께 일하면 진이 빠지고, 사기가 꺾이고, 스트레스가 쌓인다. 올바른 길을 걷기란 고된 법이다. 그리고 마지막 14장에서는 당신의 안녕과 행복을 우선으로 하는 전략에 대해 이야기한다.

당신의 동료는 달라질 수 있을까?

이 책에서 내가 하는 조언의 대부분은 당신이 '어른 역할'을 하는 것이다. 만약 당신이 동료와의 전투에서 이기길 바란다면, 이 책은 적합하지 않다. 이 책은 공감에 기반하여 미묘한 차이를 감지하고, 문제가 있는 관계에 접근해 해결하는 것을 목표로 한다. 상대가 벌인 게임에서 이기거나, 상대를 찍어 누르려는 것이 아니다. 여러 전술을 실험하여 각각의 구체적인 상황과 당신에게 적합한 해결책을 찾으려는 것이다. 때로는 새로운 것을 시도하는 것만으로도 당신과 부딪치는 동료와의 역학 관계를 바꿀 수 있다. 핵심은 동료가 다른 사람으로 바뀔 가능성이 매우 낮다는 사실을 인식하는 데 있다. 누군가가 바뀔 수 있을지, 얼마나 바뀔지를 놓고 우리가 간섭하거나 통제할 권한은 없기 때문이다.

물론 노력한 만큼 보상받지 못할 때도 있을 것이다. 하지만 그렇다고 움츠러들거나 가혹한 대우를 받아들일 필요는 없다. 그럴 때는 12장과 14장에서 설명할 몇 가지 전략을 사용하여 자신을 보호하는 선제적 접근방식을 취하길 바란다.

수년 전 엘리스와의 관계에서 나는 바랐던 만큼 보상받지 못했다. 하지만 바로 회사를 그만두진 않았다. 그 직장을 몇 년 더 다니면서 엘리스에게 연민을 느끼려 노력했고, 나에게서 그녀의 모습을 발견하기도 했다. 일단 언제 어떻게 상호작용할지에 대한 경계를 정하고 상대를 적으로 생각하는 대신 결함 있는 한 인간으로 보기 시작하자 내 일이 더는 고역처럼 느껴지지 않았다. 엘리스를 곱씹어 생각하는 시간도 줄었다. 내가 다음 기회를 찾아 옮길 준비를 마칠 때까지 엘리스는 내가 바라는 상사가 되지 못했지만, 나는 그녀와 잘 지내는 방법을 찾았다. 그러는 동안 내가 통제할 수 있는 것이 무엇인지 알게 되었다. 나의 태도, 반응, 접근방식은 내가 선택할 수 있었다.

논쟁의 여지가 많은 시대다. 사회적으로 그렇고 직장 내에서도 마찬가지다. 사람들은 일과 관련된 문제나 그렇지 않은 문제에 대해 열정적으로 견해를 밝힌다. 세대가 다른 직원들이 함께 일하며 서로에 대해 불쾌한 추측을 한다. 직장에서 여성, 유색인종, 소수집단에 불리한 것들을 바로잡으려는 계획안이 그 어느 때보다 많지만, 이런 노력에도 불구하고 소외되거나 뒤처진다고 느끼는 사람들도 있다.

그와 동시에 직장 내 관계와 감정에 대해 좀 더 솔직하게 이야기할 수 있게 되어 뿌듯하다. 우리에게는 '직장 절친'과 '회사 친구'가 있다. 우리는 동료들과 깊고 의미 있는 관계를 유지한다. 사무실에 출근하거나 노트북을 켤 때 감정적 자아를 분리하지 않는다. 직장은 더는 출근했다가 퇴근하는 곳이 아니라 다양한 연결을 찾고 관계를 구축하는 곳이다.

지금이야말로 다른 사람들과 잘 지내는 데 필요한 기술에 집중할 수 있는 절호의 기회다. 이 책을 몇 쪽이라도 읽었다면, 당신은 이해와 화해의 손을 내밀어보겠다는 중요한 첫걸음을 내디딘 것이다. 당신이 원하는 것을 모두 얻을 수 있다는 약속은 할 수 없다. 팀, 부서, 직장을 옮길 때까지 공존할 방법을 찾거나 알맞은 때를 기다려야 할 수도 있다. 다만 당신이 가치관에 따라 진실된 행동을 취하여 직장생활을 개선하는 데 이 책이 도움 되기를 바란다. 열정, 자기 인식, 공감 능력만 있다면, 당신을 짜증 나게 하고 방해하는 사람들조차 잘 대할 수 있으리라 믿는다.

우리는 모두 직장에서 더 견고하고 건강한 관계를 맺을 수 있다. 그럼, 이제 시작해보자.

‖ 차례 ‖

1부
잘 지내기 위한 준비 단계

3부

자신을 보호하기

1부

잘 지내기 위한
준비 단계

직장에서 인간관계로
고생할 만한 가치가 있는 이유

좋든 싫든, 직장 내 인간관계는 중요하다

"이건 그냥 일일 뿐이야."

직장생활을 시작하고 처음 10년 동안 친구들이나 스스로에게 이 말을 얼마나 많이 했는지 떠올리면 손발이 오그라든다. 의도는 늘 좋았다. 성가신 일에 너무 신경 쓰지 말고 조금 거리를 두거나, 상황이 정말 심각해지기 전에 갈등을 피하길 바라며 조언 삼아 한 말이었다.

하지만 '그냥 일'로 끝나는 경우는 거의 없었다. 좋든 싫든, 우리는 일에서 정체성을 형성하고 자아를 충족하며, (때론 한 방 먹기도 하지만) 자존감을 끌어올리거나 소속감을 찾고, 이상적으로는 의미와 성취를 추구한다. 그리고 이 모든 것을 동료들과 함께한다.

직장에서 사람들과 맺는 튼튼한 관계는 에너지와 즐거움의 원천이자 지지와 성장의 기초가 된다. 그러나 관계에 균열이 생기면 고통과 좌절, 심지어 슬픔의 원인이 된다. 동료와의 역학 관계가 건강하지 못하면 신뢰감과 심리적 안전감이 약해지고 업무 수행 능력의 기반이 흔들린다. 심지어 동료 때문에 자신의 재능, 능력, 분별력을 의심하게 될 수도 있다.

한번은 친구가 돌아가신 자기 아버지 이야기를 들려준 적이 있다. 친구의 아버지는 살아생전 제약 회사 연구실에서 근무하던 과학자셨고, 자기 일을 무척이나 좋아하셨다. 가족에게 헌신하면서도 한편으로는 혼자 있는 시간을 소중히 여겼다. 퇴근 후나 주말에는 대부분 차고에 있는 작업대에서 오래된 시계들을 손보며 시간을 보내셨다. 그리고 자녀들에게는 자기가 하는 일에 깊은 관심을 쏟아야 하지만, 직장은 친구를 사귀는 곳이 아니라고 조언해주곤 하셨다. "다른 일에 신경 쓰지 말고 해야 할 일에 집중하렴." 이것이 아버지의 조언이었다고 친구는 말했다.

그러다 정년을 12년 앞둔 해에 새로운 상사가 부임했다. 그 상사는 수동공격적인 성향이 심해서 친구의 아버지를 화나게 하거나 난처하게 만들었다. 상사와의 관계가 엄청난 스트레스의 원인이 되었다. 밤이면 상사와 부딪치다 지쳐 잔뜩 짜증이 난 채 집으로 돌아왔고, 상사의 말과 행동에 사로잡혀서 자신이 실수 없이 제대로 반응했는지 항상 노심초사했다. 친구는 아버지가 상사와의 관계에 지나치게 신경 쓴 나머지 은퇴 전 마지막 10년의 경력에 부정적인 영향을 받았고, 그로 인한 스트레스가 아버지의 수명을 몇 년은 줄였을 거라고 말했다.

친구의 아버지는 상사와 친구가 될 수 있었을까? 아마 그러지 못했을 것 같다. 앞서 말했듯, 친구의 아버지는 친구를 사귀는 데 관심이 없는 내향적인 분이셨다. 하지만 그분의 경험에서 기억할 것이 있다면 우리에게는 선택의 여지가 없다는 사실이다. 우리는 직장에서 사람들과 관계를 맺고, 그 관계는 우리의 행복과 성과에 영향을 미친다. 그러므로 삶의 활력이 되고 출근이 즐거워지는 관계뿐 아니라, 신경을 긁거나 상대하기 힘든 관계도 잘 살펴야 한다.

직장 내 인간관계는 우리 삶에 큰 영향을 미친다

아이러니하게도 나는 직장생활 초기에 동료들과의 관계를 대수롭지 않게 생각하려고 무척 노력했는데, 그와 동시에 직장 밖에서 동료들과 만나고 저녁 모임을 하러 집을 방문하고 수십 년간 이어질 우정을 쌓기도 했다. 친구 아버지처럼 나도 동료들과 이리저리 엮일 수밖에 없었다. 아마 당신도 다르지 않을 것이다. 그런데 그럴 수밖에 없는 특별한 이유가 있는 걸까?

그 이유 중 하나는 일을 너무 많이 하기 때문이다. 성인 근로자 대부분은 온라인 공간에서든 오프라인 공간에서든 가족이나 친구보다 직장 동료와 더 많은 시간을 보낸다.

미국에서는 지난 수십 년 동안 주당 평균 근무시간이 점점 길어졌고, 일하는 기간도 해마다 몇 주씩 늘어났다(노동자들은 1980년에 평균 43주를 일했지만, 2015년에는 평균 46.8주를 일했다). 1년에 한 달을 더 일하게 된 셈이다.[1] 우리는 일하지 않아야 할 때도 일한다. 2018년 미국인의 시간 사용을 조사한 데이터에 따르면, 정규직 근로자의 30퍼센트가 주말이나 휴일에도 일하는 것으로 나타났다.[2] 일반적으로 사람들은 평일보다 휴일에 이메일을 적게 보내지만, 그 수는 여전히 높은 수준이다.[3]

기술의 발전이 문제를 더 복잡하게 만들었다. 언제 어디서든 일할 수 있게 된 것을 넘어 표준 절차로 자리 잡게 된 것이다. 처음 스마트폰이 생기자마자 나는 강아지와 산책을 하면서도 직장 상사에게 이메일을 보냈고 멀티태스킹의 경지에 이르렀다고 확신했다. 내 집 책상 앞에 있든, 반려견과 공원에 있든, 조금 떨어진 카페에 있든 상관없었다. 어디에서나 일할 수 있었다. 그리고 이제는 이 현상의 단점들을 잘 알고 있다(물론 글로벌 팬데믹도 한몫했다). 무엇보다 가장 큰 문제는 우리가 온라인에 항상 '연결'되어 있다는 점이다.

끊임없이 계속 일할 수 있다는 건 우리가 더 많은 시간 동안 일을 생각하고, 동료, 부하직원, 고객, 상사, 경영진 등 일과 관련된 사람들을 생각한다는 뜻이다. 이를테면 조직 개편으로 일자리를 잃을 위험에 처한 친구나 동료를 걱정하거나, 매사 비관적으로 생각하는 팀원 한 명이 새로운 계획을 망치려 들어 머리가 아프거나, 고객이 약속대로 계약을 체결할지 애가 탈 수도 있다. 전부 신경 쓰이는 걱정거리다. 이런 걱

직장생활 인간관계론

정들은 오후 6시(아니면 7시나 8시, 혹은 더 늦게)에 컴퓨터를 끔과 동시에 자연스럽게 없어지는 것이 아니다.

업무 관련 스트레스는 지난 수십 년 동안 급격히 증가했다. 직장 내 관계를 연구하는 매사추세츠대학교 애머스트캠퍼스 에밀리 히피Emily Heaphy 교수는 이렇게 말했다. "경제적 불안이 증가하면서 자신과 자신의 일에 대한 불안도 커졌다. 결과적으로 과거 그 어느 때보다도 일과 관련해 예민해져 있는 상태다."[4]

자신과 맞지 않는 사람과 일하느라 진이 빠질 때면, 우리는 직장 내 인간관계의 중요성 따위는 한쪽으로 밀어놓고 이런 사람을 피할 궁리를 하거나 만나지 않길 바라곤 한다. 하지만 사실 그런 일은 불가능하다. 일로 연결된 관계는 직장에서 경력을 쌓게도 하지만, 반대로 무너뜨리기도 한다. 거의 모든 일에서 성공은 다른 사람들과 잘 지내는 데 달렸다. 직장에서 성공하고 싶다면, 다시 말해 최선을 다해 성과를 내고 적극적으로 참여하고 생산적으로 일하며 창의적이고 확장성 있게 사고하길 바란다면, 사람들과의 관계에 주의를 기울여야 한다.

직장에서 친구를 사귀는 경우

그렇다면 이 책은 직장에서 친구를 사귀라고 추천하는 책인 걸까? 그것도 대하기 힘든 동료를 다루는 방법을 소개하는 책에서? 조금만 참고 이야기를 끝까지 들어주면 좋겠다. 자신감 없고 불안정한 관리자나 겉보기에는 친절하지만 은근히 비꼬는 동료와 둘도 없이 가까운 친구가 될 수 있다고 생각하지는 않는다. 다만 젊은 시절의 나처럼 당신도 직장이 친구를 사귀기에 적합한 곳이 아니라고 생각한다면, 이 연구가 당신의 관점을 바꾸는 데 도움이 되길 바란다. 미국 공중보건위생국장 비벡 머시Vivek Murthy가 자신의 책《우리는 다시 연결되어야 한다》에서 말했듯, 우정은 직업적 성공과 연결되어 있으며 "우리가 번영하는 데 필요한 정서적 자양분과 힘은 바로 이 관계 속에 있다."[5]

사회적 연결은 사고 능력, 회복탄력성, 참여 가능성을 예측하는 요인이다. 우리는 친구들로 이루어진 팀이 더 나은 성과를 내고, 동료들의 지지를 받는 사람이 스트레스를 덜 받는다는 사실을 안다. 동료들과 가깝게 지내면 정보나 아이디어 공유가 활발해지고, 자신감과 학습효과도 증가한다. 반복되는 평범한 일을 하는 사람도 사회적 연결에 투자하면 영감을 얻는 일을 하는 사람처럼 만족감과 성취감을 느낄 가능성이 크다고 알려져 있다.[6]

비대면으로 일한다면 인간관계를 대수롭지 않게 여길 수도 있다. 식탁에 노트북을 놓고 일할 때 동료들과 연결감을 느끼는 것이 과연 중요할까? 연구에 따르면 원격근무 환경에서도 동료와의 연결은 중요하다. 코로나바이러스 셧다운 기간에 1만 2000명이 넘는 미국, 독일, 인도의 직장인을 대상으로 조사를 실시했는데, 이 조사에 따르면 이때 재택근무를 한 응답자들은 팀으로 일하거나 고객을 응대하는 일처럼 다른 사람과의 협업이 필요한 업무를 할 때 생산성이 떨어졌다고 말했다. 생산성 하락과 업무 관계 사이에는 연관성이 있었다. 원격으로 일하는 동안 동료들과 연결감을 덜 느꼈다고 응답한 사람들 가운데 80퍼센트는 생산성도 떨어졌다고 대답했다.[7]

직장 내 교우 관계에서 얻는 혜택 가운데 내가 좋아하는 몇 가지를 정리해봤다.

- 직장 문화 연구를 선도하는 갤럽Gallup은 수십 년 동안 우정에 관한 내용을 연구에 포함해왔고, 직장 내 '절친한 친구'의 유무와 직원 참여도 사이의 관계를 오랫동안 관찰했다. 최근 데이터에 따르면, 직원의 30 퍼센트만이 직장에 '절친한 친구'가 있는 것으로 나타났다. 이렇게 응답한 사람들은 맡은 일에 몰입도가 높고, 고객과 좋은 관계를 유지하며, 업무 품질과 행복지수가 높을 가능성이 7배 이상인 것으로 나타났다. 또한 작업 중 다칠 가능성도 더 적다고 나타났다. 반면, 직장에 친한 친구가 없다고 응답한 사람들이 업무에 몰입하는 경우는 고작 12명 가운데 한 명꼴이었다.[8]
- 우정은 종종 경력에도 도움이 된다. 럿거스대학교 연구팀은 서로 친구

라고 생각하는 동료 집단이 업무 평가에서 더 높은 점수를 받는다고 밝혔다.[9]

- 직장에 친구가 있으면 번아웃을 예방하고 회복탄력성을 높일 수 있다. 한 연구팀이 무거운 가방을 메고 있는 학생들에게 언덕 아래에서 고개가 얼마나 가팔라 보이는지 물었다. 친구와 함께 참가한 사람은 혼자 참가한 사람보다 언덕이 덜 가파르다고 판단했다.[10] 실험에 참여했던 한 연구자는 이렇게 설명했다. "우정처럼 오직 은유로서 가치가 있다고 생각하는 것들이 실제로 우리 심리에 영향을 미친다는 사실을 알 수 있었다. 사회적 지지는 우리가 세상을 인식하고 신체를 움직이는 방식에 변화를 준다."[11] 다시 말해, 우리가 직장에서 긍정적인 관계를 맺는다면 스트레스와 방해 요소들에 더 잘 대처할 수 있다는 것이다.

특히 마지막 내용은 나에게 깊은 울림을 주었다. 코로나19 팬데믹이 시작될 무렵, 동료 그레첸은 내게 향초를 보내주었다. 솔직히 말하면 그전까지는 사람들이 왜 향기 나는 초를 좋아하는지 전혀 이해하지 못했다(정말 집에서 소나무 냄새가 나길 바라는 걸까?). 하지만 그레첸은 향초를 무척 좋아했고, 나에게도 그 마음이 전해졌다. 매일 일하기 전에 그레첸이 보내준 향초를 켜기 시작하자 금세 생각이 바뀌었다. 향초 자체보다 초를 켜는 습관과 관련된 부분이 더 컸다. 그리고 그레첸이 나를 생각하는 마음이 느껴졌다. 지난 몇 년 동안 일에 집중하고 성과를 내고 낙관적인 태도를 유지하려고 노력할 때마다 친구들과 가족들은 내게 위안이 되어주었다. 하지만 직장 친구들이 힘든 하루를 버티도록 도와준 적도 많았다. 부딪쳐야 할 도전 과제를 함께 공유하고 이해했기 때문이다.

물론 생산성과 창의력이 높아지고, 회복탄력성이 강해지며, 스트레스가 줄어들고, 업무 평가가 높아지는 등 앞서 설명한 모든 이점은 동료와의 관계가 긍정적일 때만 실현된다. 부정적인 관계는 업무 성과나 개인의 행복에 좋지 않은, 심각한 결과를 초래할 수 있다.

건강하지 않은 관계의 결과

연구 결과에 따르면, 건강하지 않은 관계는 우리가 생각하는 것보다 큰 피해를 준다고 한다.

성과를 저해하고 창의성을 해친다

《무례함의 비용》의 저자인 크리스틴 포래스Christine Porath는 수십 년간 직장에서 일어나는 무례한 행동을 연구해왔다. 지난 20년 동안 포래스가 조사한 바에 의하면, 98퍼센트가 직장에서 예의 없는 행동을 경험했고, 99퍼센트는 직접 목격했다고 한다.[12]

무례한 행동이 성과에 미치는 영향은 특히 강력하고 광범위하다. 포래스는 17개 산업에 걸쳐 연구를 진행했고, 막말이나 따돌림처럼 가혹한 대우를 받는 이들에게서 다음과 같은 현상을 발견했다.

- 48퍼센트는 의도적으로 업무 노력을 줄였다.
- 47퍼센트는 의도적으로 업무 시간을 줄였다.
- 38퍼센트는 의도적으로 업무의 질을 떨어트렸다.
- 66퍼센트는 업무 성과가 줄어들었다고 답했다.
- 78퍼센트는 조직에 대한 헌신이 줄어들었다고 답했다.
- 25퍼센트는 고객에게 화풀이했다고 인정했다.
- 12퍼센트는 무례한 대우 때문에 직장을 그만뒀다고 답했다.[13]

무례하거나 부정적인 동료와 갈등이 있다면, 업무를 완수하고, 집중력을 유지하며, 양질의 성과를 내기가 훨씬 더 어렵다. 이스라엘의 신생아 집중 치료실에서 의사와 간호사로 구성된 팀을 대상으로 한 실험은 무례함의 비용이 얼마나 큰지를 보여주었다. 이 연구에서 일부 팀은 방문 전문가로부터 "당신들이 일을 제대로 하는지 믿을 수 없다."라는 말을 들었다. 이런 비난을 들은 팀은 그렇지 않은 팀보다 진단 정확도가 20퍼센트 낮았고, 처치 효과는 15퍼센트 낮았다.[14]

무례한 대우는 창의적 사고 또한 저해한다. '인지 장애cognitive disruption'를 초래하기 때문이다.[15] 달리 말해 교묘하게 비꼰다든지, 당신이 한 일을 가로챈다든지, 불쾌한 말을 내뱉는 등 당신을 괴롭히는 동료와 일하면 명확하게 사고하는 능력에 제약이 걸린다.

건강을 해친다

부정적인 관계가 스트레스를 유발한다는 사실은 딱히 놀랍지 않지만, 스트레스는 종종 건강에 심각한 결과를 초래한다(안타깝게도 나를 포함한 많은 사람이 이 문제를 인식하지 못해 제대로 관리하지 못하고 있다). 과학자들은 대하기 힘든 동료와 함께 일하는 것과 심장병 사이의 직접적인 연관성을 밝혔다. 한 스웨덴 과학자 연구팀은 3년간 노동자 3000명에게 관리자의 능력을 묻는 연구를 진행했다. 연구 결과에 따르면, 관리자의 역량이 낮다고 생각할수록 응답자가 심장 문제를 겪을 위험이 더 컸다. 그리고 그 관리자가 있는 회사에서 오래 근무할수록 심각한 심장 문제가 생길 위험이 증가했다.[16]

또 다른 연구에서는 인간관계가 상처를 회복하는 데 걸리는 시간에 미치는 영향을 조사했다. 기혼 부부 42쌍을 대상으로 참가자의 팔에 작은 상처를 내고 그 상처가 치유되는 속도를 측정했는데, 부부 관계에 불화가 있는 경우 상처가 낫기까지 두 배의 시간이 걸렸다. 이는 부정적인 상호작용에서 비롯한 스트레스가 신체 치유 능력을 저해한다는 사실을 보여준다.[17] 그러므로 대하기 힘든 동료와 일하면 몸이 아프거나 병에 걸리거나 다쳤을 때 회복하는 데 더 오래 걸릴 수 있다.

동료와 조직에 해롭다

동료와 잘 지내지 못하면 파급 효과가 생긴다. 이 역학 관계에서 생기는 '감정적 파편'이 주위 사람들에게 튈 수 있다. 여기에는 직접 불화를 목격하는 동료들뿐 아니라, 이 관계를 듣고 안타까워하거나 당신이 겪는 스트레스를 흡수하는 친구들과 가족들도 포함된다.

나의 경우, 남편이 미숙하고 세세한 것까지 하나하나 관리하는 상사 밑에서 일했을 때 내 기분과 업무 생산성에 타격을 입었다. 실제로 남편의 상사를 한 번도 만난 적이 없었는데 말이다. 미시간대학교 제인 더튼Jane Dutton 교수는 자신의 저서《활기 넘치는 직장Energize Your Workplace》에서 이 현상을 이렇게 설명했다. "무례한 행동은 억누를 수 없다. 직장 조직 안에서 소용돌이치며 퍼져나가는 동시에, 사람들의 직장 밖 생활로 퍼져나가고 소용돌이친다. 직장에서 무례함을 겪은 1만 2000명의 경험을 조사한 연구에 따르면, 무례함의 대상이 된 사람들은 다른 사람에게 그 경험을 이야기하는 것으로 나타났다. 무례함에 대한 소문이 널리 퍼지면, 사람들은 그 행동에 무감각해져 무례한 행동을 정상으로 여길 가능성이 커진다. 결국 무례한 행동의 발생률이 증가하게 된다."[18]

조직이 감당해야 하는 부분도 분명히 크다. 무례한 사람 한 명, 무례한 행동 하나가 팀 전체에 피해를 줄 수도 있고, 긴장된 상호작용을 보거나 듣는 것만으로 피해를 볼 수도 있다. 직원들이 산만하거나 스트레스를 받고 집중하기 어렵거나 실수하고 정신적으로나 육체적으로 건강하지 못하면 업무 결과는 좋을 수 없다. 이는 규모에 상관없이 모든 조직에 해당하는 사실이다. 하버드 경영대학원 노암 와서먼Noam Wasserman 교수는 자신의 책《창업자의 딜레마》에서 "창업자 1만 명을 연구한 결과, 창업자 간의 갈등으로 인해 스타트업 65퍼센트가 실패한다."라고 밝혔다.[19] 또 포래스가 엔지니어링 회사를 대상으로 조사한 결과에 따르면, 동료를 대하기 어렵다고 생각하는 사람은 회사를 그만둘 가능성이 두 배 더 높았고, 그중에서도 최우수 인재들이 이탈할 위험이 가장 컸다.[20]

부정적인 관계는 긍정적인 관계보다 힘이 세다

부정적인 관계를 개선하기 위해 노력하는 게 중요한 이유 중 하나는, 방금 설명한 모든 요인이 직장생활에 불균형한 영향을 미치기 때문이다. 포래스는 에너지를 뺏는 관계가 에너지를 주는 관계보다 우리의 행복에 4~7배 큰 영향을 미친다는 것을 발견했다.[21]

유해하거나 부정적인 관계만 해로운 영향을 미치는 것은 아니다. 함께 일하기 어려웠던 사람들을 생각해보면, 떠오르는 사람 대부분이 한결같이 어렵진 않았을 것이다. 내 경우, 타라라는 동료가 있었다(물론 가명이다). 정확히 말하면 친구는 아니었지만, 타라와 나는 회의나 다른 모임을 시작하기 전에 즐겁게 담소를 나누곤 했다. 같은 또래 자녀를 둔 탓에 서로 아이들 소식도 물었다. 나는 타라가 재미있고 매력 있고 일도 잘한다고 생각했다. 대부분은 말이다. 한번은 용기를 내어 다른 동료에게 가끔 타라를 이해하기 어려울 때가 있는지 물은 적이 있다. 그 동료는 내가 타라에게 느꼈던 감정을 똑같이 느끼고 있었다. "우리는 어떤 타라를 만나게 될지 절대 알 수 없어요. '좋은 타라'는 정말 친절하고 든든한 버팀목이 되어줄 것처럼 보이지만, '나쁜 타라'는 까다롭고 자기 경력만 생각해요. 아마 자신을 위해서라면 당신을 곤경에 빠트리거나 배신하는 일도 서슴지 않을걸요?"

우리 뇌가 분류하려는 방식과 달리, 대부분의 업무 관계는 '좋음' 또는 '나쁨' 중 한 곳에만 속하지 않는다. 이런 양면적인 관계(가끔 긍정적이거나 대체로 중립적이지만, 때때로 불안한 상황으로 치우치는 관계)는 부정적인 관계만큼이나 문제가 되는 경우가 많다. 일부 연구에서는 이 같은 관계가 생리적으로 더 해로운 것으로 나타났다.[22]

물론 한 명의 적보다 프레너미frenemy* 한 명이 더 나은 것처럼 양면적 관계에도 장점이 있을 수 있다. 긍정적이기만 한 관계를 당연하게 여기는 것과 달리, 양면적 관계는 더 열심히 일하는 동기가 되기도 하고, 상대방을 이해하려고 노력하면서 다른 사람의 관점에서 일이나 상황을 바라보게 할 가능성이 크다.[23]

• ✦ •

관계는 고정되어 있지 않다. 물론 긍정적인 관계는 항상 긍정적이고, 부정적인 관계는 영원히 고통받을 운명이라고 가정할 수도 있다. 하지

---

* 친구를 뜻하는 프렌드friend와 적을 의미하는 에너미enemy의 합성어로, 한쪽에서는 협력하고 다른 쪽에서는 경쟁하는 관계를 뜻한다.

만 이런 사고방식은 직장에서의 우정을 소홀히 여기고 더 복잡한 우정을 완전히 배제하는 결과를 초래할 수 있다. 일로 만나 인연을 맺은 사람들이 시간이 지나도 변함없는 관계를 유지하진 못할 것이다. 사람은 쉽게 변한다. 좋은 관계도 틀어질 수 있고, 힘든 관계도 시간과 노력을 들인다면 변할 수 있다.

우리는 에너지를 더 현명하게 사용할 수 있다. 나는 대하기 힘든 동료와의 대화에 대해 고민하고, 주고받은 이메일을 곱씹어 생각하고, 심지어는 한밤중에 일어나서 다시 그 상황이 되면 내가 할 말을 연습하느라 너무나 많은 시간을 낭비했다. 다음 장에서는 동료와의 부정적인 역학 관계에 갇혀 있을 때 우리 뇌에서 어떤 일이 일어나는지, 왜 그렇게 많은 심리적 공간을 차지하는지, 생산적인 방식으로 대응할 수 있도록 이해와 자기 인식을 어떻게 키울 수 있는지에 관해 이야기한다.

2장

갈등하는 뇌

우리의 생각은 어떻게 우리에게 불리하게 작용하는가

몇 달 전, 나는 이메일로 한 컨설턴트를 소개받았다. 그 사람을 브래드라고 부르겠다. 그를 소개한 사람은 브래드가 〈하버드비즈니스리뷰〉에 어울리는 좋은 기고자라고 생각했다. 편집자로 일하면 이런 소개를 꽤 많이 받곤 하는데, 그때는 특히 요청이 많았던 시기였다. 브래드는 이메일을 통해 전화로 대화를 나눌 수 있는지 물었고, 나는 정중히 거절했다. 그리고 대개 편집자들은 초안을 받은 다음 연락한다고 알려주었다. 몇 주 뒤, 그는 다시 대화를 요청했다. 나는 너무 바빠 전화 통화가 어렵다고 말하며, 내가 할 수 있는 한 최대로 정중하게 답장을 보냈다. 하지만 곧 브래드에게 이런 이메일을 받았다.

"우리는 모두 바쁩니다. 하지만 그보다 더 중요한 건 인간관계죠. 제

글은 다른 곳에 싣겠습니다. 도저히 그쪽 자존심을 감당할 수 없네요."

불쾌해하는 저자를 상대하는 게 처음은 아니었다. 하지만 이번에는 신경이 쓰였다. 그가 보낸 글을 몇 번이나 다시 읽었다. 읽을 때마다 조금씩 심장박동이 빨라지고 어깨와 목이 뻣뻣해졌다. 속사포처럼 쏟아지는 생각들로 머리가 어지러웠다. '뭐지 이건?' '도대체 자기가 얼마나 잘났다고 생각하는 거야?' '별꼴이야.' '어디 한번 해보세요.' 나는 속으로 짧지만 강력한 한 방을 생각하기 시작했다. '저는 수십, 수백 통의 이메일을 받아요. 왜 당신이 그중 가장 중요한 사람이라고 생각하는 거죠?' '그 형편없는 글이 다른 데서는 환영받아야 할 텐데요.' (사실 그의 초안을 읽지도 않았지만, 꽤 비판적으로 생각하고 있었다.)

이 모든 것이 브래드의 잘못이라는 첫 반응은, 곧 자기 의심으로 바뀌었다. 문득 그가 옳을 수도 있겠다는 생각이 들었다. '내가 그렇게 자존심이 센가?' '소중한 인간관계를 망쳐버린 걸까?' '왜 처음부터 이메일을 잘 처리해서 불만을 막지 못했을까?'

심호흡을 몇 번 한 다음, 내가 옳다고 생각한 대로 그 메일을 삭제했다. 이제 나는 모든 상황이 끝났다고 홀가분하게 말할 수 있다. 브래드도 거기까지였다. 그 뒤로 서로 연락하지 않았고, 앞으로도 그럴 것이다. 하지만 뇌는 다르게 반응했다.

삭제 버튼을 누른 후에도 한동안 브래드가 보낸 이메일이 계속 떠올랐다. 다른 필자에게 이메일을 쓰다가도 '더 중요한 건 인간관계죠.'라는 말이 머릿속에서 메아리쳤다. 그날 밤에도 저녁 식사를 준비하면서

'그쪽 자존심을 감당할 수 없네요.'라는 말을 몇 번이고 생각했다. 다음 날 새벽 3시, 칠흑 같은 어둠 속에서 깨어 다시 잠드는 대신 마음속으로 상상해봤다. 삭제한 이메일을 다시 가져와 그가 비열하고 옹졸한 이메일을 보낸 것을 후회하게 만들고, 그가 보냈던 모든 이메일을 다시 생각하게 할 장문의 유려한 답장을 작성하는 것을 말이다. 나는 브래드가 다시는 어리석은 행동을 하지 않도록 구원하고 싶었다.

1장에서는 껄끄러운 동료와의 관계를 왜 개선해야 하는지 그 이유를 설명했다. 결정을 내리고 이제부터 설명할 전략을 실행하는 일이 말처럼 쉬우면 좋겠지만, 실상은 그렇지 않다. 우리는 어떤 행동을 하기 전에 종종 극복해야 하는 장애물을 만난다. 바로 우리의 뇌다.

사사건건 부딪치는 사람과 상호작용할 때, 뇌는 위험으로부터 우리를 지키려고 한다. 하지만 이 과정에서 뇌는 우리를 방해하곤 한다. 나는 브래드의 이메일을 지우고 훌훌 털어버린 다음 잊어버리려고 했지만, 뇌는 이 상호작용에서 벗어나지 못했다.

이 장에서는 갈등에 빠질 때 머릿속에서 무슨 일이 일어나는지를 살펴볼 것이다. 다시 말해 부정적인 관계가 왜 그렇게 고통스러운지, 왜 그 관계를 계속 생각하게 되는지 알아본다. 직장에서 일어나는 신경학적 과정을 이해하면, 다른 사람과의 관계 개선을 위해 충동적으로 대응하지 않고 생산적으로 대응하는 데 필요한 자기 인식 개발에 도움이 될 것이다.

마음속 비평가를 진정시켜라

한밤중에 깨어 브래드 생각에 빠져 있을 때, 내 안의 비평가가 끼어들었다. '지금 이게 새벽 3시에 생각할 일이야? 그깟 이메일? 이미 삭제했잖아. 왜 그냥 흘려보내지 못하는 거야? 왜 모든 사람이 나를 좋아해야 되는데? 하물며 만난 적도 없는 컨설턴트가?' 도움이 되는 생각은 분명 아니었기에 연구에서 배운 내용을 떠올렸다. '지금 내 뇌는 인간의 두뇌가 진화한 방식대로 작동하는 것이다.' 브래드의 이메일을 계속 반추하는 것은 나에게 문제가 있다는 신호가 아니었다. 오히려 지극히 정상적인 현상이었다.

메일함에서 영원히 지울 수 없는 껄끄러운 동료와의 관계를 고민하기 전에 먼저 자신의 반응을 이해해야 한다. 왜 신경이 쓰이고 괴로우며, 넘기고 싶지만 그러지 못하는지를 알아야 한다. 그리고 스스로 약간의 연민을 갖는 것도 나쁘지 않다.

불편한 관계는 정상이지만 답답하다

껄끄러운 동료를 신경 쓰지 않으려 해봐야 소용없다. 자야 할 시간에 동료와의 일을 고민하며 곱씹는 사람이 나 혼자는 아니다. 조지타운대학교 크리스틴 포래스 교수는 자신의 연구에서 무례한 행동을 당했다고 응답한 사람의 80퍼센트가 그 사건을 생각하느라 일할 시간이 줄어들었고, 63퍼센트는 가해자를 피하느라 일할 시간이 줄어들었다고 밝

했다.[1]

갈등은 집중력을 흐트러트린다. 예컨대 이스라엘의 한 대형 이동통신사 고객 서비스 담당자를 대상으로 한 실험에 따르면, 고객을 응대하면서 무례함을 겪은 직원은 대화의 세부 내용을 기억하기 더 어려워했다고 한다. 그들은 무례함에 정신이 팔렸다. 정신 에너지가 부당한 대우를 생각하는 데 집중되어 고객의 말을 들을 수 없었다.[2]

이런 종류의 스트레스는 우리가 선택하는 것이 아니다. 포래스는 자신의 저서에서 이렇게 말했다. "무례함을 겪으면 곰곰이 따지려는 생각에 휩쓸려 해야 할 일까지 뒷전에 밀리는 현상이 벌어진다. 더 이상 무례한 사건에 대해 생각하고 싶지 않은 상황에서도 자신도 모르게 사로잡히는 것이다."[3]

다시 말해, 잊기로 마음먹은 후에도 껄끄러웠던 일이 계속해서 생각나는 것은 정상적인 반응이다. 진화적 관점에서 우리 뇌는 어려운 관계에 더 동조하도록 설계되었다. 따라서 반응 방식을 바꾸려면 사전 단계가 필요하다. 동료와 갈등을 겪을 때 우리 머릿속에서는 어떤 일이 일어나는지 자세히 살펴보도록 하자.

갈등하는 뇌

타인과의 관계에서 불화의 가능성을 경험하거나 감지할 때, 뇌는 실제로 위험에 처한 것처럼 반응한다. 이를테면 짜증스럽게 비난하는 이메일을 읽거나, 화상회의 도중 동료가 아무런 설명 없이 카메라를 끄거나, 상사가 내 말을 듣고 미묘하게 눈을 치켜뜰 때 말이다. 뇌는 인지한 위협에 대응하도록 몸을 준비시키는 동시에, 지금 겪고 있는 일을 파악하려고 노력한다. '왜 상사가 나에게 짜증을 내지?' '내가 동료를 화나게 할 만한 행동을 했나?' '내가 이 일을 당해야 하는 이유가 있나?' 그리고 우리는 인지 자원을 최대한 지키도록 진화했기 때문에 뇌는 지름길을 사용하여 반응을 지시하는데, 이 지름길이 우리를 곤경에 빠트리곤 한다.

편도체 납치

뇌의 양쪽 시신경 뒤에는 편도체가 있다. 편도체의 기능 중 하나는 두려움을 감지하고 몸을 준비시키는 것이다. 길거리에서 자동차가 당신을 향해 돌진하거나 전체 회의에서 상사가 당신이 한 일을 가로채려 하면, 편도체는 위협을 인지하고 코르티솔이나 아드레날린 같은 스트레스 호르몬을 방출하라고 신호를 보내며 반응하기 시작한다.

'투쟁-도피 반응'이라는 말을 들어본 적 있을 것이다. 이 본능적인 반응은 편도체에서 일어난다. 반응이 시작되면 우리는 **편도체 납**

치amygdala hijack 상태에 빠진다. 나는 이 용어를《EQ 감성지능》의 저자 대니얼 골먼Daniel Goleman에게 배웠다. '납치'라고 부르는 이유는 투쟁-도피 반응이 실행 기능을 지배하기 때문인데, 이때 우리는 어떻게 행동할지 선택할 수 없고 몸과 마음이 자동 조종되는 것처럼 느낀다. 내 경우 동료와 의견 차이가 있을 때 심장박동이 빨라지고 호흡이 가빠지는데, 이게 바로 뇌가 나를 준비시키는 방식이다. 이제는 경고 신호임을 안다. 머리 뒤쪽이 따끔거리고, 어깨는 등껍질 안으로 들어가는 거북이처럼 하늘로 치솟고, 어금니에 힘이 들어가고, 손바닥에는 땀이 나기 시작한다. 웃을 일이 아니다.

하지만 그렇다고 어디가 잘못된 것은 아니다. 이런 **정신적 지름길**mental shortcut은 시간과 에너지를 아끼고 우리를 안전하게 지켜준다. 예컨대 길 한가운데서 차가 당신을 향해 돌진해오는데 뇌가 상황을 파악하느라 잠시 멈춘다면 무척 위험할 것이다. 그러니 멈추는 게 아니라 본능적으로 반응해 가능한 한 빨리 길에서 벗어나라고 몸에 지시해야 한다.

이 같은 반응에서 가장 마음에 들지 않는 부분은 우리가 알아차리지도 못하는 사이에 일어난다는 점이다. 그래서 우리는 편도체 납치가 한창 진행 중이라는 사실을 깨닫기도 전에 동료에게 날카롭게 대꾸하거나 언성을 높이고, 문을 쾅 닫거나 보내지 말았어야 할 이메일을 보내는 등의 반응을 한다. 간단히 말해, 이때 우리는 제정신이 아니다.

부정 편향

투쟁-도피 반응이 마치 무례한 이메일이나 회의에서 말을 끊으며 잘난 척하는 동료에게 보이는 극단적인 반응처럼 들릴 수 있다. 하지만 뇌는 위협으로 인식하면 아무리 사소한 일이라도 매우 민감하게 반응한다. 이것을 **부정 편향**negativity bias이라고 한다.

기본적으로 우리는 긍정적인 사건보다 부정적인 사건에 더 주의를 기울인다.[4] 하루를 잘 보내다가도 수동공격적인 동료와 회의하면서 오후가 엉망이 되었다면, 배우자나 친구에게 '끔찍한' 하루를 보냈다고 말하곤 한다. 이 같은 상호작용이 차지하는 시간이 극히 일부에 불과하더라도, 정신적으로는 훨씬 더 많은 공간을 차지한다.

아마 부정 편향이 익숙할 수도 있다. 자신의 지난 성과 평가를 떠올려보자. 상사가 긍정적으로 평가한 내용이 구체적으로 기억나는가, 아니면 비판적인 피드백이 더 또렷이 떠오르는가? 나는 2002년 성과 평가에 적힌 두 문장이 아직도 기억난다. 복잡한 비즈니스 모델을 이해하는 능력이 부족하다는 내용이었다. 참고로 이 두 문장을 제외하고는 칭찬 일색이었지만, 긍정적인 내용은 단 하나도 기억나지 않는다. 이와 마찬가지로 브래드에게 받은 불쾌한 이메일은 지금도 단어 하나하나 전부 기억나지만, 그날 다른 누가 내게 이메일을 보냈는지, 그 내용이 무엇이었는지는 전혀 기억나지 않는다. 오직 부정적인 메시지만 기억에 남는다. 뇌는 부정적인 사건에 주의를 기울일 뿐 아니라 더 강력하게 반응한다. 심하면 부정적인 상호작용에서 고통을 느끼기도 한다.

갈등은 상처를 준다

잘난 척하는 동료의 비겁한 공격이나 편견에 사로잡힌 동료의 불쾌한 농담이 마치 뺨을 때리는 것 같다고 느낀 적이 있는가? 나는 비열한 지적에 숨이 막혔던 적이 있다. 배를 한 대 세게 맞은 것 같았다. 신경과학에 따르면, 특정 경우 뇌는 직장에서 평가절하, 무시, 수치심, 고함, 거부, 괴롭힘을 당했을 때 신체적 고통의 경험과 유사한 방식으로 그 영향을 해석한다.

UCLA 연구팀이 수행한 뇌 영상 연구에 따르면, 신체 고통을 처리하는 뇌 영역은 배제당하는 기분을 느낄 때 활성화된다. 동료나 업무적으로 상호작용하는 사람이 유발하는 정신적 고통이 단지 '머릿속'에서 일어난다고 생각할 수 있겠지만, 사실은 그렇지 않다. 모든 종류의 거부는 주먹으로 맞거나 손가락을 베이는 것과 매우 유사한 방식으로 뇌에 입력된다.[5]

내면에서 만들어내는 이야기

약 1년 전, 아침 일찍 동료와 줌Zoom에서 만나 다음 주에 함께 패널로 참가하는 온라인 행사를 준비했다. 그 동료는 대체로 잘 지냈지만 가끔 거만하다고 느끼는 사람이었다(이후 7장에서 이야기할 잘난 척하는 유형의 속성을 다분히 가지고 있다). 그는 온라인 행사에서 자기가 이야기할 내용을 먼저 말한 다음, 내 의견을 물었다. 내가 두 마디 정도 했을 때 그는 소리를 끄고 화면 밖으로 시선을 돌렸다. 나는 그가 다른 모니터를 보고 있다고 확신했다. 집에 사무실을 마련한 것을 알았기에 이메일을 읽거나 답장을 보낸다고 생각했다. 그에게 내 의견을 이야기하는 동안 내면에서는 이런 말이 들려왔다. '자기 생각대로만 할 거면 도대체 내 의견을 왜 묻는 거야? 자기 생각만 하는 이기적인 인간 같으니라고!' 상황을 파악하는 동안 내 뇌는 그의 행동에 부정적 의미를 부여하는 이야기(그는 소리를 끄고 화면 밖을 보고 있다)를 만들어냈다.

이런 일은 우리가 동료에게 '나쁜' 행동을 당할 때 종종 일어난다. 지금 무슨 일이 일어나고 있고, 왜 이 일이 일어나고 있으며, 다음에 어떤 일이 생길지 이야기를 지어내 자신에게 들려준다. 감정과 비난이 잔뜩 들어간 이야기가 사실이 아니라 뇌의 의미 찾기sense-making에 기반한 것이라고 해도, 마치 진실인 것처럼 느껴진다. 심리학자들은 이것을 **조기 인식 수용**premature cognitive commitment(흔히 선입견)이라고 부른다.[6] 뇌는 자원을 아끼기 위해 주위에서 일어나는 일과 우리가 해야 하는 반응을 성급하게 판단한다.

하지만 알고 보니 무례하다고 판단했던 동료의 행동은 오해에서 비롯된 것이었다. 내 의견을 밝히고 나자, 그는 음소거를 해제하고 내 이야기를 모두 들어야 할 수 있는 후속 질문을 했다. 그리고 통화가 끝날 무렵 그는 산만하게 보였다면 미안하다고 사과하며, 팬데믹 때문에 집에서 온라인 수업을 듣는 10대 아들이 팬케이크를 만들어 서재로 가져왔다고 설명했다. 그의 말을 들으니 최악의 상황을 가정한 내가 바보같이 느껴졌다. 그리고 예의 없는 행동으로 판단했던 원래의 해석을, 따뜻한 가족의 순간으로 빠르게 바꿔야 했다.

내 경험에서 알 수 있듯, 우리의 판단이 어떻게 뇌의 작동에 영향을 받는지 유의해야 한다. 그나마 다행인 것은 무슨 일이 일어나고 있는지 인식하고 판단을 보류하면 해결책에 가까워질 수 있다는 점이다.

편도체 납치에서 탈출하는 법: 정신적 공간 만들기

오스트리아의 신경학자이자 심리학자이며 홀로코스트 생존자인 빅터 프랭클Viktor Frankl이 한 유명한 말이 있다. "자극과 반응 사이에는 공간이 있고, 이 공간에는 우리가 반응을 선택할 힘이 있다. 그리고 우리가 선택하는 반응에는 성장과 자유가 있다."[7] 프랭클의 이 통찰은 대하기 어려운 동료와의 관계를 다룰 때도 중요한 역할을 한다. 우리는 갈등 대신 성장을 가져올 반응을 선택하기 위해 공간을 만들어야 한다.

반응 관찰하기

위협을 느낄 때 일어나는 본능적 반응을 잘 인지할수록 실제로 일어나는 일과 뇌에서 꾸며내는 이야기를 더 잘 구분할 수 있다. 맑은 머리로 냉철하게 생각하면 더 올바른 방법으로 대응할 수 있다.

직장생활 인간관계론

내 경우, 동료와 불쾌한 상호작용을 할 때 세 가지 방식으로 반응한다는 것을 깨달았다.

첫째, 다른 사람을 비난한다. "전부 그 사람 잘못이야!"

둘째, 내 탓을 한다. "내가 뭘 잘못했을까?"

셋째, 철저히 분리한다. "시간을 쓸 만한 가치도 없는 일이야."

그리고 이 모든 것을 한꺼번에 경험해 반응을 구분할 수 없을 때도 있다. 나는 브래드에게 이메일을 받고 나서 15분 만에 이 모든 것을 경험했다. 하지만 새벽 3시에 깨어 걱정의 회전목마를 타면서 내가 느끼는 감정을 억누르거나 스스로 지어내는 이야기를 무시하기보다 오히려 깊이 파고드는 편에 에너지를 다시 집중하기로 했다. 브래드의 말에 난 왜 이렇게 화가 난 걸까? 이 상황에 내가 느끼는 감정은 무엇일까?

나는 부정적인 생각을 유용한 데이터로 보려고 노력했다.[8] 그리고 이런 방식으로 접근했을 때 브래드의 이메일이 내가 특히 어렵게 생각하는 두 가지 일을 해냈다는 것을 깨달았다.

첫째, 그는 규범을 깼다. 나는 매주 수백 통의 이메일을 주고받는데, 그중 대부분은 친절하거나 평범한 내용이다. 다행히 동료, 친구, 가족 또는 모르는 사람과 주고받는 이메일 가운데 노골적으로 무례한 경우는 드물다. 따라서 브래드는 서로 존중해야 한다는 내 기대를 완전히 무너뜨렸다.

둘째, 그가 생각하는 나와 내가 생각하는 내가 일치하지 않았다. 브래드의 말이 옳다면 나는 '인간관계에 관심 없는 자존심 센 사람'이라는 사실을 직시해야 했다. 하지만 내가 믿고 있거나 믿고 싶은 모습이 전혀 아니었다. 나는 스스로 배려심 많고 사려 깊고 겸손한 사람이라고 생각했기에, 내가 나를 보는 시각과 다른 사람이 나를 보는 시각이 다른 것은 아닌지 의문이 들었다.

불편한 동료와 겪었던 일들을 되돌아보며 이 두 가지 위반에 해당하는지 생각해보라. 아마 자주 그랬을 것이다. 우리는 골치 아픈 동료가 해서는 안 되는 방식으로 행동하고(공동체 의식 위반), 그들의 행동으로 인해 우리 자신을 의심하게 된다고(자기 인식 위반) 생각한다. 내적 갈등을 유발하는 것이다. 우리는 배척당하고 소외당하고 거부당하는 감정과 함께 소속감에 위협을 느끼고 투쟁-도피 상태로 돌입한다.

나는 내가 브랜드에게 보인 반응을 관찰하고, 그렇게 반응한 이유에 파고들면서 진정할 수 있었다. 처음 반응에 머무르는 대신, '아, 이건 말이 되네.'라고 생각하기 시작했다.

상황 재평가하기

짜증 나는 일에 약간의 공간을 만들면 그 일을 재평가할 수 있다. 심리학자들은 감정적 상황을 더 긍정적이고 중립적인 시각으로, 위협이 아닌 도전으로 재평가하면 진행 방법을 더 신중하게 결정하는 데 도움이 된다는 사실을 발견했다.[9]

화상회의 중 화면 밖으로 시선을 돌리는 동료를 보면서 내가 만들어낸 부정적인 이야기는 스스로 마음의 문을 닫게 했다. 내 의견을 공유하기 싫어졌고, 동료와 협력하는 것에 거부감이 들었다. 아마 그 동료도 내 감정을 느꼈을 것이다. 아들이 팬케이크를 가져오느라 그랬다고 말해주지 않았다면 나는 이 상황을 재평가하지 못했을 것이고, 함께 패널로 참여하는 토론의 질은 물론이고 우리의 관계와 협업에까지 영향을 미쳤을 것이다.

불편한 동료와 상호작용할 때는 내면에서 만들어내는 이야기를 주의하며 들어야 한다. 어떤 생각이 머릿속을 돌아다니는가? 도움이 되는 생각인가? 이 생각을 중립적 또는 긍정적으로 재구성할 방법이 있는가? 잘난 척하는 동료의 통렬한 비판이 얼마나 견디기 힘든지에 집중하는 대신, 거만한 말투는 잠깐 무시하고 이들이 하는 호언장담에 한두 가지라도 유용한 정보가 있는지 구분할 수 있는가? 부정적인 상황을 좋게 포장하지 않아도 다르게 해석할 수 있는가? 무엇을 배울 수 있을지 스스로 질문해보자. 또한 당신 삶의 또 다른 어떤 요소가 당신의 행동을 부정적으로 이끄는지도 함께 고려해볼 수 있다.

스트레스 점검하기

스트레스가 심할 때 평소보다 편도체 납치를 당할 위험에 더 노출된다는 사실은 놀라운 일이 아니다. 직장에서 중요한 마감일을 맞추라는 압박에 시달렸거나, 잠을 제대로 자지 못했거나, 동료의 말에 자제력을 잃었거나, 열심히 준비한 프레젠테이션에 부정적인 피드백을 받고 비참했던 순간을 경험해본 적이 있을 것이다. 분노의 원인과 당신의 반응

사이에서 침착함을 유지하기 위해서는, 우선 당신이 겪고 있는 스트레스의 수준부터 점검해보는 것이 좋다.

난처한 상황에 대비해 간단한 질문 목록을 가지고 있으면 침착함을 잃지 않고 생산적인 방법을 찾는 데 도움이 된다. 다음은 내가 편도체 납치를 당할 것 같을 때 사용하는 체크리스트다.

- 수분을 충분히 섭취했는가?

- 배가 고프지는 않나?

- 지난밤 잠은 잘 잤는가?

- 다른 걱정이 있는가?

- 부담되는 큰 프로젝트나 마감일이 있는가?

- 친구나 가족과의 관계가 불편해지고 있지는 않은가?

- 좋아하는 일을 마지막으로 한 게 언제인가?

이런 방식으로 정신적 자원을 점검하면 균형감을 찾는 데 도움이 된다. 나는 2020년 내내 팬데믹을 겪으면서 생긴 인지 부하로 인해 주변 사람의 행동을 위협으로 해석하는 경향이 훨씬 많아졌다는 점을 계속해서 떠올렸다. 이미 팬데믹이라는 위협을 느끼고 있었기 때문이다. 생존 모드에 있으면 추가되는 스트레스를 견딜 여력이 없다. 호기심을 느낄 여유도 없다. 인지 과부하로 뇌는 성장이나 번영은커녕, 하루를 버티는 데 집중할 뿐이다.

리사 펠드먼 배럿Lisa Feldman Barrett은 자신의 저서《이토록 뜻밖의 뇌과학》에서 이를 훌륭하게 설명했다. "인간의 뇌가 만성적 스트레스의 다양한 원인을 구별하지 못한다는 점을 이해하는 것이 중요하다. 신체적 질병, 경제적 어려움, 호르몬 급증, 수면 부족이나 운동 부족 같은 생활 환경에 의해 신체 예산이 이미 고갈된 상태라면, 뇌는 온갖 종류의 스트레스에 더 취약해진다. 여기에는 당신이나 당신이 소중하게 여기는 사람을 위협하고 괴롭히고 힘들게 하는 말에서 비롯된 생물학적 영향도 포함된다. 신체 예산에 지속해서 부담이 가해지면 평소에는 빠르게 회복했던 문제도 스트레스가 되어 쌓인다."[10]

따라서 동료와 겪는 문제 외에 스스로 느끼는 감정을 자세히 살펴봐야 한다. 가벼운 산책, 건강한 간식, 프로젝트 완수 등 스트레스를 줄이고 갈등을 잘 대처할 수 있도록 도와주는 마음가짐에 관심을 가질 필요가 있다.

시간 가지기

"화난 채로 잠들지 마라."라는 격언을 들어본 적 있는가? 개인적으로 좋아하는 말은 아니지만, 충분한 숙면은 사고방식을 바꿔야 할 때 꼭 필요하다. 나는 이것을 이해하는 데《불안을 다스리는 도구상자》의 저자 엘리스 보이스Alice Boyes의 도움을 받았다. 동료가 회의에서 의논한 사항이나 완료하기로 약속한 업무를 제대로 처리하지 않을 때 처음 보이는 반응은 강렬할 수 있지만, 이런 부정적인 감정은 보통 오래가지 않는다. 보이스는 이렇게 말한다. "우리는 그렇게 설계되어 있어요. 감정은 시간이 지나면 사라집니다. 경고 신호인 거죠."[11] 더 많은 정보를 얻고 재평가하면서 이런 감정은 사라진다.

다시 브래드와의 사건으로 돌아가보자. 이메일을 받은 다음 날 아침 일어나보니 어제 일이 덜 신경 쓰였다. 브래드의 이메일을 떠올릴 때마다 답답했던 마음이 어제와는 달랐다. 낮이 되니 그 일이 거의 생각나지 않았다. 그다음 날 새벽 3시에 깼을 때 순간 브래드가 떠올랐지만, 금방 머릿속에서 지워졌다(상황이 어쨌든, 새벽에 걱정할 일은 한둘이 아니다). 하루하루 지날수록 그 일을 생각하는 시간이 줄었다. 그리고 이 글을 쓰고 있는 지금은 거의 생각나지 않을뿐더러 신경도 쓰지 않는다.

동료와 겪는 문제를 고민하는 대신 시간을 가져보자. 바깥바람을 쐬거나, 좋아하는 노래를 듣거나, 최근에 다녀왔거나 곧 떠날 여행을 생각해보자. 아주 잠깐 쉬는 것도 좋다. 잠시라도 당신의 관심을 동료에게서 멀어지게 하는 것이면 무엇이든 좋다. 그런 다음, 다시 이 문제로 돌아와서 편도체 납치에서 벗어난 후 관점이 바뀌는지 확인해보라.

하지만 그렇다고 갈등을 완전히 무시하거나 아무렇지 않은 척 행동하라는 말은 아니다. 보이스는 문제에 빠져 있거나 마무리 지으려는 것이 아니라 문제 해결에 집중하는 한, 힘든 상황을 생각하는 것이 도움이 된다고 말한다. 심리학에서는 이를 **문제 해결 숙고**problem-solving pondering라고 한다.[12] 보이스는 "이 상황이 현실이라면 어떻게 행동하는 것이 최선인가?"라고 스스로 질문하는 것이 도움이 된다고 말한다.[13] 나는 질문에 '왜'를 붙여 이유를 생각해보곤 했다. 그 사람은 왜 그렇게 행동했을까? 나는 왜 그렇게 반응했을까? 우리는 왜 이런 상황에 처하게 되었을까? 다만, 질문은 건설적으로 하고('저 사람은 왜 저렇게 멍청하지?'라고 묻지 않는다), 생각의 방향이 잘못된 이야기만 강화하는 부정적인 혼잣말('왜 나는 항상 내 방식대로만 행동할까?')로 바뀌지 않도록 주의해야 한다.

자, 지금까지 동료와 갈등을 겪을 때 우리의 생각이 어떻게 우리에게 불리하게 작용하는지를 살펴봤다. 하지만 동일한 뇌과학을 우리에게 유리하게 사용할 수도 있다. 한 가지 방법은 다른 사람도 나와 똑같은 일을 겪고 있다고 생각하는 것이다. 당신을 아프게 하고 비난하고 비참하게 만드는 것이 그들의 의도가 아닐 수 있다. 어쩌면 편도체 납치 상태에 빠져 명확하게 생각하지 못하는 것일지도 모른다. 상대방을 나와 같은 사람, 즉 때로는 실수하는 뇌를 가진 사람으로 본다면 더 나은 관계를 만드는 첫걸음이 될 것이다.

2부

8가지 유형

내 쪽 거리부터 청소하라

8가지 유형을 살펴보기 전에 알아둬야 할 것

여기까지 읽었으면 이런 생각이 들 수도 있다. '나를 이해하고 관리하는 방법이 왜 이렇게 많은 거야? 내 인생을 힘들게 하는 그 인간에 대한 부분은 도대체 언제 나오는 건데?' 만약 이렇게 생각했다면, 당신이 생각한 게 맞다. 내가 접근하는 핵심 원칙 가운데 하나를 이미 파악한 것이다. 동료와의 갈등을 진심으로 해결하고 싶다면, 이 관계에서 당신의 역할을 인정하는 것이 중요하다. 자기밖에 모르는 동료를 대할 때 그들의 문제가 무엇인지는 파악하기 쉽다(끝없이 나열할 수도 있다). 앞으로 비관적인 동료, 편견에 사로잡힌 동료, 불안정한 상사 등의 유형과 잘 지낼 수 있는 방법을 설명하겠지만, 한 가지를 간과하면 이 방법들이 제대로 통하지 않을 수도 있다. 계속해서 부딪치는 껄끄러운 사람과 벌이는 싸움은 제각각이지만, 절대 변하지 않는 한 가지가 있다. 바로 당신이다.

몇 년 전, 절친한 친구가 힘든 시기를 겪는 10대 아들을 도우려 애쓴 적이 있었다. 아들의 심리치료사는 친구 부부에게 아들이 자기 일을 스스로 해내는 동안 부모도 자기 일을 해야 한다고 조언했다. 심리치료사는 이것을 '자기 쪽 거리를 청소한다.'라고 표현했다. 이 싸움에서 자기 역할을 인정하고 감당해야 한다는 뜻이었다. 나는 이 말이 참 마음에 와닿았다(나중에 안 사실이지만, 알코올의존자 모임이나 약물중독자 모임에서도 중독에 직면한 사람들이 자기가 해를 끼친 사람들과 화해하기 위해 손을 내밀 때 같은 표현을 사용한다고 한다).

나는 심리치료사가 하려는 말을 구체적으로 그려볼 수 있었다. 갈등을 겪는 사람과 당신이 길 양편에 서 있다고 상상해보자. 당신은 당신의 관점과 경험 안에 확고히 자리 잡고 있다. 하지만 갈등에서 오는 불안감, 이전 불화에서 생긴 원한, 당신이 내뱉은 험담, 수면 부족 등 당신이 서 있는 자리 자체가 쓰레기로 어수선하다면 서로의 격차를 극복하기는 더 힘들어진다. 그리고 이 모든 쓰레기를 갖고 상대편 쪽으로 가면 상황이 더 나빠질 가능성이 높다. 하지만 상황을 오해하진 않았는지, 이 관계에서 무엇을 원하는지 등을 생각하며 갈등에서 자신의 역할이 무엇인지 고민한다면 암담한 상황에서도 길이 보일 것이다.

상대방에게도 책임이 있다면, 아니 전적으로 상대방 잘못이라면, 왜 모든 일을 내가 해야 할까? 여기에는 두 가지 이유가 있다.

첫째, 긴장된 대화에서는 누구의 잘못이든 오로지 자신의 생각, 행동, 반응만 통제할 수 있다. 둘째, 내가 옳고 상대방이 틀렸다고 100퍼센트 확신해도 손바닥은 마주쳐야 소리가 난다. 예컨대 당신의 낙천적이고 위험을 등한시하는 태도는 비관적인 동료가 더 많은 것을 지적하도록 자극할 수 있다. 상대방이 자기 뜻을 전달하려고 수동공격적인 방법을 선택한 이유가 사실은 당신이 직접적인 충돌을 좋아하지 않는다는 신호를 의도치 않게 보냈기 때문일 수 있다. 사소한 싸움일지라도 자기 역할을 분명히 할수록 해결책도 분명해진다.

11장에서 자기 쪽 거리를 청소하는 방법에 대해 자세히 소개하겠지만, 일단 지금은 이것만 기억하자. 동료와의 관계는 자신의 의지와 상관없이 벌어지는 일이 아니다. 당신은 이 역학 관계에 관여할 수 있기에 무언가 할 수 있다. 2장에서는 스트레스 상황에서 뇌의 본능적인 반응을 통제할 수는 없지만, 우리의 인식과 반응을 재평가하고 바꿀 수는 있다는 사실을 꽤 길게 설명했다. 이와 마찬가지로, 동료의 행동을 바꿀 수는 없어도 그 행동을 해석하고 대응하는 방식은 바꿀 수 있다. 이 점을 기억하면 직장에서 어떤 유형의 어려운 사람을 만나든 간에 더 튼튼하고 만족스러운 관계를 쌓을 수 있을 것이다.

3장

불안정한 상사

"나 정말 일 잘하지? 안 그래?"

아이코의 새로운 상사 코라가 처음 회사에 입사했을 때는 모든 일이 순
조롭게 진행되었다. 아이코는 진행 중인 프로젝트에 새로운 아이디어
와 접근법을 제시해줄, 배울 점 있는 상사가 생겨 기뻤다. 하지만 코라
가 합류한 지 몇 달이 지나자 위험 신호가 보이기 시작했다.

아이코는 부서 계획과 관련한 문제가 있거나 회의 요청이 있을 때 사
람들이 가장 먼저 연락하는 사람이었다. 코라는 이 부분에서 마음이 상
한 것 같았다. "왜 아무도 나에게는 묻지 않는 거죠?" 이런 일이 있을
때마다 코라는 아이코에게 화를 냈고, 아이코가 자신을 무시라도 하는
듯 대했다. 동료들의 문의를 상사인 코라에게 보내려는 시도는 통하지
않았고, 오히려 코라의 화만 돋웠다. "사람들은 그냥 하던 대로 했을 뿐

이에요. 코라가 기분 나쁘게 받아들인 거죠." 아이코가 말했다. 코라는 이전 직장에서 규모가 큰 조직과 예산을 관리했지만, 지금은 아이코가 유일한 부하직원이었다. "그래서 코라는 아마 늘 괴로웠을 거예요." 아이코가 덧붙였다.

지나치게 감정적인 반응과 신랄한 말들은 아이코를 지치게 했다. 아이코는 이렇게 설명했다. "제가 하는 모든 일을 간섭하고 사사건건 트집을 잡았어요. 아주 작은 일도 결정할 힘이 없다고 느낄 정도였죠. 저는 코라가 화를 내고 폭발할까 봐 늘 두려웠고, 맡은 일을 잘 해낼 수 있다는 자신감도 무너졌어요."

아이코는 여태껏 단 한 번도 자신의 능력을 의심해본 적이 없었지만, 어느덧 코라의 불안에 잠식되어 가고 있었다.

만약 나를 신뢰하지 않고, 아무런 설명 없이 내 아이디어를 무시하고, 자기가 성공하지 못한 탓을 나에게 돌리는 상사와 일하면서 스스로 자기 능력을 의심하거나 혹시 나에게 문제가 있는 것은 아닌지 고민해본 적이 있다면(코라가 아이코에게 했던 것처럼 말이다), 당신은 혼자가 아니다. 나쁜 상사에는 다양한 유형이 있지만, 불안정한 관리자는 특히 더 큰 피해를 일으킨다. 그들은 끊임없이 트집을 잡아 당신을 미치게 하는 악명 높은 마이크로매니저micromanager* 일 수도 있고, 당신의 모든

---

* 팀원들이 해야 할 일에 관해 사사건건 간섭하고 세부 사항까지도 완벽하게 통제하려 하는 관리자.

행동을 의심하게 만드는 편집증적인 성향의 참견꾼일 수도 있다. 심지어 당신을 위협적인 존재로 인식하면 의도적으로 당신의 경력을 해칠 수도 있다.

그렇다면 당신의 상사가 불안정한 관리자 유형에 속하는지 어떻게 알 수 있을까? 이런 유형의 사람들이 일반적으로 보이는 행동은 다음과 같다.

- 다른 사람들이 자신을 어떻게 생각하는지 지나치게 신경 쓴다.
- 선택에 큰 차이가 없을 때도 만성 결정 장애를 겪거나 한 가지 방식을 고수한다.
- 권력자의 말에 따라 프로젝트나 회의의 방향을 자주 바꾼다.
- 그럴 필요가 없을 때도 전문 지식을 자랑한다. 심한 경우에는 자신이 돋보이려고 다른 사람을 깎아내리기도 한다.
- 언제 어디서 어떻게 일을 완료해야 하는지를 포함해 팀이나 프로젝트의 모든 것을 통제하려 든다.
- 모든 결정과 세부 사항에 자신의 승인을 받도록 요구한다.
- 정보와 자원의 흐름을 통제하기 위해 팀원들이 다른 부서 동료나 고위 경영진과 소통하는 것을 허용하지 않는다.

코라는 조직의 모든 사람이 자신을 통하길 원했다. 그렇게 하는 것이 자기 가치를 증명하는 방법이라고 생각했다. 하지만 다른 사람의 인식

직장생활 인간관계론

을 관리하는 데 시간을 너무 많이 허비했고, 정작 자신이 회사에 채용된 목적을 실행하지 못했다. 새로운 아이디어를 제시하고 아이코의 멘토가 되는 일 말이다. 코라는 혁신하는 대신 세세한 것까지 일일이 통제하려 들었고, 유일한 부하직원이었던 아이코는 그 표적이 되었다.

아이코는 어딘가에 갇힌 것 같았다. 작게나마 자신을 변호할 때마다 코라는 더 편집증적으로 모든 걸 통제하려 들었다. 그 누구도 이런 상사와 일해서는 안 된다. 하지만 만약 아이코의 상황에 공감하고, 직장을 그만둘 수 없으며, 불안정한 상사와 일할 방법을 찾고 싶다면, 방법을 알려주겠다. 상사의 불안을 자극하지 않고 대응하는 방법 말이다. 이 방법의 첫 번째 단계는 상사가 그런 행동을 하는 이유가 무엇인지 이해하는 것이다.

불안정한 행동의 배경

자기 의심은 인간의 보편적인 조건이다. 누구나 이런 것이 궁금할 때가 있다. 동료가 나를 똑똑하다고 생각하는지, 준비한 프레젠테이션을 제대로 해낼 수 있을지, 회의에서 말실수하지 않았는지, 낯선 사람이 옷차림이나 외모로 나를 판단하지 않을지 같은 것 말이다. 솔직히 말하면 나도 마찬가지다. 상대방이 나를 존중하지 않는다고 느껴지거나 내 능력을 의심하는 사람과 대화할 때면, 아이비리그 대학에 다녔고 〈하버드비즈니스리뷰)에서 일한다고 말한다. '찾는 곳이 많은' 사람이라는 것을 증명하고 싶은 마음에 내가 얼마나 바쁜지 이야기할 때도 있다. 이 글을 쓰는 지금도 손발이 오그라들지만, 이런 행동이 자신감 부족에서 오는 정상적인 반응이라는 사실을 나는 알고 있다.

타인의 인정과 칭찬을 구하는 행동은 인간이 생존을 위해 공동체에 의존해야 했던 때부터 시작되었다. 그리고 타인의 인정과 칭찬은 지금도 여전히 필요하다. 심리학자 엘런 헨드릭슨Ellen Hendriksen은 〈복스〉와의 인터뷰에서 이렇게 설명했다. "약간의 불안과 자기 의심은 도움이 된다. 스스로 관찰할 수 있기 때문이다. 자기 성찰과 자기 분석의 동력이 되고, 성장과 변화의 동기가 되기도 한다."[1] 자기 의심이 없는 1퍼센트의 사람을 부르는 말이 있다. 반사회적 인격을 가진 사이코패스. 불안에서 완전히 자유로운 상태는 우리가 열망할 만한 바람직한 대상이 아니다.

가끔 불안감을 느끼는 것은 지극히 자연스러운 현상이다. 하지만 자기 의심을 숨기거나 보상하려고 하면 문제 행동이 나타나기 시작한다. 이를테면 지나치게 사소한 일까지 관리하거나, 부하직원을 부당하게 비난하거나, 안심이 되는 말이나 행동을 끊임없이 찾는 것처럼 말이다.

리더는 자기 의심에 더 취약할 수 있다

업무를 지시하는 위치로 올라갈수록 불안감이 증가한다는 연구 결과가 있다. 영국에 기반을 둔 한 리더십 컨설팅 회사는 경영진 116명을 대상으로 진행한 설문조사에서 가장 큰 두려움이 무엇인지 물었다.[2] 가장 많은 응답자가 '무능력해 보이는 것'이라고 대답했다. 능력 이하의 성과를 내거나 약점이 드러나거나 멍청해 보이는 것이 두렵다는 대답도 있었다. 설문조사에 답변한 경영진 모두 리더로서 자신의 성과를 타인이 어떻게 인식하는지에 깊은 불안감을 드러냈다.

왜 다른 사람보다 힘과 권한을 많이 가진 리더가 더 불안해하는 걸까? 오히려 힘없는 사람이 자기 일자리와 타인의 시선을 걱정해야 하지 않을까? 나타나엘 패스트Nathanael Fast 교수와 세리나 첸Serena Chen 교수는 일련의 연구를 통해 권력 있는 사람이 스스로 무능하다고 느낄 때 타인에게 더 공격적으로 행동하고 불필요한 방해나 보복을 하는 경향이 있다고 밝혔다.[3] 하지만 무능력만으로 공격성이 생기지는 않는다. 불안감을 느끼지만 권력이 거의 없는 사람은 권력 있는 사람들의 반응과 대체로 다르게 행동한다.

이런 차이는 고위 직급으로 승진할수록 성과에 대한 압박이 증가하기 때문으로 보인다. 텍사스대학교 오스틴캠퍼스 맥콤경영대학원의 이선 버리스Ethan Burris 교수는 이렇게 설명한다. "조직에서 높은 직급에 있는 사람들에게는 리더십 능력이나 지식의 양, 정보나 데이터 접근성이 뛰어날 것이라는 기대감이 있다. 그들은 다른 사람들보다 더 유능해야 하는 것이다."[4] 리더가 느끼는 자신감 또는 실제 능력과 자신의 역할에 수반되는 높은 기대 사이의 불일치는 '자기방어ego defensiveness'로 나타난다. 이때 리더는 자기 자존감을 보호하거나 자신의 행동을 정당

화하기 위한 행동을 한다.[5]

IT 서비스 조직의 영업 부사장인 랠프의 이야기를 예시로 들어보겠다. 영업부장으로서 기대 이상의 좋은 성과를 낸 랠프는 크게 승진했지만 고객과의 관계를 포기하기가 망설여졌다. 고객사의 사업을 가져오려고 정말 열심히 일했기 때문이다. 랠프는 이전 일과 새로운 일을 전부 하고 싶었다. 하지만 회사 경영진은 랠프 밑에서 일할 사람이 필요하다고 주장했다. 불행히도 이때 채용된 사람이 로베르토였다. 로베르토는 전체적인 이야기를 모른 채 팀에 합류했고, 랠프는 자기가 관리하던 고객을 넘겨주지 않으려 했다. 랠프는 로베르토가 고객과 소통할 때마다 끼어들었고, 담당했던 고객과 관련된 모든 결정은 자신을 거치라고 요구했다. 랠프가 이전 역할에서 성공으로 이끈 경험을 유지하기 위해 전력을 쏟았기 때문에, 로베르토는 자신의 일을 시작도 하기 전에 내몰리게 되었다.

사람들이 일반적으로 리더로 여기지 않는 사람의 경우는 더 복잡하다. 예컨대 여성이나 유색인종은 자기 의심을 겪을 수 있는데, 이는 리더로서 결점이 있거나 능력이 부족해서가 아니라 그 일을 할 준비가 되지 않았다는 공공연하면서도 교묘한 신호를 받기 때문이다. 마치 사기꾼이 된 기분이 든다. 앞뒤가 맞지 않는 말을 듣기도 한다. "단호하지만 대립하지 말라."거나 "자연스럽게 행동하되 부정적인 감정을 드러내지 말라."는 식이다. 컨설턴트 루치카 툴쉬얀Ruchika Tulshyan과 조디 앤 버레이Jodi-Ann Burey는 〈하버드비즈니스리뷰〉에 실린 '여성에게 가면증후군이라고 말하지 마라Stop Telling Women They Have Imposter Syndrome'라는 제
목의 글에서 이런 현상에 대해 조명했다. 툴쉬안과 버레이는 많은 조직
에서 여성, 특히 유색인종 여성은 직장 문화가 소속감이 없거나 성공할
자격이 없다는 신호를 보내는 것이 진짜 문제인데도 부적절하다는 이
유로 비난을 받는다고 설명한다.[6]

일부 불안정한 상사는 무능한 사람으로 낙인찍힐까 봐 걱정하는 것
뿐만 아니라 고용 안정에 대해서도 걱정한다. 직장을 잃은 적이 있다면
얼마나 수치스러운지 알 것이다. 실직은 무슨 수를 쓰더라도 피하고 싶
은 일이다. 해고의 두려움과 무능한 사람으로 인식되는 것에 대한 걱정
이 결합하면 심각한 불안으로 이어질 수 있다.[7]

몇 달 전, 한 생명공학 회사의 중간 관리자와 지지부진한 사내 혁신
과제에 관해 이야기를 나누고 있었다. 그가 속한 사업부를 이끄는 리더
가 파악한 장애물 중에는, 직원들이 경영진 의견에 반대하기를 두려워
하고 현 상태에 도전하는 새로운 아이디어를 내놓으려 하지 않는다는
문제가 있었다. 직원들이 망설이는 이유를 물으니 중간 관리자는 이렇
게 대답했다. "해고되고 싶지 않아요. 저는 직장이 필요하거든요." 하
지만 조금 더 파고들어 물어보자, 적어도 자신이 아는 사람 중에서는
반대 의견을 밝혔다고 회사에서 잘린 사람은 없다고 인정했다. 심지어
권력자에게 가감 없이 진실을 말하고 승진한 사람도 봤다고 했다. 하지
만 그는 첫 번째 희생자가 되고 싶지 않다며 여전히 걱정하고 있었다.

물론 불안정한 상사는 자기가 맡은 일을 제대로 하지 못하고 있다거

나, 언제든 자리를 잃을 수 있다는 걱정을 할 수 있다. 2장에서 살펴본 것처럼 두려움과 수치심은 우리의 정신을 혼란에 빠트리고 다른 사람을 학대하도록 자극할 수 있다.

불안정한 상사가 초래하는 비용

앞에서 언급한 아이코의 상황으로 돌아가보자. 아이코의 자존감 하락이 상사 코라와의 불화 때문만은 아니었다. 여기에는 파급 효과가 있었다. 아이코와 코라는 팀 프로젝트를 진행하기가 어려웠다. 그리고 누가 주도해야 하는지를 놓고 큰 혼란이 있었다. 다른 부서 동료들은 두 사람의 역량을 의심하기 시작했고, 회사 전략에 관한 중요한 회의에 두 사람을 참여시키기를 주저했다.

코라 같은 상사가 있으면 다른 비용도 발생한다.

첫 번째, 심리적으로 영향을 끼친다. 업무 관련 스트레스와 미래에 대한 불안이 증가하고, 아이코가 경험한 것처럼 자기 의심이 점점 커진다.

두 번째, 경력에도 부정적인 결과가 생길 수 있다. 상사가 당신의 공을 가로채거나, 당신을 희생양으로 삼아 자기가 돋보이려고 한다면 경력에까지 영향이 미칠 수도 있다. 극단적인 경우, 자기가 성공하려고 당신이나 당신의 업무를 고의로 깎아내릴 수도 있다. 하버드 경영대학원 테레사 애머빌Teresa Amabile 교수는 자기 의심 때문에 관리자가 더 가혹한 평가를 내린다는 사실을 발견했다. "지적으로 불안정한 사람들은 다른 사람들에게 엄격한 평가를 내린다. 이는 자신이 얼마나 똑똑한지 증명하려는 전술이다."[8]

세 번째, 비즈니스에도 안 좋은 영향을 끼친다. 자신감이 너무 부족한 탓에 다른 사람의 아이디어나 피드백을 귀담아듣지 않고 거부하는 경향이 있다. 패스트와 공동 저자들은 한 실험을 진행하면서 중동의 다국적 석유 및 가스 회사의 관리자들에게 스스로 얼마나 유능하다고 느끼는지 1부터 7까지의 척도로 평가해줄 것을 요청했다. 스스로 자신의 능력을 낮게 평가할수록 직원들에게 피드백을 요청할 가능성이 낮았고, 결과적으로 직원들이 아이디어를 제안할 가능성도 낮았다.[9] 이 연구 참여자들처럼 불안정한 관리자는 직원들의 제안이 자신의 역량과 업무 수행 능력에 부정적으로 작용할까 걱정할 수 있다. 직원들이 변화가 필요하다고 생각한다는 것은 관리자가 상황을 제대로 파악하지 못한 것을 시인하는 결과가 되므로, 관리자는 의견 자체를 듣고 싶지 않다는 신호를 보내게 된다. 직원들 입장에서는 자기 아이디어가 무시당하거나 거절당하면 업무 만족도가 떨어지고, 문제에 새로운 해결책을 제시하려는 창의력이 저하된다. 더 나아가 회사를 그만둘 가능성도 높아진다.[10]

불안정한 상사가 당신과 조직에 가져올 피해를 방지하기 위해 무엇을 할 수 있을까? 먼저, 자신에게 몇 가지 질문을 하면서 시작해보자.

자신에게 물어봐야 할 질문

이 책에서 소개하는 8가지 유형 중 하나라도 해당하는 동료가 있다면, 행동하기 전에 먼저 상황을 파악해두는 편이 좋다. 스스로 다음과 같이 질문해보자.

상사가 불안정하다는 증거는 무엇인가?
내 판단이 틀리진 않았을까?

상사에게 '불안정하다'라는 꼬리표를 붙이기 전에 객관적으로 한번 생각해보자. 당신이 원하는 방식으로 이끌지 않는다고 해서 무조건 그들에게 확신이 없다는 것은 아니기 때문이다.

행동하기를 주저한다면 위험을 회피할 만한 충분한 이유가 있거나, 신중함이 미덕인 문화권에서 온 사람일 수도 있다. 특히 여성들은 사회적으로 자신의 성공이나 긍정적 특성을 낮추도록 학습되어 왔다. 당신의 상사도 허세를 부리지 말고 다른 사람의 의견을 따르라고 배웠을 수 있다.

불안감이 문제를 일으키는가?
만약 그렇다면 부정적인 영향은 무엇인가?

상사가 안심하려고 끊임없이 확인하면 귀찮을 수는 있지만, 이 행동 자체에 문제가 있다고 할 수 있을까? 일단 상사의 불안감이 해소되면 부정적인 결과들은 최소화된다. 상사의 불안감이 당신이나 팀에 어떤 피해를 주는지 생각해보자. 어떤 면에서 해로운가? 이 문제를 정확히 파악하면 행동 여부와 방법을 결정할 수 있다.

내가 불안감을 키우고 있지는 않은가?

동료와 좋지 않은 역학 관계를 만들고 유지하는 데 자신이 어떤 역할을 하는지 살펴보는 것은 항상 도움이 된다. 상사의 자신감 문제에 당신이 원인을 제공했다는 뜻이 아니라, 어떤 식으로든 당신이 문제의 발단이 될 수도 있기 때문이다.

당신은 자신이 받는 스포트라이트를 상사와 공유하는가? 상사의 노고에 고마움을 표하는가? 만약 당신이 자기 의심 때문에 특정 기술이나 전문 지식을 드러내려 한다면 상사의 결점이 부각될 수도 있다. 다른 사람들 앞에서 상사의 아이디어에 반대 의견을 내거나 이의를 제기한 적이 있는가? 아니면 상사의 업무 수행 능력을 의심하는 듯한 모습을 보인 적이 있는가? 의도하진 않았겠지만 무심코 상사의 불안감을 키우고 상황을 악화시키지는 않았는지 곰곰이 생각해보라.

상사는 무엇을 원하는가?

스스로 무능하다고 느끼는 이유가 무엇이든 간에, 대부분의 불안한 상사가 원하는 것은 두려움을 내려놓고 자신에 대해 더 확신을 갖는 것이다. 우리도 다르지 않다. 사람은 누구나 자신이 좋은 사람이라고 느끼길 바란다. 관리자가 원하는 또 다른 것이 있는가? 그들의 목표와 포부는 무엇인가?

윗사람과 좋은 관계를 쌓아야 하는 상황에 있다면 상사의 목표를 이해하는 것이 중요하다. 이 질문에 대답할 때는 자신도 모르게 색안경을 끼고 나쁘게 해석하지 않도록 주의하라("상사는 내 경력을 망치려는 거야." "관리자는 그 누구도 좋게 평가하지 않아."). 하지만 조금만 더 생각해보자. 만약 그들이 당신의 경력을 '망치고' 싶다면(딱히 그럴 것 같지는 않지만), 그런 충동 뒤에 숨은 동기는 무엇일까? 예컨대 조만간 있을 정리해고에서 자리를 잃을까 봐 두려울 수 있다. 또는 혹독한 비판으로 더 나은 결과를 낼 수 있다고 생각할 수도 있다. 스스로 납득할 만한 이유를 찾을 때까지 계속 "도대체 왜?"라고 자문해보라.

위 질문들에 대한 대답이 정리되었다면, 이제 자기 의심에 갇힌 상사와의 불편한 관계에 변화를 가져올 방법을 생각할 시간이다.

시도해볼 만한 전술

상사의 심기를 달래거나 프레젠테이션을 앞두고 어떤 폰트를 사용할지 고민하는 것처럼, 사소하고 의미 없는 디테일에 상사가 집착하지 않을 방법을 궁리하느라 업무 시간을 허비하고 밤잠을 설치고 싶은 사람

직장생활 인간관계론

은 없을 것이다. 하지만 불안정한 상사와 건강하고 긍정적인 관계를 맺는다면 직장생활은 훨씬 쉬워진다. 그리고 이런 관계를 가능하게 하는 몇 가지 검증된 방법이 있다.

지금부터 소개하는 전술들을 살펴보고, 당신이 놓인 상황에 가장 적합한 것을 파악한 뒤 시도해보길 바란다. 시도하는 과정에서 전술을 약간 바꿔도 좋다.

그들이 직면한 압박에 대해 생각해보기

수많은 상사가 과중한 업무와 부담감에 시달리거나, 자격이나 훈련이 부족한 상태다. 그러니 한발 물러서서 큰 그림을 보자. 연말 목표를 달성하거나 직원이 일하는 장소와 시간이 끊임없이 바뀌는 규칙을 처리할 때 오는 압박은 관리자의 불안 수준을 높이고 불안감을 표출하는 이유가 될 수 있다. 당신이 파악하지 못하거나 완벽하게 이해할 수 없는 스트레스 요인이 있을 수도 있다. 이럴 때는 공감 능력을 발휘해야 한다. 관리자도 사람임을 기억하자. 비록 그들의 불안감이 해결해야 할 문제를 일으키더라도 말이다.

스베타의 상사는 스베타가 하는 모든 일을 통제하려 들었고, 심지어 휴가를 가지 못하게 하려고 곧 중요한 프로젝트가 있다고 거짓말까지 했다. 대학원 졸업 후 첫 직장이었던 탓에 스베타는 상사에게 반대 의견을 내비치기가 어려웠다. 하지만 시간이 지나면서 뭔가 말해야 하는 순간이 왔다. 상사에게 맞서봐야 더 강하게 받아칠 것이 뻔했다. 그래서 생각하는 방식을 바꾸기로 했다. 스베타는 나에게 이렇게 이야기했다. "가장 효과적인 방법은 상사를 어린아이처럼 대하는 거였어요. 아이는 자기 행동이 다른 사람에게 피해를 주는지 모르잖아요. 그렇게 생각하니 마음이 한결 편해졌어요." 인내심을 발휘하려니 자제력이 무척 필요했다. 관리자가 괴롭힐 때는 특히 더 그랬다. 하지만 스베타는 화를 내지 않으려 노력했고, 상사와 열띤 대화를 시작하기 전에 다른 장소에 가서 마음을 가라앉혔다. 스베타는 그와 일하는 것이 마음에 들지 않았지만, 적어도 짧게나마 관계를 받아들이는 법을 배울 수 있었다. 화를 조절하자 둘 사이의 긴장을 가라앉히고 일에 집중할 수 있었다. 그리고 자신에게 주어진 합당한 휴가를 무사히 다녀올 수 있었다.

목표 달성 돕기

불안정한 상사가 당신을 깎아내리거나 당신의 공을 가로챈다면 경쟁심이 불타오를 것이다. 이때 하기 쉬운 최악의 행동은 보복이다. 자기 의심이 많은 관리자가 당신을 믿지 못하거나 자신이 무시당한다고 느끼면 방어력이 상승할 가능성이 크다. 그러니 보복 대신 달랠 방법을 고민하고, 고민의 결과를 행동으로 옮길 수 있을지 생각해보자.

산자이가 자신의 상사 비니트와의 관계에서 배운 교훈도 이와 같았다. 산자이는 비니트가 자신을 믿지 못하는 데 크게 실망하고 화가 났다. 특히 비니트가 고객 앞에서 산자이의 데이터 분석에 의문을 제기했을 때 이 점이 극명히 드러났다. 산자이가 비니트에게 그렇게 행동한 이유를 묻자, 그는 정확한 숫자가 무척이나 중요하다고 대답했다. 그래서 산자이는 한발 물러나 비니트의 걱정을 없애려면 무엇을 해야 할지 고민했다. 고민 끝에 산자이는 새로운 접근방식을 실험했고, 고객과 만나기 하루 이틀 전에 비니트와 데이터를 공유하고 목표를 확인했다. 산자이는 비니트가 회의에서 무엇을 원하는지 알고 싶었다. 그래서 비니트의 목표를 염두에 두고, 목표 달성을 위해 함께할 수 있는 몇 가지 방법을 제시했다. 그리고 '우리가 이 일을 해냈다.'라든지 '이 일을 함께해서 좋다.'라는 표현을 사용했다. 그런 말을 하기가 낯간지럽긴 했지만, 그 덕분에 산자이는 비니트가 자신을 더 신뢰하기 시작했다는 것을 알 수 있었다. 물론 많은 시간과 노력이 필요했지만 비니트는 고객 앞에서 산자이를 망신 주는 일을 멈췄다.

산자이가 그랬듯, 당신의 일을 '공동 노력'이라는 틀에 넣으면 불안정한 상사와의 긴장을 누그러트리는 데 도움이 된다. 그러니 '우리' 또는 '저희'라는 단어를 가능한 한 많이 사용해보라. 그리고 당신이 거둔 성공의 영광을 상사와 함께 나눠라.

하지만 그와 동시에 자신의 재능을 과소평가하지 않도록 조심해야 한다. 연구에 따르면, 질투의 대상이 된 직원들은 자신의 긍정적 특성을 숨기거나 공로를 인정받는 것을 피하려는 경향이 있다.[11] 이는 오히려 상사의 불안을 증가시킬 수 있다. 당신의 불안정한 상사는 당신을 수준 미달이라고 생각하거나, 당신의 낮은 성과가 자신에게 나쁜 영향을 줄 수 있다고 생각해 더 불안해할 수 있다. 다른 팀원들도 당신이 실제보다 덜 유능하다고 생각할 수 있다. 우리의 목표는 경력이나 평판의 손상 없이 상사가 당신을 신뢰할 수 있는 동반자로 받아들이는 것이다.

위협이 아니라는 신호 보내기

아마 당신은 상사가 당신을 경쟁자가 아니라 협력자로 생각하기를 바랄 것이다. 처음부터 상사와 이렇게 지내면 좋겠지만, 관계를 재설정하기에 너무 늦은 때란 없다. 회의 시간에 "팀장님이 하신 일에 감탄했습니다. 앞으로도 계속 배우고 싶습니다."라고 말해보자. 상사가 당신을 함부로 대하지 못하는 효과도 얻을 수 있다.

여기서 핵심은, 그렇게 말하면서 상대방이 이전보다 당신을 위협으로 느끼지 않는지 관찰하는 것이다. 예컨대 "그게 잘 이해가 안 돼요."라는 말은 그들의 지능에 대한 도전처럼 느껴질 수 있다. 그저 간단한 표현일 뿐이며, 진심으로 그들이 무슨 생각을 하고 있는지 알고 싶어서 하는 말일지라도 말이다.

갈등을 연구하는 미시간대학교 린드레드 그리어Lindred Greer 교수는 한 가지 팁을 알려주었다. 자신을 위협으로 여기는 상사를 대할 때는 마음속으로 '나는 작고 귀여운 다람쥐다.'라고 생각하고, 실제 그 캐릭터로 이입하려고 노력해보는 것이다. 그러면 뾰족하던 부분이 부드러워지고, 위협적이지 않은 존재로 보이는 데 도움이 된다고 한다. '굳이 다람쥐인 척까지 해야 하나?'라는 생각이 들 수 있겠지만, 그리어는 어느덧 이런 상상을 즐기게 되었다고 한다. 미소가 절로 지어지고 동료와

직장생활 인간관계론

겪는 불편함에서 멀어지기 때문이다.[12]

칭찬과 감사 표현하기

칭찬은 상사의 자존심을 달래는 데 도움이 될 수 있다. 스스로 무능하다고 느끼는 관리자를 연구한 결과에 의하면 진심 어린 아첨이 도움이 되었다고 한다.[13] '진심 어린'이라는 단어에 주목해야 한다. 말뿐인 칭찬은 금방 들통나고 만다. 하나하나 확인하려 드는 상사를 진정시킬 생각이라면 그들의 꼼꼼함을 존경한다고 말해서는 안 된다.

아첨꾼처럼 보이고 싶은 사람은 없을 것이다. 그렇다면 칭찬 대신 그들이 당신을 위해 한 일에 고마움을 표현해보자. 패스트는 이렇게 말한다. "부하직원은 리더가 얼마나 인정에 굶주려 있는지 모를 때가 많다. 그들은 자신이 잘하고 있는지 확인받고 싶어 한다. 물론 상사의 자존심까지 챙겨야 한다는 게 달갑지는 않을 것이다. 하지만 그만큼 상사에 대한 영향력이 생긴다." 패스트의 연구에 따르면, "감사합니다.", "정말 고맙습니다."라고 말하는 직원이 단 한 명이라도 있다면 불안정한 상사가 부하직원들의 성과를 평가하는 데 긍정적인 영향을 미친다고 한다.[14]

그러니 관리자가 주목받을 만한 중요한 프로젝트에 참여할 기회를 주었거나, 다른 부서 동료들을 소개했다면 그에 대한 고마움을 표현하도록 하자. 물론 개인적으로 표현하는 것도 좋지만, 상사가 중요하게 생각하는 사람들 앞에서 고마움을 표현한다면 더 큰 효과를 볼 수 있다. 그들을 안심시킬 뿐 아니라 장점까지 부각해 자신감을 키우도록 도울 수 있다. 상사가 당신을 고달프게 할 때 마지막으로 사용할 방법이 바로 아부일 것이다. 내키지 않더라도 스트레스를 줄이고 경력의 밝은 미래를 생각하면 작은 대가를 치르는 것일 수 있다.

이것은 니아가 자신의 상사 타마라와 기꺼이 타협한 거래였다. 타마라는 가장 최근에 이야기한 사람이 누군지에 따라 생각을 쉽게 바꾸는 사람이었다. 타마라가 반복해서 결정 과정을 바꾸는 것이 니아와 팀원들에게는 채찍질 같았다. 결국 니아가 생각한 해결책은 스스로 타마라가 신뢰할 수 있는 조언자가 되는 것이었다. 올바른 방향으로 가고 있는지 의심스러울 때 타마라가 의지하고 싶은 사람이 되려고 했다. 니아는 이렇게 설명했다. "누가 상사의 귀에 대고 속삭이는지 끊임없이 경계해야 했어요. 그리고 우리 팀을 궤도에서 벗어나게 할 수 있는 상사의 걱정에도 대비해야 했죠. 상사를 흔들림 없이 대하고, 상사가 그토록 바라는 권위도 지켜주면, 그는 자기 길을 찾을 수 있었어요. 상사는 내가 지브롤터 암벽처럼 든든한 존재이길 바란다고 느꼈습니다."

니아는 교묘하게 줄타기해야 했지만 그만한 가치가 있다고 느꼈다. 실속 있는 프로젝트를 선택하고 부서가 원활히 돌아가도록 도울 수 있었다. 니아의 노력으로 타마라와의 힘의 관계가 바뀌었다. 연구에 따르면, 니아의 해결책은 힘을 남용하는 상사의 횡포를 줄이는 전술이었다.[15] 상사가 의지할 기술을 개발하거나 믿을 수 있는 조언자가 되어 영향력이 생기면, 상사의 문제 행동 일부를 멈추거나 당신을 더 잘 대우하도록 유도할 수 있다.

통제력 회복하기

다른 사람을 잘 신뢰하지 못하는 불안정한 관리자는 마이크로매니지먼트micromanagement* 에 의존하곤 한다. 이럴 때는 그가 모든 결정권을 가진 책임자라는 분위기를 형성하면 간섭을 조금 줄일 수 있다. "저희가 하는 일은 결국 팀장님 손에 달렸습니다.", "팀장님이 옳은 결정을 내리실 거라고 믿습니다."라고 말한 다음 어떻게 진행할지 제안해볼 수 있다.

정보 공유 또한 통제감을 강화하는 방법이다. 불안정한 상사들은 소외되는 것을 두려워한다. 가능한 한 자주 진행 상황을 공유하고, 어떤 업무를 어떻게 진행하고 있으며, 다른 부서와 어떻게 협업하고 있고, 누구와 소통하는지 등을 알려줘라. 상사가 관심을 두는 프로젝트의 진행 상황을 알 수 있게끔 정기적으로 점검 일정을 잡고, 이 과정에 참여한다고 느끼게 하라. 빈번한 정보 공유가 귀찮을 수 있겠지만, 향후 자신이 방어해야 하는 어려움을 상당히 줄여준다.

한 연구에 따르면, 대답보다 질문을 했을 때 상대방이 느끼는 통제감이 높아진다고 한다. '만약' 또는 '우리가 ○○ 할 수 있으면'으로 시작하는 질문을 하면 상사가 자기 생각을 공유하도록 유도할 수 있다.[16]

---

* 리더나 관리자가 사소한 업무까지 지나치게 간섭하고 통제하는 경영 및 관리 방식.

칭찬 폴더 만들기

불안정한 상사와 일할 때는 자기 스스로 자신감을 북돋우는 방법을 찾아야 한다. 그렇지 않으면 앞에서 이야기했던 아이코의 경우처럼 '자기 의심'이라는 함정에 빠질 수 있다. 자신의 장점 목록을 작성해두고 상사와 힘든 일이 있을 때 살펴보거나, 회사 안팎의 사람들과 함께 시간을 보내면서 나의 장점을 상기해보면 자기 의심에 빠지지 않을 수 있다. 내가 일하면서 얻은 최고의 조언 중 하나는 받은 편지함에 '칭찬 폴더'를 만드는 것이다. 그리고 이 폴더에 내가 한 일을 축하하고 칭찬하는 내용의 이메일이나 내 노력이 동료, 고객, 독자에게 미친 영향을 구체적으로 언급하는 이메일들을 저장한다. 생각한 것보다 폴더를 자주 들여다보지는 않지만, 폴더가 있다는 사실만으로 자신감이 높아진다. 그러니 이메일에 폴더를 하나 만들고 누군가에게 칭찬받을 때마다 넣어두자. 아주 작은 칭찬이라도 좋다. 격려나 응원이 필요한 순간, 클릭 한 번이면 된다. 칭찬이 기다리고 있을 것이다.

💬 상황별 맞춤 멘트

불안정한 상사에게 전술을 시도할 때 사용하면 좋을 만한 몇 가지 문구를 미리 준비해두자. 여기서 제안하는 내용을 포함해도 좋겠다. 진정성이 느껴지게 잘 만들어보자.

✦ 상사의 성공을 위해 최선을 다하고 있음을 보여주기

"함께 노력하고 함께 인정받고 싶습니다."

"저희 모두 팀이 성공하기를 바라고 있습니다."

"우리 팀은 팀장님을 믿고 지지합니다."

"저희 모두 이 프로젝트의 성공을 위해 최선을 다하고 있습니다."

✦ 자신감 키우기

"지난주에 프로젝트에 관해 이야기할 수 있어 좋았습니다. 덕분에 생각이 바뀌었습니다."

"회의 때 하신 말씀, 참 인상 깊었습니다. 다른 사람들도 저와 똑같이 생각했을 겁니다."

"이 일을 보는 관점이 남다르신 것 같습니다. 의견을 더 듣고 싶습니다."

✦ 통제권 부여하기

"최종 결정을 내리실 수 있도록 제 의견을 말씀드리겠습니다."

"모든 일은 결국 팀장님께 달려 있습니다."

"팀장님의 의견에 덧붙여 말하자면" 또는 "방금 팀장님께서 말씀하신 것처럼"을 덧붙여 자신의 의견을 말하기 전에 상사의 아이디어를 언급한다.

"제가 드리는 정보가 충분한가요? 저는 팀장님께 진행 상황을 공유해드리는 게 중요합니다."

· ✦ ·

안타까운 말이지만, 아무리 좋은 전략이 있어도 상사의 불안함을 완벽하게 치료하기는 어렵다. 하지만 이것은 당신 때문이 아니다. 이 장에서 설명한 전술들이 관계를 부드럽게 하는 데 도움이 되기는 하겠지만, 지나친 기대는 금물이다. 상사와의 관계에만 집중하면 맡은 업무를 제대로 해내지 못할 수도 있고, 자격 없는 상사를 왜 그렇게까지 좋아 보이게 하려고 애쓰는지 의문을 품는 팀원들로부터 소외당할 수도 있다 (만약 이 과정이 어렵다면 12장을 참고하길 바란다. 포기하기 전에 시도해볼 수 있는 최후의 방법들이 있다).

다시 아이코의 이야기로 돌아가보자. 아이코는 자기 의심이 들었지만, 상사와의 관계를 바꾸는 데 전념할 수 있었다. 공동의 목표가 있다는 것을 강조한 덕분이었다. 코라를 회의에 포함하고 정보를 계속 업데이트하느라 무척 고생했다. 아이코는 한 주가 끝날 때마다 프로젝트의 진행 상황이나 그 주에 나눈 중요한 대화 내용을 정리해서 코라에게 이메일을 보냈다. 그렇게 정리한 이메일은 코라의 불안감을 줄이는 데 도움이 되었을 뿐만 아니라, 아이코가 맡은 일을 잘 해내고 있다는 증거가 되기도 했다. 아이코는 항상 코라의 불안감이 다른 사람들 앞에서 자신을 깎아내리려 할지도 모른다고 생각하고 있었기 때문에, 이런 일이 생겼을 때 스스로 방어할 수 있도록 진행 과정을 기록으로 남겨 안심되었다. 다행히 걱정했던 상황은 오지 않았고, 아이코는 결국 회사

직장생활 인간관계론

를 떠났지만 퇴사하기 전까지 5년간 코라를 상사로 모셨다.

　돌이켜보면 아이코는 상황을 더 잘 다룰 수 있었을지도 모른다. 특히 코라의 행동을 개인적으로 받아들일 필요가 없었다. 물론 쉽지 않은 일이긴 하다. 항상 당신을 어깨너머로 지켜보고, 당신이 하는 일에 의문을 제기하고, 다른 사람을 희생시켜 자기 자존심을 부풀리려는 상사가 있다면, 인신공격처럼 느껴질 것이다. 하지만 이런 상황에서도 감정적 거리를 확보해보자. 자신을 작고 귀여운 다람쥐라고 상상해보면 어떨까?

불안정한 상사

👍 좋은 전술

- 불안정한 상사도 사람이라는 사실을 기억한다. 그들을 악마로 만들면 누구에게도 도움이 되지 않는다.
- 나를 경쟁자가 아닌 협력자로 생각하게 한다.
- 사석에서는 물론, 영향력 있는 다른 사람들 앞에서 상사에게 진심 어린 칭찬을 하거나 고마움을 표현한다.
- 가능한 한 자주 '우리' 또는 '저희'라는 말을 사용한다.
- 진행 상황을 계속해서 업데이트한다. 특히 다른 부서와 무슨 일을 하고 누구와 대화하는지 투명하게 공유한다.
- 상사가 관심을 두는 프로젝트의 진행 상황을 주기적으로 공유하고, 그 일에 소속감을 느끼게 한다.

👎 나쁜 전술

- 상사가 느끼는 압박이나 불안의 원인이 무엇인지 넘겨짚는다.
- 보복한다(당신이 상사를 신뢰하지 않고 무시한다고 느끼면 자기 의심이 많은 상사의 불안이 증가할 수 있다).
- 내가 받는 스포트라이트를 공유하지 않는다.

비관론자

"이건 절대 안 될 거야."

테레사는 심란과 두 자리 정도 떨어진 곳에서 일했고, 하루에도 몇 번씩 습관처럼 심란의 자리를 들렀다. 테레사가 불평만 늘어놓지 않는다면 심란은 이 짧은 방문이 그다지 거슬리지 않았을 것이다. 심란은 이렇게 말했다. "매일 아침 인사를 하면 테레사는 자기에게 있었던 온갖 나쁜 일을 쏟아놓기 시작해요. 집에서 있었던 일, 출퇴근길에 있었던 일, 동료와 있었던 일…. 끝도 없어요!" 말을 잘 들어주고 적당히 질문도 건네면 테레사의 부정적인 감정이 가라앉을 거라고 생각했지만, 상황은 더 나빠졌다. "저는 매일 테레사의 불평불만을 들어주는 담당자가 되어버렸어요."

한번은 회사 대표가 전체 회의를 열어 전 직원에게 보너스를 지급하겠다고 발표했다. 지난해 실적이 유달리 좋았던 덕분이었다. 하지만 회의가 끝나자마자 테레사는 심란의 책상으로 와서 회사 복지가 아직 부족하다고 지적했다. 보너스뿐만 아니라 회사의 성공에 들떠있던 심란은 완전히 기분이 상했다.

심란은 테레사와 긴밀히 협력하며 업무해야 했기에 잘 지내고 싶었지만 쉽지 않았다. 테레사가 다가오는 모습이 보이면 본능적으로 발걸음을 다른 방향으로 돌리고 싶을 때가 많았다.

비관론자, 냉소주의자, 의심 많은 사람, 불평불만을 늘어놓는 사람, 습관적인 반대론자, 패배주의자. 아마 다들 이런 사람과 일해본 경험이 한 번쯤은 있을 것이다. 이들은 새로운 계획이나 프로젝트가 실패할 온갖 이유를 지적하는 것을 즐기는 듯 보인다. 미국 TV 프로그램 〈SNL〉에서 배우 레이철 드래치Rachel Dratch가 연기하는 '데비 다우너'라는 캐릭터가 있다. 다우너는 고양이 에이즈 발병률을 자주 언급해 분위기를 망치는 인물이다. 다우너와 대화하면 누구나 짜증이 치밀어 오른다. 비록 희화한 캐릭터이긴 하지만, 다우너 같은 사람들은 현실에도 존재하기에 많은 이가 공감하는 듯하다. 비관론자와 함께 있으면 즐겁지 않다.

다음은 비관론자에게 자주 나타나는 몇 가지 행동이다.

- 회의, 경영진, 동료 등 모든 것에 대해 불평한다.
- 신규 계획이나 프로젝트가 실패할 수밖에 없다고 단언한다.

- 혁신이나 새로운 업무처리 방식을 논의할 때 '이미 해봤지만 실패했다.'라는 식으로 반응한다.
- 전술이나 전략의 위험을 즉시 지적한다.
- 회의에서 긍정적인 이야기가 오가도 부정적인 이야깃거리를 찾는다.

심란은 테레사가 사무실에 없거나 휴가 중일 때, 아니면 잠깐 들러 이야기할 시간이 없을 정도로 바쁜 날이면 업무에 더욱 집중할 수 있어 생산적인 기분이 들었다. 테레사가 자기 자리로 다가오는 듯한 기척을 느낄 때마다 부정적인 말이 쏟아질 것에 대비해 마음을 단단히 먹거나, 일에 열중하는 척하며 테레사가 자기를 그냥 지나쳐가기를 바랐다. 하지만 이런 식의 회피는 오래갈 수 없었다. 심란은 자신도 모르게 테레사가 태도를 바꾸기를, 아니면 적어도 부정적인 성향을 자신이 아닌 다른 곳으로 돌리기를 바라고 있었다.

매사에 부정적인 동료가 몰고 다니는 먹구름에서 벗어나려면 무엇이 그들을 그렇게 행동하도록 만드는지 이해할 필요가 있다.

비관적 행동의 배경

비관론자들이 부정적으로 세상을 바라보는 데는 여러 가지 이유가 있다. 무엇이 그들을 자극하는지 깊이 이해하면, 좋은 전술을 결정하고 공감을 불러일으키는 데 도움이 된다. 다시 말해, 그들의 관점에서 이 문제를 바라본다면 당신에게 이득이 되는 방법을 찾을 수도 있다는 말이다.

테레사처럼 불평불만으로 주위를 우울하게 만드는 사람들은 도대체 왜 그렇게 행동하는 걸까? 이 질문에 대한 확실한 정답은 없지만, 고려해야 할 요소는 있다. 아래 세 가지 요소를 살펴보자.

· 관점

비관론자는 부정적인 사건이나 결과를 피할 수 없다고 믿는다. 어린이 애니메이션 〈치킨 리틀〉에 등장하는 전형적인 비관론자를 떠올려보자. 주인공 치킨 리틀은 하늘이 무너지고 있다고 생각해 농장의 모든 동물에게 이 사실을 알리러 다닌다. 리틀은 재난이 임박했다고 굳게 믿었다.

· 의지

자신의 행동이 해당 상황의 결과에 영향을 미칠 수 있다고 느끼는지 여부다. 행복과 성공에 초점을 맞추고 비관주의에 대해서도 많은 관심을 갖고 있는 연구자 미셸 길란Michelle Gielan은 비관론자를 "좋은 일이 일어나리라 믿지 않고 결과를 바꿀 능력도 없는 사람"이라고 정의한다.[1] 길란은 부정적인 생각이 무조건 나쁘지만은 않으며, 심지어 어떤 경우에는 타당성이 있다고 말한다. 하지만 재난을 피하려는 노력이 소용없다고 느끼는 사람은 아무것도 하지 않을 가능성이 크다.

• 행동

태도가 행위로 바뀌는 지점이다. 패배주의자의 행동에는 심란의 동료 테레사처럼 쉬지 않고 불평을 늘어놓거나, 다른 사람의 아이디어를 깎아내리고 자신이 얼마나 불행한지를 이야기하는 것이 포함된다. 이런 행위는 운명론적 관점과 의지 부족을 드러낸다.

위 세 가지 전부 생각해볼 만한 중요한 요소다. 당신의 동료는 어떤가? 부정적인 관점을 가졌으면서도 별다른 행동은 하지 않는 사람인가? 아니면 자신이 상황을 바꾸거나 프로젝트 결과에 영향을 미칠 만한 능력이 있다고 생각하는 사람인가?

관점은 부정적이지만 의지가 있는 사람은 '방어적 비관주의defensive pessimism'로 분류할 수 있는데, 이들은 때때로 장점을 발휘한다.[2] 한 연구에 따르면, 만성 질병이 있는 방어적 비관론자들은 미리 통증 관리를 하는 등 건강을 개선하는 행동을 할 가능성이 크다고 한다.[3]

연구자들은 전염병이 유행할 때 방어적 비관론자가 더 잘 대처할 수 있는 이유가 걱정 때문에 손을 자주 씻거나 의사와 상담하는 등 예방 행동을 취하기 때문이라고 설명한다. 방어적 비관주의에 속하는 사람들은 어떤 상황에서든 실패하고 파멸할 것이라고 단언하면서도 아무런 행동도 하지 않는 무력한 사람보다 함께 일하기 쉬울 수 있다.

'비관론자'라는 범주 안에는 '피해자'라는 범주도 있다. 이들은 부정적 시각, 의지 부족과 함께 자신을 무시나 불운의 대상으로 보이려고 행동하는 경향이 있다(변형된 비관주의에 대해서는 이후 5장에서 더 자세히 이야기하겠다).

안전 vs 성취

비관적인 동료를 잘 이해하는 방법 중에는 '동기화 초점motivational focus'을 파악하는 방법이 있다. 동기화 초점에 따르면, 안전 지향형 사람은 안전에 관심이 있고 업무를 극복해야 할 일련의 장애물로 본다. 성취 지향형 사람은 미래를 긍정적으로 생각하고, 극복할 수 없는 도전이라고 여겨지는 일에서 기회를 찾는다. 사회심리학자 하이디 그랜트Heidi Grant와 토리 히긴스Tory Higgins는 두 유형의 차이를 다음 페이지에 나오는 [표 4-1]과 같이 설명한다.

어느 유형이 더 좋거나 나쁘다고 말할 수는 없지만, 각 유형은 팀이나 조직에서 다르게 기능한다. 이에 대해 그랜트와 히긴스는 이렇게 설명한다. "안전 지향형 사람들은 위험을 회피하는 경향이 높지만, 더 철저하고 정확하며 신중하게 일한다. 그들은 업무를 완벽히 수행하기 위해 느리지만 꼼꼼하게 일한다. 가장 창의적으로 사고하는 부류는 아니지만, 뛰어난 분석력과 문제 해결 능력이 있다. 반면 성취 지향형 사람들은 좋은 아이디어든 나쁜 아이디어든 상관없이 많은 아이디어를 내지만, 이 두 가지를 구분하는 데는 안전 지향형 사람이 필요할 때가 많다."[4] 당신이 비관적이라고 생각하는 동료가 혹시 안전 지향형 사람인 것은 아닐까?

만약 당신이 성취 지향형 사람이라면(물론 두 가지 특성을 모두 가질 수도 있다) 안전 지향형 동료가 거슬릴 수 있다. 하지만 이들의 행동에는 가치가 있다. 비관론자가 단지 '하늘이 무너진다.'라고 생각하는 병적인 고집을 지닌 이들이 아니라는 점을 이해하려고 노력해보자. 그러면 이들의 경계심이나 조심성이 조금은 덜 성가시게 느껴질 수 있고, 오히려 좋은 방향으로 활용할 수 있는 아이디어가 떠오를 수도 있다. 불안, 권력욕, 분노 같은 이들의 지속적인 불평 뒤에 다른 요인이 있을 수 있다.

[표 4-1] 지배적인 동기화 초점의 차이

성취 지향형 사람
- 신속하게 일한다.
- 여러 가지 대안을 고려하는 데 능숙하고, 브레인스토밍에 뛰어나다.
- 새로운 기회를 기꺼이 받아들인다.
- 낙관론자다.
- 최상의 시나리오에 대해서만 계획을 세운다.
- 항상 긍정적인 피드백을 받으려고 한다(만약 받지 못하면 활력을 잃는다).
- 일이 잘못되면 낙담하거나 우울해한다.

안전 지향형 사람

- 느리지만 신중하게 일한다.
- 정확히 하려는 경향이 있다.
- 최악의 상황에 대비한다.
- 마감 기한이 짧으면 스트레스를 받는다.
- 검증된 방식을 고수한다.
- 칭찬이나 낙관을 불편해한다.
- 일이 잘못되면 걱정하거나 불안해한다.

불안

비관론자들이 최악의 상황을 상상하는 것은 불안에 대한 자동 반사적인 반응일 수 있다. 그들은 잘못될 수 있는 모든 경우를 생각함으로써 실현 가능성에 대비할 수 있다고 느끼는 것이다. 물론 이런 생각은 최악의 두려움을 예방하기 위해 행동할 때만 도움이 된다.

당신이 정말 들어가고 싶은 직장에 지원했던 때를 떠올려보자. 준비하는 과정에서 적어도 한번은 '절대 합격할 수 없을 거야.'라고 생각해본 적이 있을 것이다. 이는 분명 비관적인 혼잣말이다. 하지만 이에 대한 반응으로 면접 준비나 회사 조사에 더 노력을 기울인다면 기능적으로 활용할 수 있다.

비관적인 동료는 자신의 사고방식이 항상 부정적인 방향으로 향하는지 모를 수도 있다. 그리고 오히려 자신의 그런 행동이 도움이 된다고 생각할 수도 있다. 이를테면 팀을 절망의 고통에서 구하기 위해 차라리 더러운 방법을 쓰겠다는 식이다. 이렇게 불안을 표현하면 주위 사람, 특히 낙관론자들이 불편해할 수 있지만, 찬물을 끼얹기 위해서가 아니라 걱정에서 비롯된 행동이라고 인식하면 대처하기가 쉬워진다.

권력

사사건건 반대하는 동료의 행동은 권력에 대한 욕망 때문일 수도 있다. 아이디어를 가리지 않고 비판하는 사람과 회의할 때면 나는 그들의 행동을 책임 회피로 해석할 때가 많다. 만약 "그건 절대 안 될 겁니다!"라고 주장한다면 프로젝트가 예상대로 진행되지 않을 때 책임을 뒤집어쓰지 않겠다는 뜻이다. 어떤 때는 게으름의 신호라고 생각했다. 그리고 만약 "시도조차 하지 말아야 합니다."라고 말한다면 프로젝트에 참여하거나 의미 있는 방식으로 기여할 생각이 없다는 뜻이다.

버지니아대학교 아일린 추Eileen Chou 교수는 다른 동기를 찾아냈다. 연구에 따르면 비관론자들은 자신의 부정성에서 통제감을 찾는다고 한다. 다시 말해, 집단에 동의하지 않음으로써 자율권을 주장하는 것일 수 있다. 그러면 다른 사람들도 그들이 더 권위 있다고 생각한다. 추는 이렇게 설명한다. "대부분은 반대 의견을 제시하는 사람들을 피하거나 배제할 것이라고 생각하지만, 사실은 정반대다. 오히려 지위가 높은 사람들이 부정적인 말이나 반대 발언을 하는 경우가 많다."[5] 이것이 강화 사이클을 만든다. 비관론자는 권력을 느끼려고 부정성을 이용한다. 이들의 냉소적인 태도는 다른 사람이 자신을 권력자처럼 인식할 가능성을 높이고, 심지어 리더로 선택하게 만들기도 한다. 권위 있다는 인식이 현실화되는 것이다.

분노

어쩌면 항상 부정적인 관점을 가진 이유가 현재 상황에 대한 불만을 표출하고 있는 것일 수도 있다. 필립의 경우를 살펴보자. 필립과 동료 오드리는 제약 회사 마케팅팀에서 일하고 있고, 둘 다 승진을 앞두고 있다. 필립은 이 부서에 7년간 있었고, 팀을 이끄는 데 욕심이 있었다. 오드리는 8개월 전에 이 조직에 합류해 상대적으로 새로운 인물이었다. 하지만 마케팅 담당 부사장은 오드리에게 잠재력이 더 많다고 판단하고 그녀를 승진시켰다. 그 뒤 6개월 동안 필립은 오드리의 의견을 사사건건 무시하며, 오드리가 제안하는 새로운 계획에 대해 "예전에 이미 시도해봤지만 완전히 실패했다."라고 지적했다.

필립의 경우, 불안이나 동기화 초점이 행동의 원인은 아니었다. 오드리를 깎아내리고 팀의 발전을 방해한 이유는 '분노'였다. 필립처럼 승진에서 누락되거나, 조직이나 상사의 인정을 받지 못한다고 느끼거나, 마땅히 받아야 할 존중이나 존경을 받지 못한다고 생각하는 사람들에게서 종종 냉소적이고 싫증 난 태도를 볼 수 있다. 그리고 그들은 의식적으로나 무의식적으로 주위 사람들을 무너뜨리려고 한다.

하지만 어떤 경우에는 비관론자가 타당한 의심을 하는 것일 수도 있다. 특히 여성이나 유색인종처럼 과소평가된 집단에 속한 사람이 얼마나 자주 승진 대상에서 제외되는지를 생각해보라.

냉소주의자의 행동을 부추기는 동기가 무엇이든 간에, 결국 당신과 조직에는 비용이 발생한다.

비관론자와 함께 일하는 데 드는 비용

연구에 의하면 비관론자는 스스로 큰 대가를 치른다. 불안장애와 우울증을 겪을 가능성도 높다. 또한 스트레스가 많고 병이나 다른 장애에서 회복하는 데 더 오래 걸리는 경향이 있다. 게다가 일부 연구에 따르면 부정적인 관점은 창의성을 떨어트린다고 한다. 심지어 재정적으로 더 큰 어려움을 겪는다는 증거도 있다. 그들은 비상시에 대비해 목돈이나 비상금을 비축해놓았을 가능성이 낙관적인 사람들보다 낮다. 또한 낙관적인 사람들보다 돈과 재정에 대해 더 많이 걱정하는 경향이 있다.[6]

감정에는 전염성이 있다. 긍정적인 감정이나 부정적인 감정 모두 마찬가지다. 그래서 주위에 비관적인 사람이 있으면 그들의 관점에 쉽게 휘말리게 된다. 결과적으로 의기소침해지고, 안 좋은 결과를 평소보다 더 걱정하고, 자신이 하는 일이 회사에 도움이 되지 않는다고 느끼는 등 앞에서 설명한 몇 가지 비용을 경험할 수 있다.[7] 또한 비관론자를 의식적으로 피하려는 노력이 짜증과 스트레스를 불러올 수도 있다. 부정적인 동료와 시간을 많이 보내면 보낼수록 그들의 시선으로 세상을 보게 될 가능성이 커진다.

자말도 같은 경험을 했다. 그의 상사 코트니는 회사 경영진을 끊임없이 비난하는 사람이었다. 이 회사가 첫 직장이었던 자말은 코트니의 관점에 의문을 가질 생각조차 하지 못했고, 코트니가 말하는 대로 회사 경영진을 바라보기 시작했다. "부정적인 말을 계속 듣다 보니 미래에 대한 열정, 흥미, 기대가 점점 사라졌습니다. 저는 상사가 하는 비난을 그대로 받아들였고, 결국 회사 경영진과 제품에 결함이 있다고 믿게 되었어요." 심지어는 몇몇 팀원을 의심했다고 말했다. 사람들이 결근할 때마다 코트니는 꾀병을 부린다고 비난했다. 팀은 꾸준히 목표를 달성했고 목표한 것 이상을 달성할 때도 있었지만, 코트니는 항상 열심히 일하지 않는 것처럼 느끼게 했다. 이런 분위기는 팀원들 사이를 갈라놓았고, 결국 팀에 균열이 일어나 성공적으로 목표를 달성할 수 없었다.

팀에 비관론자가 단 한 명만 있어도 팀원 모두의 상호작용 방식이 달라질 수 있다. 특히 코트니처럼 권한 있는 사람이라면 더욱 그러하다. 끊임없는 불평은 팀에 분열을 일으키고, 직장 만족도를 떨어트리고, 신뢰를 약화하며, 팀과 조직문화를 오염시키는 부정성을 키운다.

아마 이런 비용을 감당하고 싶은 사람은 없을 것이다. 그럼 어떻게 하면 우울한 동료와 잘 지낼 수 있을까? 먼저, 몇 가지 질문을 하는 데서 시작해보자.

직장생활 인간관계론

자신에게 물어봐야 할 질문

다음 질문들에 대답하면서 비관적인 동료와 당신 사이의 역학 관계를 개선할 방법을 생각해보자.

비관주의의 원인은 무엇인가?

다른 사람의 아이디어를 비난하고 새로운 접근방식을 거부하는 냉소적 태도의 원인을 알면 생각지 못한 해결책이 보일 수도 있다. 불평불만을 늘어놓는 근본적인 이유는 무엇일까? 그 이유가 앞에서 설명한 안전 지향, 권력욕, 불안감 가운데 있는가? 무언가에 분노하고 있지는 않은가?

만약 동료가 프로젝트의 실패를 걱정한다면 새로운 시도로 불이익을 받지 않을 것이라고 안심시킬 수 있다. '시간 낭비'를 염려한다면 효과가 없더라도 실험이 가치 있는 이유를 설명해보자. 그저 너무 지치고 바빠서 더는 전력을 다할 수 없는 상태라면, 업무 관리 방식을 개선하도록 도울 수도 있다(당신이 상사라면 업무량을 줄여줄 수도 있겠다).

그들이 그런 태도를 보이는 근본적인 이유를 적극적으로 파악해보자. 루카스도 동료 조에게 이와 같은 방법을 사용했다. 조는 컨설팅팀이 새로운 의료기기 시장을 파악하는 방법에 대해 쉬지 않고 불평했다. 팀원들은 여러 차례 만나 프로젝트를 검토하고 담당 업무를 명확히 구분하고 목표와 주요 일정을 설정했지만, 조는 대화에 적극적으로 참여하거나 생산적으로 기여하지 않았다. 그저 팔짱을 끼고 "고객에게 어떤 도움이 될지 모르겠네요."라고 말할 뿐이었다. 루카스는 조를 한쪽으로 불러 왜 그러는지 물었다. 몇 마디를 주고받고 나서 루카스는 정확히 알게 되었다.

조는 자신의 역할을 완전히 이해하지 못하고 있었다. 비관적인 태도는 조의 방어기제였다. 루카스는 반나절 동안 조와 함께 해야 할 일을 검토하고 작업을 연습했다. 시장을 30개 세부 분류로 나누고 그중 5개를 함께 조정하고 나자, 조는 혼자서 나머지 25개를 처리하기가 불안하지 않았다. 이렇게 접근하니 효과가 있었다. 루카스는 조의 비관적인 관점이 사라졌고, 회의에서 뒤로 물러나 있던 태도도 없어졌다고 말했다.

그들의 우려는 타당한가?

약간의 냉소주의는 건강한 관점이고, 심지어 필요할 때도 있다. 비관론자들은 사회와 직장에서 중요한 역할을 하는데, 이는 그들이 균형감을 가져오기 때문이다. 그들은 특히 낙관론자들이 놓치기 쉬운 위험을 예리하게 지적한다. 또, 다른 사람들이 서둘러 계획을 추진할 때 신중히 해야 한다고 주의를 준다. 가설을 점검하고 아이디어를 발전시키고 비용이 많이 드는 실수를 방지하려면 반대 의견이 필요한데, 부정적인 태도를 가진 사람들이 종종 이 역할을 맡는다. 치솟는 경제 불평등, 인종차별, 포퓰리즘과 국가주의의 부상 등 전 세계에서 일어나는 일들을 보면 미래를 희망차게 보지 않는 사람들을 이해할 수 있다. 미래를 걱정해야 할 이유가 이렇게나 많은데 긍정적인 태도만 고집하면 오히려 혼란스러워질 것이다.[8]

당신이 속한 팀이나 조직이 찬성과 낙관만 인정받는 '광신적 긍정'에 빠져 있는 것은 아닌지 곰곰이 생각해보라. 팀원들이 공개적으로 반대 의견을 내비치고 의심을 제기할 수 있는 분위기가 형성되어 있는가? 어쩌면 다른 사람들이 입 다물고 있을 때 혼자 자기 의견을 밝힌다는 이유로 동료를 비관론자로 오해하고 있을 수도 있다.

어떤 행동이 문제가 되는가?

동료의 성향이나 우울한 태도를 하나로 뭉뚱그려 표현하기보다 구체적으로 문제가 되는 행동을 정확히 집어내보자. 동료의 부정적인 발언이 나머지 팀원들의 의견을 막는가? 아니면 100퍼센트 성공할 것이라는 확신이 없다면 일을 맡으려 하지 않는가?

사람들은 비관론자들이 분위기를 망친다고 말하고, 나도 이런 동료와 일한 적이 있다. 하지만 그들이 구체적으로 어떤 문제를 일으키는지 생각해보자. 앞에서 언급했던 사회심리학자 그랜트가 내게 해준 말이 있다. "사람들은 실제로 문제가 있다는 것을 확인하고 싶어 한다. 상대방의 방식이 마음에 들지 않을 수 있다. 그럴 때는 그냥 무시하거나, 눈을 한번 치켜뜨거나, 한숨 한번 크게 쉬고 넘어가라."[9]

어떤 행동이 자신과 다른 동료들에게 문제가 되는지를 정확히 알면 어떤 전략을 사용할지 결정하는 데 도움이 된다.

시도해볼 만한 전술

곰돌이 푸가 끊임없는 낙관주의로도 당나귀 이요르의 세계관을 바꾸지 못했듯이, 당신의 동료도 항상 밝은 면을 바라보게 하기는 어려울 것이다. 하지만 방법은 있다. 다음은 비관론자와 더욱 즐겁고 생산적으로 일하기 위한 방법들이다.

냉소주의를 '선물'이라고 생각하기

동료에게 나쁜 의도가 없다고 가정한 후, 그들에게 특별한 재능이 있다고 생각해보자. 그리고 당신이 추진하는 계획이 실패할 수밖에 없는 또 다른 이유를 제시할 때 이렇게 생각하는 것이다. '아, 이 사람은 지금 내가 위험을 감지할 수 있도록 자신의 특별한 능력을 발휘하고 있구나.'

잠재적 결함을 발견하는 이 같은 능력은 과소평가될 때가 많다. 엔론과 웰스파고의 회계 부정 사건*부터 BP의 기름 유출 사고, 747 MAX

---

* 미국에서 발생한 대표적인 회계 부정 사건. 엘론은 에너지 분야에서, 웰스파고는 은행 업계에서 각각 큰 충격을 주었다.

추락 사고에 이르기까지, 지난 수십 년간 일어난 기업 참사들을 떠올려보자. 이런 사고나 재난의 원인을 조사한 전문가들이 한결같이 발견한 사실이 있다. 바로 많은 직원이 실수(또는 범죄)를 인지하고 있었지만 아무도 말하지 않았다는 점이다.[10]

사람들은 이런 일에 입을 다문다. 이는 문제를 제기하지 못하게 하고 그런 행동이 초래할 결과를 두려워하게 만드는 조직문화 때문이다.[11] 비관주의를 있는 그대로 받아들이는 것도 관계 형성에 도움이 된다. 사사건건 반대하는 동료와 공통점을 찾고 우울한 성향 뒤에 있는 논리와 가치를 발견한다면, 서로 공감하며 잘 지낼 수도 있다. 하지만 관점을 바꾸는 것은 시작일 뿐이다. 연민이나 동정심만으로는 동료가 부정적인 태도를 전파하는 것을 막을 수 없다.

역할 부여하기

동료가 위험을 지적하는 데 타고난 재능이 있다면, 이를 공식적인 역할의 일부로 삼는 것도 고려해보자. '악마의 변호인devil's advocate'을 활용하라는 말을 들어본 적 있는가? 악마의 변호인은 의도적으로 반대 입장을 취하며, 어려운 질문을 제기하고 집단 사고에 도전하는 선의의 비판자 역할을 맡는 사람이다. 연구에 따르면, 단 한 명에게라도 이런 식으로 반박할 권한을 준다면 팀 전체가 더 나은 의사결정을 내린다고 한다.[12] 비관론자에게 맡기기 완벽한 업무다. 다만 어쩌면 누군가는 '악마의 변호인'이라는 말을 부정적으로 인식할 수 있으니, 나는 이 직책을 '반대 책임자disagreer-in-chief'라고 부르고 싶다.

이 전술의 장점은 비관론자를 악역으로 만들지 않고 생산적인 팀원으로 받아들이는 데 도움이 된다는 점이다. 기술 경영인을 거쳐 혁신 전문가로 활동하는 닐로퍼 머천트Nilofer Merchant는 의견 다양성이 개인과 기업의 성장에 핵심적인 역할을 한다고 믿는다. 그는 지지 이유를 이렇게 밝혔다. "일부 리더는 이의를 제기하는 사람을 악마로 만들고, 제기된 문제를 해결하는 대신 그들이 문제라고 비난한다. 이유는 간단하다. 자신의 결점을 직면하기가 불편하기 때문이다. 이런 불편이 리더를 편향되고 방어적으로 만든다. 리더가 이렇게 행동하면 조직의 발전 가능성은 제한된다."[13]

그들의 가정에 도전하기

비관론자: 이 일은 실패할 수밖에 없어요.

나: 제 생각엔 잘될 것 같은데요.

비관론자: 정말 순진하군요.

비관론자에게 당신의 관점을 강요하면 오히려 그들의 관점을 더 견고히 하는 역효과가 생길 수 있다. 대신 관점의 바탕이 되는 생각과 가정에 다가가 명확한 설명과 더 많은 정보를 요청해보라. 예컨대 동료가 "이 프로젝트는 재무팀 검토를 통과하지 못할 거예요."라고 말한다면 그렇게 생각한 이유를 설명해달라고 하자. 대안을 요청하면 더 좋다. "이 프로젝트를 승인받으려면 어떻게 해야 할까요?"라고 물어보자(이런 질문을 할 때는 무시하거나 잘난 척하는 것처럼 보이지 않도록 말투를 조심해야 한다). 그리고 이때 '하지만'을 사용하면 도움이 된다. 예를 들어 "재무팀 심사를 통과하지 못할 수도 있어요. 하지만 지금 기초를 탄탄히 다져두는 게 좋아요. 내년에 기술 프로젝트를 더 많이 승인할 예정이거든요."

그랜트는 비관론자를 상대할 때 활용하기 좋은 마법의 조합이 있다고 말한다. "물론 어렵겠지만 그 일을 잘 해낼 수 있다는 자신의 생각을 분명히 드러내라."[14] 그 일이 쉬운 것처럼 행동하면 비관론자는 당신의 말을 듣지 않을 것이다. 하지만 상대방이 왜 그렇게 느끼는지 이해하는 마음이 전달되면 다른 관점으로 행동을 유도할 가능성이 커진다.

또한 비관론자의 의견을 인정하면서 불만을 재구성할 수도 있다. 예컨대 비관론자 동료가 다른 팀원을 보고 게으르다고 투덜거리면 이렇게 말할 수 있다. "모두가 바쁜 시기잖아요. 그는 분명 우리가 보는 것보다 더 많은 일을 하고 있을 거예요." 그들을 가르치려 들거나 못되게 굴 필요는 없다. 다른 시각을 제시하는 것만으로 충분하다.

건설적으로 생각하도록 유도해보는 것도 좋은 방법이다. 예컨대 이렇게 물어볼 수 있다. "왜 그렇게 불만인지 알겠어요. 하지만 지금 우리가 할 수 있는 일이 있을까요?" "다음에 우리가 뭘 시도할 수 있을까요?" 이때 대뜸 "그럼 뭐라도 해봐요!"라고 대놓고 말할 필요는 없다.

하지만 취할 수 있는 행동을 알려주거나 비슷한 상황을 만났을 때 생산적으로 대처한 경험을 들려줌으로써 그들의 주체성을 높일 수 있다.

비관주의가 득이 될 때와 실이 될 때를 알려주기

건설적인 냉소주의는 팀에 도움이 될 수 있지만, 패배주의적인 동료는 자신의 말과 행동이 다른 사람에게 부정적인 영향을 미치고 있다는 사실을 모를 수도 있다. 그들이 이를 인식하도록 도와주자. 이를테면 이렇게 말할 수 있다. "당신이 부정적인 의견을 말하면 팀원들이 힘들어합니다."

바이런은 동료 모건이 함께 준비하고 있는 프로젝트가 잘 안될 거라고 말할 때마다 이렇게 행동했다. 두 사람이 속한 팀은 회사 판매 재고를 정리하고 새로운 판매로 이어질 운영 효율성을 파악하는 업무를 맡게 되었다. 다른 부서에서 근무했던 모건은 처음부터 이 프로젝트에 회의적이었다. 바이런은 모건의 태도가 다른 팀원들을 짜증 나게 하는 걸 알았고, 진행에 방해가 될까 봐 걱정스러웠다. 그는 모건과 일대일로 만나서 모건이 부정적인 발언을 할 때마다 팀원들이 위축된 표정을 짓고 대화가 중단되는 것을 최대한 완곡하게 설명했다. 하지만 모건은 오히려 여러 부서가 관여하면 계획에 차질이 생길 수 있다는 회의적인 의견을 거듭 말하며 강하게 반응했다. 그래서 바이런은 우려와 함께 대안도 말해달라고 요청했다. "저는 모건이 하고 있는 일이 우회 표지판도 없이 계속 장애물을 쌓고 있는 것 같다고 설명했습니다." 결국 모건은 바이런의 조언을 받아들였고, 그의 바뀐 행동에 팀원들은 안도하며 긍정적인 반응을 보였다. 그러자 모건은 새롭게 바꾼 행동에 더욱 박차를 가했다. 바이런은 모건의 대안적 해결책 중 많은 부분이 팀의 의견에 포함되었다고 말했다. 그리고 모건은 자신의 기여 덕분에 프로세스가 더 철저해졌다고 믿게 되었다.

긍정성에 기대기

긍정적인 동료의 압력도 도움이 될 수 있다. 사람을 골라내면 때로 역효과가 생긴다. 분위기 파괴자를 옳은 방향으로 유도하도록 팀 전체가 규칙을 정해 지켜볼 수 있다. 예컨대 모든 팀원이 말하기 전에 스스로 이 의견이 도움이 될지 자문하기로 합의하는 것이다. 비판적인 의견도 이 제안에 따르도록 한다.

　냉소적인 동료의 부정적인 태도가 팀을 흔들고 있다면, 행동을 취하는 것이 특히 중요하다. 추는 연구를 통해 비관론자가 한 명만 있어도 집단의 의사결정 과정에 영향을 줄 수 있다고 밝혔다. "조화를 유지하려는 집단에 내재한 성향 때문에 아웃라이어*가 한 명이라도 있으면 집단은 아웃라이어를 달래는 방향으로 움직인다." 그리고 추는 한 사람의 관점에만 의존해 의사결정을 내려서는 안 된다는 데 동의함으로써

---

* 통계에서 정규분포상의 현상들보다 기준에서 크게 벗어난 이상치를 가리키는 용어지만, 말콤 글래드웰Malcolm Gladwell이 집필한 동명의 책이 베스트셀러가 된 이후 보통 사람의 범주를 넘어 각 분야에서 큰 성공을 거둔 탁월한 사람을 뜻하기도 한다.

이런 경향에 대응할 수 있다고 말한다.[15]

분위기를 긍정적으로 조성하는 것은 비관론자들이 밝은 면을 바라보도록 동료의 압력을 이용하는 또 다른 방법이다. 예컨대 길란은 "최근에 동료 덕분에 기분 좋거나 일을 쉽게 한 적이 있나요? 한 가지만 알려주세요."와 같은 긍정적인 말로 회의를 시작해보라고 제안한다. 이때 중요한 것은 '구체적인 질문이 무엇이냐'가 아니라, 팀이 좋은 점에 집중하도록 돕는 것이다.

양극화 주의하기

지금까지 설명한 전술들을 실험할 때는, 당신이 무심코 한 행동 때문에 문제의 그 동료가 더 완강해지지 않도록 조심해야 한다. 이 같은 상황을 두고 그랜트가 한 말이 있다. "비관론자들은 낙관론자들을 멍청이라고 생각하며, 당신을 순진한 바보로 치부하고 싶을 것이다. 하지만 우리는 강한 낙관주의로 그들의 부정적인 태도를 압도할 수 있다고 생각한다."[16]

하지만 긍정성을 지나치게 밀어붙이면 상대방은 우울과 비관에 더 깊이 빠질 수 있다. 대신, 그들의 동기부여 방식을 존중하고 그들의 관점 중 옳은 부분을 인정하는 것이 중요하다. 그러려면 당신에게도 부정적인 감정이나 생각이 있음을 받아들여야 한다. 그런 다음 그들의 관점이나 당신이 동의하는 부분을 인정해야 한다. 물론 "당신 말이 완전히 맞아요. 이 프로젝트는 성공할 수 없어요."라고 말할 필요는 없다. 대신 이렇게 말해보면 어떨까? "당신이 걱정하는 부분은 알겠어요. 저도 일부는 공감합니다. 이렇게 결론 내리게 된 과정이나 이유를 설명해주세요."

긍정적인 사람들과 함께 어울리기

긍정적인 동료와 시간을 보내는 것은 부정성의 폭풍에 맞서 자신을 단련하는 좋은 방법이다. 당신을 끌어내리는 사람 대신 당신을 일으켜 세우고 들어 올리는 사람들을 찾아 관계를 형성하려 노력해보자.

자말은 자신의 상사 코트니가 회사 경영진과 팀원들을 믿지 못하게 했을 때 이 전술을 사용했다(111~112쪽 '비관론자와 함께 일하는 데 드는 비용'을 참고하라). 자말은 코트니가 자신에게 부정적인 영향을 끼친다는 걸 깨닫고는 최대한 그와 대면하는 일을 피했다. 대신 열정적인 동료들과 시간을 보내는 데 집중했다. 자말은 이렇게 말했다. "일과 회사에 열정적인 동료와 보내는 시간이 큰 도움이 되었습니다. 그들은 밖으로 나가 우리 제품을 모두에게 알리고 싶어 하는 사람들이었죠!" 코트니는 전혀 달라지지 않았지만, 자말은 생각이 비슷한 친구들의 지지를 받으며 발전할 수 있었다.

💬 **상황별 맞춤 멘트**

비관적인 동료를 자극하거나 소외시키지 않도록 올바른 단어를 선택하는 것은 매우 까다로운 일이다. 다음은 시도해볼 만한 몇 가지 표현이다.

✦ 긍정적인 행동에 다시 집중하기

"당신이 예상하는 결과를 막기 위해 무엇을 할 수 있을까요?"

"정말 성공하려면 무엇이 필요할까요?"

"○○○(사람, 리더, 프로젝트 등)이 마음에 들지 않는다면, 상황을 바꾸기 위해 어떤 조치를 취할 수 있는지 의논해봅시다. 제게 몇 가지 아이디어가 있긴 하지만, 그보다 먼저 당신의 생각을 듣고 싶습니다."

✦ 그들이 자신의 관점에 갇히지 않도록 유도하기

"동의하는 부분도 있고, 그렇지 않은 부분도 있습니다. 두 가지 관점을 모두 살펴봅시다."

"당신이 무엇을 걱정하는지 알겠고 저도 일부는 공감합니다. 이렇게 결론 내리게 된 과정이나 이유를 설명해주세요."

"왜 그렇게 불만인지 알겠어요. 지금 할 수 있는 일이 있을까요? 아니면 다음에 뭘 시도할 수 있을까요?"

✦ 관점 재구성하기

"이 문제를 보는 다른 관점이 궁금합니다."

"단점을 잘 파악하시네요. 우리가 놓치고 있는 게 있을까요?"

．✦．

자, 이제 다시 심란과 테레사의 이야기로 돌아가보자. 테레사는 심란의 자리에 와서 불평불만만 늘어놓았다. 심란은 테레사를 대하는 방식을 미묘하게 바꾸고, 긍정적인 면을 강조하려 노력했다. 세 달 전에는 "기분이 어때요?", "별일 없어요?"와 같이 인사하고 하루도 빠짐없이 나쁜 이야기를 잔뜩 들었다면 지금은 인사를 바꿨다. "오늘 좋은 일 있어요?" 테레사는 당황했는지 처음 몇 번은 아무 말이 없었다. 하지만 곧 질문에 대답하기 시작했다. 심란은 이전과 똑같이 인사하는 대신 이렇게 질문했다. "고객과 한 회의에서 어떤 점이 좋았나요?" "프레젠테이션에서 가장 좋았던 부분이 뭔지 알려주세요."

심란은 테레사가 말을 길게 하려고 할 때 대처하는 방법도 배웠다. "최대한 빨리, 하지만 정중하게 대화에서 빠져나왔죠." 심란은 이렇게 사소한 행동이 효과가 있어 놀랐다고 말했다. 테레사가 완전히 긍정적인 사람이 된 건 아니었지만, 심란은 테레사를 대하는 부담을 덜었고 동료들뿐만 아니라 살면서 만나는 사람들에게 느끼는 부정적인 감정을 다루는 방법을 배웠다. "싸움에서 벗어난 것 같아요. 끌려다닐 필요도 없고, 기운 빠질 일도 없어요."

비관론자

👍 좋은 전술

- 공식적으로 '반대 책임자'라는 역할을 맡게 한다.
- 바탕이 되는 생각과 가정을 확인하고, 명확한 설명과 추가 정보를 요청한다.
- 그들이 그렇게 느끼는 이유를 이해하고 있다고 알리고, 다른 관점으로 행동하고록 유도한다.
- 비관주의가 득이 될 때와 실이 될 때를 알려준다.
- 팀 전체를 위해 건설적인 규칙을 정한다. 예컨대 모든 팀원이 말하기 전에 스스로 이 의견이 도움이 될지 자문하기로 합의할 수 있다.
- 나에게도 부정적인 감정이나 생각이 있음을 받아들이고, 그들의 관점이나 당신이 동의하는 부분을 인정한다.
- 부정적인 업무 분위기로부터 자신을 보호하기 위해 더 긍정적인 동료와 시간을 보낸다.

👎 나쁜 전술

- 긍정성을 지나치게 밀어붙인다(상대방은 비관주의에 더 깊이 빠질 수 있다).
- 그들의 관점이 도움이 되지 않다거나 비논리적이라고 무시한다.
- 그들의 불평이나 걱정을 무시한다(그들이 반대하는 데는 타당한 이유가 있을 수 있다).

피해자

"왜 이런 일은 항상 나한테만 일어나지?"

비관론자 중에는 하나의 유형이 될 만큼 일반적이고 골치 아픈 유형이 있다. 바로 피해자 유형이다. 이 유형에 속하는 사람들은 모두가 자신에게 못되게 군다고 느낀다. 일이 잘못되면 자기 행동에 책임을 지기보다 재빨리 다른 사람에게 손가락질을 한다. 건설적인 피드백을 받으면 우울한 태도를 보이거나 구구절절 변명만 늘어놓는다.

피해자는 비관론자와 마찬가지로 나쁜 일은 반드시 일어나기 마련이며, 그것을 바꾸기 위해 할 수 있는 일이 거의 없다고 생각한다. 그리고 부정적인 사건은 자신에게만 일어난다고 믿고 불평한다. 비관론자가 "하늘이 무너진다."라고 말한다면 피해자는 "하늘이 내 머리 위로 무너져내린다."라고 말하는 식이다.

제럴드의 경우를 생각해보자. 그는 비교적 실적이 부진한 소매점을 관리하게 되었다. 제럴드는 매출이 낮은 매장을 성공적으로 회생시킨 경험이 있었기 때문에 지역 책임자인 칼로타는 제럴드를 영입하려고 무척이나 공을 들였다. 칼로타는 제럴드가 위태로운 매장과 직원들에게 '신선한 공기를 불어넣기'를 기대했다. 하지만 결과는 정반대였다. 오히려 '젖은 담요' 같았다고 칼로타는 말했다.

제럴드는 시작부터 칼로타가 설정한 목표가 현실적이지 않다고 반발했다. 그 목표는 비슷한 매장이 달성했던 결과를 바탕으로 세운 것이었다. 칼로타는 제럴드가 직원들의 사기를 떨어트린다는 것을 알 수 있었다. "그가 나타날 때마다 먹구름이 몰려오는 것 같았어요." 칼로타가 긍정적인 분위기를 조성하고 매장을 되살리는 목표를 강조할 때마다 제럴드는 자신에게 요구하는 일을 할 수 없다고 대답했다. "그는 주인의식이나 책임감 같은 건 느끼지 않았어요. 그저 탓하기 바빴죠. 직원, 매장 위치, 날씨 등 뭐든지요."

제럴드는 자신이 이 상황의 피해자고, 운명을 바꿀 힘이 없다고 생각했다. 아마 당신도 비슷한 사고방식을 가진 사람과 일해본 경험이 있을 것이다. 이런 유형에 속하는 사람들에게 공통으로 나타나는 몇 가지 행동이 있다.

- 자신을 불쌍하게 여기고, 다른 사람도 자신과 같은 감정을 갖기를 기대한다(저와 같이 신세 한탄 할 사람 있나요?).

직장생활 인간관계론

- 일이 잘못되면 책임을 회피하고 다른 사람이나 외부 요인을 탓한다.

- 자기 잘못이 아니라고 변명하며 건설적인 피드백에 반발한다.

- 불평하거나 우울한 태도로 다른 사람을 끌어내린다.

- 부정적인 감정에 빠져 있다.

- 자기가 실패할 것이라고 미리 단정 짓는다.

제럴드 같은 동료의 사고방식을 바꾸도록 돕는 것은 가능한 일일까? 그들이 더 책임감 있게 일하도록 만드는 방법이 있을까? 그리고 항상 자신이 나쁜 일의 표적이 된다고 생각하는 사람과 같이 일할 때 생기는 감정적 피해를 어떻게 처리해야 할까?

이 장에서는 비관론자 중 특정 유형인 피해자 유형을 살펴보고, 무엇이 그들의 행동을 부채질하고 어떻게 그들을 관리할 수 있는지에 대해 이야기할 것이다. 피해자처럼 행동하는 사람들과 잘 지내는 전술은 비관론자를 상대하는 방법과 비슷한 부분이 많아 이번 장은 다른 장보다 조금 짧다. 그러니 최상의 결과를 얻고 싶다면 4~5장을 같이 읽을 것을 추천한다.

자, 그럼 이제 무엇이 피해자 사고방식을 가진 사람들을 자극하는지부터 살펴보자.

피해자 행동의 배경

자신을 피해자라고 생각하는 사람들은 비관론자와 몇 가지 주요 특성을 공유한다. '나쁜 일은 반드시 일어난다.'라고 생각하는 '부정적 관점'과 '그걸 바꾸기 위해 내가 할 수 있는 일은 거의 없다.'라고 생각하는 '의지 부족'이다. 하지만 비관론자들과 다른 부분도 있는데, 피해자 유형의 사람들은 결과가 실망스럽거나 견디기 힘들면 다른 사람이나 환경에 잘못이 있다고 믿는다는 점이다. 또한 피해자의 핵심 신념과 태도는 비관론자와 다른 방식으로 나타난다. 비관론자가 항상 위험을 지적한다면 피해자는 비난받아야 할 사람이나 이 일이 자기에게 일어나지 말았어야 하는 이유를 찾는 데 집중한다.

이와 같은 특성을 가리키는 TIVtendency for interpersonal victimhood라는 용어가 있다. TIV는 이스라엘 학자들이 만든 용어로, 연구자들은 이를 '자신을 피해자로 생각하는 지속적인 감정'으로 정의하며 이런 감정이 한 가지 상황이나 관계만이 아니라 다양한 관계에서 나타난다고 설명한다.[1] 새치기를 당하거나 회의에서 말을 끊는 등의 불쾌한 일을 당하면 대부분의 사람은 이를 무시하거나 정면으로 부딪치는 방법으로 맞서곤 한다. 하지만 TIV를 가진 사람들은 이러한 사건을 자기가 피해자라는 증거로 간주한다. 다시 말해, 자신이 불행과 고통에 지나치게 취약한 이유가 일련의 사건들 때문이라고 생각한다는 것이다.

또 다른 전문가들은 '피해자 증후군victim syndrome'이라는 용어를 사용한다. 정신분석학자이자 프랑스 경영대학원 인시아드에서 리더십 개발과 조직 변화를 가르치는 맨프레드 케츠 드 브리스_Manfred Kets de Vries 교수는 상대방에게 피해자 증후군이 있는지 파악하는 데 도움이 되는 체크리스트를 개발했다.

[표 5-1] 피해자 증후군 체크리스트

체크리스트: 당신은 피해자 증후군을 겪는 사람을 상대하고 있는가?

- 모든 대화가 상대방의 문제 중심으로 이루어지는가? (O / ×)
- '불쌍한 나' 카드를 사용하는 경향이 있는가? (O / ×)
- 자신을 부정적으로 이야기하는가? (O / ×)
- 항상 최악의 상황을 예상하는가? (O / ×)
- 순교자처럼 행동하는 경향이 있는가? (O / ×)
- 세상이 자신에게만 가혹하다고 느끼는가? (O / ×)
- 다른 사람들이 자신보다 더 쉬운 삶을 산다고 믿는가? (O / ×)
- 부정적인 사건과 실망스러운 일에만 초점을 맞추는가? (O / ×)
- 자신의 부정적인 행동에 대해 책임감을 느끼지 않는가? (O / ×)
- 다른 사람에게 책임을 전가하는 경향이 있는가? (O / ×)
- 불행, 혼란, 극적인 사건에 중독된 것처럼 보이는가? (O / ×)
- 그들의 불행이 다른 사람들의 기분에도 영향을 미치는가? (O / ×)
- 다른 사람을 비난하면 기분이 나아지는 것처럼 보이는가? (O / ×)

이 체크리스트를 검토하면 동료의 행동 중 특히 문제가 되는 행동을

집어내는 데 도움이 될 것이다. 그런 다음, 해결하려는 문제를 중심으로 접근방식을 조정할 수 있다.

단, 피해자들이 보이는 습관이 실제 고통에 뿌리를 두고 있을 때가 많다는 사실을 기억하자. 트라우마, 가스라이팅, 배신, 방치에 대한 반응으로 피해의식을 선택하기도 하고, 외로움이나 우울, 고립 같은 심각한 결과를 초래하기도 한다.

피해자 유형에 속하는 사람들이 이런 태도를 유지하는 이유는 특정한 이득을 얻기 때문이다. 고통받고 있다는 신호를 보내면 타인의 관심이나 동정을 얻을 수 있다. 보복이나 응징을 정당화하기도 한다. 드 브리스는 "사람들은 알려지고 인정받는 것을 좋아한다. 다른 사람들이 우리에게 관심을 보이면 기분이 좋다. 의존 욕구가 충족되는 것도 즐거운 일이다."라고 말한다.[2] 하지만 피해자 유형의 사람과 함께 일한다면 이익보다 대가가 더 크다.

피해자와 함께 일하는 데 드는 비용

비관주의와 피해의식의 차이점 중 하나는, 비관주의에는 장점이 있지만 피해의식에는 장점이 거의 없다는 것이다. 비관론자의 관점은 다른 사람들이 놓치기 쉬운 위험 가능성을 파악하고 함정을 지적하는 데 도움이 되기도 하지만, 피해자의 태도는 동료들을 자극하고 멀어지게 할 뿐이다.

피해의식을 가진 사람과 일할 때 가장 크게 감당해야 할 비용은 **감정 전염**emotional contagion이다. 제럴드의 존재가 먹구름 같다고 말한 칼로타의 경험은 누구에게나 일어날 법한 흔한 일이다. 피해자들은 상황이 좋지 않고 이 상황을 바꿀 방법이 없다고 주장하는데, 그들의 생각은 전염성이 높아서 정말 사람이나 상황이 나에게 불리한지 궁금해지기 시시작한다(칼로타는 제럴드의 의심 때문에 재기를 위해 취할 수 있는 조치가 아닌 매장이 성공할 수 없는 이유에만 집중하게 되었다고 말했다).

책임을 회피하는 사람과 일하는 것은 몹시 짜증 나는 일이다. 그들의 부정적인 말과 태도에 기운을 잃거나, 팀 사기를 떨어뜨리는 행동에 대응하려다 오히려 번아웃이 올 수도 있다. 또한 그들이 해야 할 일을 떠맡거나 끊임없이 그들을 안심시키는 감정적 부담을 짊어지면 분노하게 될 가능성도 크다. 이 같은 업무 관계를 개선하는 첫 번째 단계는 스스로 몇 가지 질문을 던지는 것으로 시작할 수 있다.

자신에게 물어봐야 할 질문

피해의식 가득한 행동에 대해 신중하게 대응책을 마련할 때 고려해야 할 몇 가지 질문이 있다.

그들은 정말 피해자인가?

동료, 관리자, 고객 등 다른 사람들로부터 표적이 되고 있나?

동료의 불만을 다시 한번 깊이 생각해보자. 학대당한다는 그들의 주장이 사실일 가능성이 있는가? 직장 내 따돌림이나 가혹 행위에 정당하게 분노하는 것과 타당한 이유 없이 세상이 자신을 배척한다고 느끼는 것에는 차이가 있다.

많은 사람이 직장에서 성차별, 인종차별, 연령차별 등 부적절한 행동을 경험한다. 이들이 부당한 대우에 불만을 품는 것은 타당하다. 그러니 "그 사람은 늘 피해자인 척해."라는 말은 다른 사람들의 옳지 못한 행동을 묵인할 뿐 아니라 부당한 대우를 받는 대상을 가스라이팅하는 데 사용될 수 있다. 그러므로 불만을 신중하게 검토하고 미묘한 차별이나 성희롱 등 모든 부당한 행동을 멈추고 바로잡기 위해 노력하는 것이 중요하다(미묘한 차별에 효과적으로 대응하는 방법은 이후 9장에서 자세히 다루도록 하겠다).

부당한 대우를 받는다는 동료의 주장을 노골적으로 무시하지 않도록 주의하고, 무슨 일이 일어나는지 자세히 살펴봐야 한다. 그러려면 회의에서 드러나는 역학 관계에 주의를 기울이고, 동료가 겪는 일을 잘 이해할 수 있는 믿을 만한 또 다른 동료(피해자와 오래 일했거나 친한 사람)와 대화해야 한다. 그들의 주장이 타당하다거나 사실이라고 생각되면, 내부적으로 조치할 수 있는 사람에게 이야기하는 등 우리가 할 수 있는 일이 무엇인지 고민해봐야 한다.

그들이 피해자인 것처럼 행동하는 이유는 무엇인가?

제럴드처럼 자신이 항상 피해자라고 느끼는 사람도 있긴 하지만, 대부분은 특정한 상황에서만 그렇게 생각한다. 당신의 동료는 직설적인 피드백을 받을 때 피해자인 척하는가? 아니면 전적으로 책임져야 할 일이 생겼을 때(아마도 압박에 시달려서)? 그것도 아니면 그들에게서 최악의 모습을 끌어내는 누군가가 있는가?

그들의 행동을 관찰하면 어떤 전술을 시도해봐야 할지 단서를 얻을 수 있다.

시도해볼 만한 전술

비관론자에게 효과 있는 전술은 피해자에게도 사용할 수 있다. 우울과 비관에 대응하기 위해 팀이나 조직을 긍정적으로 유지하고 "나는 원하는 걸 절대 얻지 못해."라는 불만에 정반대되는 대안을 제공하는 방법이 그중 하나로, 피해자에게도 효과가 있다(이 부분은 4장을 참고하길 바란다). 그리고 이와 더불어 피해자 유형에 특화된 전략도 있다. 다른 관점을 제시하거나 일부 결과에 대한 통제권이 있다는 사실을 알려주는 등의 방법이다. 좀 더 자세히 살펴보자.

인정하고 표현하기

피해자들도 주목받고 싶어 한다. 그리고 주목받는 유일한 방법이 불만을 제기하는 것이라고 생각한다. 그러니 동료가 팀에 제공하는 가치에 긍정적으로 반응하고 공개적으로 고마움을 표현하자. 물론 불평해야 칭찬받는다고 느끼면 안 되니 때론 칭찬을 아껴둬야 한다.

　내 딸은 이 교훈을 친구에게 배웠다. 피해자처럼 행동하는 친구였는데, 한번은 "아무도 나를 좋아하지 않는 것 같아."라고 말했다고 한다. 딸은 친구의 기분을 달래주려고 같은 반 학생들이 말하는 친구의 장점을 이야기해 주었다. 엉뚱한 유머 감각이나 교사의 불공평한 행동에 이의를 제기하는 행동을 칭찬했다. 이 대화로 친구는 기운을 얻은 듯했다. 하지만 이런 일이 반복되었다. 사람들이 자기를 좋아하지 않는다는 기분이 들 때마다 친구는 딸을 찾았다. 딸은 장점 목록을 다시 한번 들려주고 매번 새로운 장점을 추가해야 했다. 딸은 지쳤고 결국 친구를 원망하기 시작했다. 그래서 딸은 전술을 바꿔 친구가 딸을 찾아와 불만을 늘어놓기 전에 칭찬할 방법을 찾았고, 결국 악순환은 깨졌다. 친구는 전반적으로 덜 초조해 보였고, 딸도 친구에게 위로를 퍼부어야 하는 일상에 빠져들지 않게 되었다.

　아주 사소한 것이더라도 동료의 성취를 인정하고 당신이 고마워하는 부분을 표현해보자. 단, 이 말을 할 때는 진실해야 한다. 거짓 칭찬은 통하지 않는다.

주체성을 높이도록 돕기

동료가 "그건 제 통제 밖의 일이에요."라고 말할 때 "아니, 그렇지 않아요!"라고 대답하면 그 대화는 빨리 끝날 수밖에 없다. 대신 이렇게 말해보자. "그래요. 저도 무기력해지면 무엇을 해야 할지 모르겠어요." 그런 다음, 만약 권한이나 능력이 있다면 어떻게 하고 싶은지 물어보고, 그 아이디어를 실행할 방법을 찾도록 돕자. 예컨대 이렇게 말할 수 있겠다. "경영진이 이 프로젝트를 성공으로 이끄는 데 필요한 자원을 제대로 지원하지 않는다고 생각하는군요. 실망스럽겠네요. 만약 당신에게 권한이 있다면 어떻게 결정할 건가요?"

또한 그들이 취할 수 있는 행동들을 작성하도록 도울 수도 있다. 만약 동료가 자기 방식에서 벗어나지 못한다면 "원하는 것을 이미 이룬 사람들이라면 이 상황에서 어떻게 행동할까요?"와 같은 질문으로 새로운 접근방식을 제시할 수 있다. 다른 사람의 관점에서 보면 좀 더 효과적으로 브레인스토밍을 할 수 있다.

아낫의 동료인 실라는 두 사람의 상사인 노니가 중요한 회의에서 자신을 배제하는 것에 대해 자주 불평하곤 했다. 처음에 아낫은 실수일 뿐이니 기분 나쁘게 생각하지 말라고 이야기했다. 하지만 실라를 안심시키려 한 말은 실라의 생각을 더욱 확고히 만들었다. 자신이 회의 참석에서 의도적으로 배제된다고 생각하게 된 것이다. 그래서 아낫은 다르게 접근해보기로 했다. 아낫은 실라에게 그 회의에 참석했어야 하는 이유를 물었고, 실라는 이미 생각해둔 이유를 설명했다. 아낫은 실라의 설명을 듣고는 "그럴 만했네요. 노니에게 이야기해 봤어요?"라고 물었다. 실라가 해봤다고 대답하자 아낫은 "다시 한번 말해보는 게 어때요?"라고 반문했다. 놀랍게도 실라는 이 조언을 받아들였고, 노니와 일대일로 만나 회의 참석자 명단에 자신이 있어야 하는 이유를 설명했다. 노니는 실라가 그 회의에 참석하고 싶어 하는지 몰랐다고 말했고, 그 후로 실라를 기분 좋게 회의 참석자에 포함했다.

책임감을 갖도록 격려하기

피해자는 책임 회피를 좋아한다. 그들은 그 어떤 것도 자기 잘못이 아니며, 자신이 통제할 수 없다고 여긴다. 만약 피해자가 남 탓을 한다면 직접적인 방법을 시도해보자. "저는 이 일이 당신의 책임이라고 생각합니다. 서로 다르게 생각하는 이유에 대해 이야기해 봅시다." 문제를 명확히 규정하면 다른 데로 비난을 돌리기 어려울 것이다. 아니면 좀 더 부드럽게 접근해서 책임 분담을 제안하고, 이 제안으로 상대의 방어적 태도가 누그러지는지 살펴볼 수도 있다. "팀 전체가 이 프로젝트를 성공시키려고 매달리고 있어요. 물론 당신과 나도 포함되고요. 그러니 만약 실패해도 한 사람이 비난받지는 않겠지만, 모두가 책임을 져야 합니다." 비난받을 두려움을 줄이면 책임감을 갖는 데 도움이 된다.

칼로타도 제럴드에게 이 방법을 사용했다. 90일간의 수습 기간이 끝난 후, 칼로타는 정식 계약을 하지 못할 수도 있다고 솔직히 말했다. 당연히 제럴드는 극도로 방어적인 태도를 보였다. 그를 포기하고 싶지 않았던 칼로타는 자신이 바라는 변화에 대해 조금 더 명확히 설명했다. 직원들은 제럴드에게 영감과 동기부여를 기대하고 있고, 그의 불평은 파급효과를 일으킨다고 말했다. 그리고 건설적인 태도를 취해달라고 요구했다. "제럴드의 불평을 완벽히 차단하지는 않았습니다. 일부는 귀담아들을 만했거든요. 하지만 앞으로 문제를 제기할 때는 잠재적인 해결책 한 가지도 함께 제시해달라고 말했습니다." 그리고 다음에 제럴드가 문제를 가지고 왔을 때 칼로타는 웃었다. 제럴드가 "이 방법이 효과가 있을지 확신은 못 하지만…"이라고 말하며 재빨리 해결책을 내놓았기 때문이다. 다행히 제럴드는 시간이 지날수록 경고를 하지 않아도 될 만큼 능숙해졌다.

다른 사람을 돕도록 초점 바꾸기

피해자가 문제에 갇혀 스스로 해결 방법이 없다고 느낄 때 다른 사람을 돕게 하면 틀에 박힌 사고방식에서 벗어나는 데 도움이 될 수 있다. 직관적이지 않은 방법이라고 느껴질 수 있지만, 사실이다. 시간이든 돈이든 지원이든 남에게 베푸는 행동이 자기 행복을 향상한다는 연구 결과는 많다.[3] 피해의식을 가진 동료가 다른 동료의 멘토가 되거나, 다른 팀에 전문적인 경험을 공유하거나, 직장 밖에서 자원봉사를 하도록 제안하면 자기 감정에 빠지는 것을 막고 주체적인 인식을 높일 수 있다.

스스로 보호하기

세상이 자기편이 아니라고 생각하는 한 사람의 관점이 팀 전체의 관점을 바꿀 수 있다. 실제로 여러 조직에서 이 같은 일을 목격했다. 피해의식을 가진 사람이 팀을 이끌면, 조직 내 모든 사람이 자기 일을 이해하지도, 인정하지도 않는 것처럼 행동하기 시작한다. 그리고 이 행동은 자기실현적 예언이 된다. 팀원들이 방어적으로 행동할수록 신뢰도가 떨어지고, 다른 팀 동료들은 이들의 능력을 의심하거나 같이 일하기를 꺼리기 때문이다. 특히 피해자가 관리자라면, 그들의 피해의식이나 책임 전가, 무책임한 행동이 팀의 평판을 해치기 때문에 더욱 경계를 설정하고 거리를 두어야 한다.

감정 전염에서 자신을 지키는 한 가지 방법은, 상대방이 불평불만을 늘어놓기 시작할 때 대화 주제를 바꾸는 것이다. 그래도 상대방이 눈치채지 못한다면 그때는 일에 집중해야 한다는 핑계를 사용해보자(이런 유형의 부정적인 결과로부터 자신을 지키는 방법에 대해서는 12장에서 더 자세히 설명하겠다).

💬 상황별 맞춤 멘트

다음은 이 장에서 소개한 전술을 사용할 때 도움이 될 만한 몇 가지 문구다. 다음 페이지에 제시된 문구를 상황에 맞게 변형하여 활용해보자.

✦ 인정하고 표현하기

"필요한 것을 얻지 못하는 기분, 정말 힘들겠어요."

"아직도 그 상황이 마음에 걸리시는 것 같네요. 유감이에요."

✦ 해결책 유도하기

"이 문제에 대해 상사와 이야기를 나눠보는 건 어떤가요?"

"정말 안타깝네요. 그러면 어떻게 다르게 할 수 있었을까요? 이번에 배운 점이 있다면 무엇인가요?"

"이 상황이 당신에게 좋지 않다는 건 알겠어요. 앞으로 어떻게 다르게 할 수 있을지 함께 이야기 나눠볼래요?"

"이제 어떻게 되길 바라시나요?"

"때로 우리는 우리가 생각하는 것보다 더 많은 통제력을 가지고 있기도 해요. 만약 다르게 할 수 있다면 어떤 행동을 할 수 있을까요?"

✦ 관점 바꾸기

"일이 기대했던 대로 잘 풀리지 않은 것 같네요. 하지만 분명 잘된 일도 있어요. 잘된 일에 대해 말씀해주세요."

"다른 사람을 탓하면 자신이 마치 피해자가 된 것 같을 거예요. 하지만 그건 당신에게 도움이 되지 않아요. 이 상황을 다른 관점에서 보면 어떨까요?"

✦ 방향을 전환하기

"화제를 바꿔서 미안하지만, 혹시 ○○○(TV 프로그램, 영화 등) 보셨나요?"

"전 마감 때문에 다시 일하러 가봐야 해요. 그 일이 잘되길 바랍니다. 행운을 빌어요."

칼로타는 제럴드의 성격을 바꿀 수 없다는 사실을 받아들였다. "제럴드는 특별히 행복한 사람은 아니었던 것 같아요. 하지만 상황을 공유한다고 말할수록 제럴드의 피해자 같은 행동은 줄어들었어요." 칼로타는 매장 목표를 달성하지 못해도 제럴드 혼자 비난받지 않는다는 점을 강조했다. 이렇게 접근하자 제럴드는 다른 사람 탓하기를 멈추고, 불평도 줄고, 적극적으로 자기 문제를 해결하기 시작했다.

변화는 모두에게 만족스러웠다. 제럴드는 매장에서 계속 일하며 팀을 도와 저조한 실적을 바꿔나갔다. 스스로 피해자라고 생각하는 사람의 성향을 억누르기는 어렵다. 하지만 칼로타와 제럴드의 사례가 보여주듯이 시간과 노력, 전략적인 접근이 있으면 끊임없이 고통받던 동료를 좀 더 생산적인 팀원이 되도록 도울 수 있다.

피해자

👍 좋은 전술

- 그들이 팀에 제공하는 가치에 긍정적으로 반응하고, 공개적으로 고마움을 표현한다.
- 권한이나 능력이 있다면 어떻게 하고 싶은지 묻고, 아이디어를 실행할 방법을 찾도록 돕는다.
- 목표 달성을 위해 취할 수 있는 행동들을 작성하도록 돕는다.
- 직접 화법으로 이렇게 말한다. "저는 이 일이 당신의 책임이라고 생각합니다. 서로 다르게 생각하는 이유에 대해 이야기해 봅시다."
- 사내 멘토링, 전문 지식 공유, 사외 봉사활동 등을 권해 주체적인 인식을 높인다.

👎 나쁜 전술

- 그들이 불평할 때만 공감을 표현한다(그들의 불평을 강화시킬 수 있다).
- 불평불만을 들어주고 견딘다(자리를 피하거나, 좀 더 중립적인 대화 주제로 바꿔도 괜찮다).

6장

수동공격적인 동료

"괜찮아, 뭐가 됐든 상관없어."

말릭의 새로운 동료 수전은 악몽과도 같았다. 상사는 말릭에게 수전이 담당하게 될 몇 가지 보고서를 어떻게 작성하는지 알려주라고 부탁했다. 하지만 말릭이 작성법을 보여주려 하자 수전은 이전 직장에서 비슷한 일을 했기 때문에 이미 할 줄 아는 것처럼 행동했다. "하지만 불가능한 일이었어요. 이건 우리 조직 특유의 형식이거든요. 제가 이 점을 지적하자 오히려 나더러 너무 무리하지 말라고 하더라고요." 이어서 말릭은 이렇게 말했다. "그게 바로 무언가 잘못되고 있다는 첫 번째 신호였어요."

몇 주 뒤, 상사는 왜 아직 수전에게 보고서 작성법을 알려주지 않았는지 물었다. 이에 대해 딱히 변명을 하고 싶지 않았던 말릭은 수전에게 가서 다시 차근차근 설명해주겠다고 제안했다. 하지만 수전은 "제가 알아서 잘 하고 있습니다."라고 대답하며, 말릭에게 왜 그렇게 화가 났냐고 물었다. 말릭이 상사가 지시한 업무 교육을 제대로 하지 않았다고 생각하는 것 같다고 말하자 수전은 무슨 말을 하는지 전혀 모르겠다고 대답했다. 말릭은 자포자기한 기분이 들었지만 솔직하게 대하려고 노력했다. "정말 괜찮아요? 우리, 아무 문제 없는 거죠?" 수전은 웃으면서 대답했다. "물론이죠. 아주 좋아요!"

말릭은 수동공격적인 동료(다른 사람의 바람과 필요에 동의하고 따르는 것처럼 보이지만 일을 실행하고 마무리하기를 수동적으로 거부하는 사람)를 상대하고 있었다. 이런 방해꾼들은 일을 끝내기는 하지만 너무 늦어서 도움이 되지 않거나 정해진 목표에 미치지 못할 때가 많다.

말릭의 이야기를 처음 들었을 때, 나는 어릴 때 자주 쓰던 잔꾀가 떠올랐다. 엄마가 설거지시키면 하기 싫다고 말하기보다(솔직히 말해 그럴 수도 없었지만), 다시는 귀찮은 일을 맡기지 않기를 바라는 마음에 엉터리로 했다.

수동공격성은 직장에서 여러 가지 방식으로 나타난다. 당신의 동료는 이 중 어떤 징후를 보이고 있는가?

- 지키기로 합의한 마감일을 의도적으로 무시한다.
- 보내지도 않을 이메일을 보내겠다고 약속한다.
- 무례한 행동(예: 회의에서 당신을 무시하거나 말을 끊는 행동)을 해서 문제

를 제기하면 "전부 당신 생각이다.", "무슨 얘긴지 전혀 모르겠다."라고 주장하며 잘못을 부인한다.

- 화가 났거나 뚱한 기분을 드러내는 표정과 몸짓을 하면서 괜찮다고 우긴다.
- 당신이 한 일이 만족스럽지 않다고 암시하지만 드러내놓고 말하거나 직접적인 피드백을 주려 하지 않는다.
- 무례한 말을 칭찬으로 위장한다. 예컨대 "여유로운 스타일이시군요!"라는 말은 사실 "당신 정말 게으르네요."라는 뜻이다.
- 의견 충돌이 있을 때 말을 왜곡하여 당신이 잘못한 것처럼 보이도록 한다.

수전은 아무 문제 없다고 말했지만, 말릭은 뭔가 잘못되었다는 것을 알 수 있었다. 어쨌든 수전은 보고서를 어떻게 작성하는지 여전히 몰랐기 때문에 말릭이 그 일을 해야 했다. 그는 짜증이 났지만, 상사가 오해하지 않길 바랐다. 자신에게 일을 믿고 맡길 수 없다거나 더 심하게는 수전의 성공을 일부러 방해하는 사람으로 보이고 싶지 않았다. 그는 갈피를 잡을 수 없었다. 말릭은 어떻게 해야 할까?

첫 번째 단계는 사람들이 수동공격성에 의존하는 이유를 깊이 이해하는 것이다.

수동공격적 행동의 배경

수동공격passive-aggressive이라는 용어는 1940년대 미군에서 상급자의 명령을 따르지 않는 병사들을 지칭하기 위해 처음 사용되었다.[1] 그리고 얼마 지나지 않아 '수동공격 성격장애passive-aggressive personality disorder'라는 공식 진단명이 생겼지만, 1990년대에 미국 정신의학회의 '정신장애 진단 및 통계 편람'에서 삭제되었다.[2] 관련 행동이 때때로 나르시시즘 같은 다른 정신장애 증상으로 여겨지기도 했지만, 별개의 조건으로 간주하지는 않았다.

직장 내 대인관계 갈등을 연구하는 버지니아대학교 가브리엘 애덤스Gabrielle Adams 교수는 수동공격성을 "자신의 진짜 생각을 밝히지 않고 간접적인 방법으로 자신의 생각과 감정을 표현하는 것"으로 정의한다.[3] 사람들은 무언가를 거절하거나, 자신의 진짜 감정을 솔직히 털어놓기 싫거나, 솔직하게 표현하지 않은 채 상황을 자신에게 유리한 방향으로 조작하고 싶을 때 앞서 나열한 행동 중 하나를 방편으로 사용한다.

"당신이 그렇게 하고 싶다면 난 괜찮으니 마음대로 해." 며칠 전에 내가 남편에게 보낸 문자다. 나는 남편이 퇴근 후 곧장 집으로 와서 강아지를 산책시키고, 저녁 식사를 준비하고, 아이들의 숙제를 봐주는 일을 도와주기를 바랐는데, 남편은 먼저 몇 가지 심부름을 하길 원했다. 사실 그가 무엇을 하든 상관은 없었다. 정작 남편이 집에 돌아올 때는 별로 도움이 필요하지 않았고, 나는 이 모든 일을 혼자 수백 번은 해왔다.

그렇다면 나는 왜 그런 문자를 보냈을까? 남편이 죄책감을 느끼게 하고 내가 원하는 대로 행동하게 하려는 일종의 노림수였다. 그리고 내 행동은 완전히 수동공격적인 행동이었다.

사람들은 수동공격적인 행동을 의식적으로 결정하지 않는다. 대부분 실패나 거절에 대한 두려움, 갈등 회피, 권력 욕구 등에 대한 반작용 형태로 나타난다.

실패나 거절에 대한 두려움

수동공격적인 동료는 물의를 일으키거나 속마음을 이야기하는 것보다 자기가 무슨 일을 하는지 모르는 것처럼 보이거나 거절당할 것을 더 두려워할 수도 있다. 말릭의 동료 수전은 어떻게 보고서를 작성하는지 아는 것처럼 보이려고 애쓰는 것 같았다(그 방법을 알고 있을 이유가 전혀 없는데도 말이다).

수동공격적인 동료는 당신이 요청한 일을 할 수 없다고 인정하는 대신, 문제를 당신에게 떠넘긴다. 그런 행동을 당하는 쪽이 되면 방향 감각을 잃을 수도 있고, 말릭이 느낀 것처럼 의도적으로 당신을 나쁘거나 기만적인 사람으로 만들려 한다고 생각할 수도 있다. 하지만 실제로는 자신을 나쁘게 보이지 않기 위해 그렇게 행동하는 경우가 많다. 컬럼비아대학교 토리 히긴스Tory Higgins 교수는 〈뉴욕타임스〉에서 이렇게 말했다. "수동공격적이라고 지탄받는 사람들 가운데 일부는 사실 실수하지 않으려고 극도로 조심한다. 이는 그들의 성공 전략이었다. 하지만 조심스럽게 행동하려는 본능이 불합리해 보이는 요구에 압도되면 그들은 힘들어한다."[4] 그들은 자기 감정을 표현하는 대신 속으로 억누르고, 자신에게 버거운 일을 요구하는 사람을 원망한다.

　나 역시 다른 사람들의 요청이 몰려들 때 이런 반응에 쉽게 빠지곤 한다. 도와주기 힘들다고 인정하기보다 부탁하는 행동이 잘못된 것이라고 은근히 꼬집는다.

　일부 연구에 따르면, 기준이 엄격한 관리자는 수동공격적인 반응을 불러일으키는 데 뛰어난 재능이 있다.[5] 내가 코칭하는 고객 중 한 사람은 독재자 같은 상사와 일했는데, 그는 팀원들이 모두 똑같은 방식으로 일하길 기대하고 실수를 용납하지 않는 사람이었다. 결과적으로, 내 고객과 그의 동료들은 프로젝트가 예상대로 진행되지 않으면 변명을 늘어놓거나 다른 사람을 비난하게 되었다. 특히 내 고객은 동료들에게 불만을 이야기할 때 비꼬거나 빈정대는 버릇이 생겼고, 어떤 일이 잘못되었을 때 모든 비난과 책임을 떠맡지 않으려는 바람과 달리 수동공격적이라는 평판을 얻게 되었다.

갈등 회피

수동공격적인 성향의 사람들은 갈등이 생기면 회피하곤 한다. 그들은 생각이나 감정을 있는 그대로 표현하기보다는 미묘하고 교묘한 방법으로 자기 생각이나 반대 의견을 전달한다. 아마 그들은 직장에서 겪은 부정적인 경험에서 공개적으로 반대 의견을 드러내는 것이 안전하지 못하다는 교훈을 얻었을 수 있다.

조직문화도 요인이 될 수 있다. 직접적이고 공공연한 의견 충돌은 대다수의 직장에서 규범적인 행동이 아니다. 따라서 어떤 사람들은 자기 일에 필요한 것을 얻는 방편으로 수동공격성을 배운다. 팀 목표가 확실하지 않고 관리자가 개인 성과를 평가하는 기준을 명확하게 설명하지 않으면, 직원들은 내부 사정을 알아내려 하거나 회사에서 불확실한 자신의 미래를 고민하느라 수동공격적으로 행동한다.[6]

이와 마찬가지로 정리해고나 구조조정, 인수합병처럼 조직에 큰 변화가 있을 때 자신이 무방비 상태라고 느끼면 수동공격적으로 변할 수 있다.[7] 특히 회사에서 버림받았다고 느끼거나, 승진이나 급여 인상에서 제외되거나, 자격이 있다고 생각하는 중요한 업무나 자리에서 배제될 때 더욱 그렇다. 고용주와 직원 사이의 심리적 계약 위반이 일어나면 당연히 불쾌감을 느낄 수밖에 없는데, 이때 일부 사람들은 무엇에 화가 났는지 밝히기보다 수동공격적인 방식으로 앙갚음하기도 한다.

물론 나도 이런 경험이 있다. 상사가 내 승진 문제를 질질 끈다고 생각해 화가 난 나머지, 한동안 개인적인 약속이 있다고 말하며 일찍 퇴근하던 때가 있었다. 결국 상사는 나를 불러다 사무실에서 쏜살같이 사라지는 이유를 물었고, 나는 불만을 솔직히 말했다. 그는 내 승진이 진행 중이고 시간이 걸리는 일이라고 설명했다. 아직도 그때 상사가 한 말이 생생하다. "제발 참을성 있게 기다려줘."

무력감의 표현

조직에서 전통적으로 권력이 적은 사람들은 직접적인 접근방식이 자신의 경력이나 평판을 위험하게 할 때 영향력을 행사하는 방법으로 수동공격적인 전술을 사용하곤 한다. 예를 들어, 많은 문화권에서 여성은 마음속 생각을 말하지 않도록 교육받아 왔다. 이런 맥락에서 수동공격성은 자신의 진의를 전달하는 데 사회적으로 더 용인된 방법이다. 유능하지만 호감을 얻지 못하거나, 호감이지만 리더십을 포기하는 것 중 하나를 선택해야 하는 곤란한 상황 때문에 수동공격성은 여성이 자신의 필요나 요구를 알리는 유일한 방법이 되었을 수도 있다. 여성의 직접적이고 적극적인 태도는 성별 규범에 어긋나기 때문이다.[8] 여성만 수동공격적으로 행동한다고 말하는 것은 아니다. 이 같은 전술을 사용하는 사람은 성별에 관계없이 있을 것이다. 나는 공식적인 권력이 없는 일부 사람들이 왜 이런 행동에 의지할 수밖에 없는지에 대한 통찰을 제공하고자 한다.

수동공격적인 행동의 공통 원인 중 일부를 [표 6-1]로 요약했다.

[표 6-1] 수동공격적인 행동의 공통 원인	
두려운 이유	바라는 것
실패	완벽
거절	인정
갈등	조화
무력감 또는 영향력 부족	지배력 행사

수동공격적인 사람과 함께 일하는 데 드는 비용

행동의 이유가 무엇이든 수동공격적인 동료를 상대하는 것은 결코 쉬운 일이 아니다. '이런 공격을 당하고 있다고 나 혼자 상상하고 있는 건 아닐까?', '내가 미쳐가고 있는 걸까?'라고 스스로 질문하며 자신을 의심하기도 하고, 동료를 믿을 수 있는지 아닌지도 알 수 없다. 동료와의 관계를 고민하다가 사기가 떨어지고 심해지면 번아웃까지 올 수 있다.

연구에 따르면 비용은 개인에게만 발생하는 것이 아니라 조직과 수익에도 영향을 미친다.[9] 수동공격적 성향의 사람이 팀에 한 명이라도 있으면, 의사결정이 느려지고 의사소통이 비효율적으로 진행되며 건강하지 않은 갈등이 일어날 가능성이 높다.

또한 조직문화가 수동공격적이면 그렇지 않은 조직에 비해 수익성이 절반 수준이라는 연구 결과도 있다. 한 논문의 저자는 이런 범주에 해당하는 기업을 다음과 같이 묘사했다. "수동공격적인 조직에서 사람들은 상사에게 … 입에 발린 말을 하고 규정을 준수하는 것처럼 보일 만큼만 노력한다. 불쾌한 결과는 거의 발생하지 않기 때문에 직원들은 자신이 맞다고 생각하는 대로 자유롭게 행동한다. 상사는 잘못된 판단을 자주 하게 되고 따라서 저항받을 만해 보인다."[10]

개인과 조직이 이런 비용을 피하고 수동공격적인 동료와 더 나은 관계를 유지하려면 어떻게 해야 할까? 첫 번째 단계는 다른 유형에서와 마찬가지로 자신을 들여다보는 데서 시작한다.

자신에게 물어봐야 할 질문

수동공격적인 동료와의 역학 관계에 대해 다음과 같이 자문해보자.

그들의 행동은 나로 인한 것인가? 아니면 다른 원인이 있는가?

동료의 행동과 당신은 아무런 관련이 없을 수도 있다. [표 6-1]을 다시 한번 살펴보자. 동료가 불안을 느끼는가? 실수를 두려워하는가? 자신의 평판이나 경력을 염려하는가? 회사 문화가 수동공격적인 행동을 부추기는가? 최근 동료가 우려나 이의를 제기했다가 다른 동료에게 공격받았는가? 팀의 심리적 안전 수준은 어느 정도인가? 누구나 편안하게 자기 생각을 말할 수 있나? 반대 의견을 내면 불이익을 받는가?

동료가 의도적으로 나를 해치려 하는가?

솔직해져 보자. 동료가 정말 나를 의도적으로 노리는가? 애덤스는 평범한 수동공격성과 '목적을 파악하기 어렵게 하는 의도적인 거짓말'을 구분한다.[11] 우리는 종종 사실과 다르게 타인에게 고의성을 들씌우는 경우가 있다. 그들이 과연 굳이 애써가며 당신의 화를 돋우려 했을까?

물론 사람들의 목적이 항상 명확한 것은 아니다. 동료가 공유 프로젝트에서 자신의 역할을 다하지 않거나 비꼬는 발언을 하는 경우, 자신의 단점을 감추거나 상사가 좋아하는 프로젝트에 배정될 확률을 높이기 위해 당신을 깎아내리려는 것일 수도 있다. 그러니 관대하게 해석하되, 현재 상황을 현실적으로 파악하라.

수동공격적인 동료와의 과거 경험이 현재 관계에 영향을 미치는가?

과거에 수동공격적으로 행동한 적이 있는 사람은 **확증 편향**confirmation bias에 의해 모든 행동을 같은 시각으로 바라보게 된다. 동료의 행동을 편견으로 해석하고, 과거의 실수를 반복하고 있다고 가정하고 있지는 않은지 자문해보라. 이때 친한 동료를 떠올리고 '만약 이 사람이 같은 행동을 한다면 나는 이 행동을 어떻게 해석할까?'라고 스스로에게 물어보면 객관성을 높일 수 있다.

그는 어떤 상황에서 수동공격성을 드러내는가?

사람들은 스트레스가 심하거나, 특정 동료와 함께 일하거나, 자신의 권위, 고용 안정성, 가치관이 위협받는다고 느낄 때 등 특정 조건에서 수동공격적으로 행동하기도 한다. 동료가 언제 어떤 상황에서 수동공격적으로 행동하는지 주의 깊게 살펴보라. 특정한 회의에서 그렇게 행동하는가? 아니면 특정한 사람이 있을 때? 이메일보다 직접 만나서 소통하는 편이 효과적인가, 아니면 그 반대인가?

이 질문들을 곰곰이 생각해보면 동료를 더 잘 이해하는 데 도움이 되고, 무엇보다도 어떤 전술을 선택해야 할지 알 수 있다.

직장생활 인간관계론

시도해볼 만한 전술

수동공격적 성향을 가진 동료를 상대하는 보편적인 매뉴얼은 없지만, 이제부터 소개할 전략들을 활용하면 원만한 관계를 유지할 확률이 높아진다. 각자의 상황에 가장 도움이 될 만한 방법을 골라 사용하면 된다. 한두 가지를 시도해본 다음, 학습한 내용을 확인하고 그에 따라 알맞게 조정해보자.

'수동공격적 성향'이라는 꼬리표 붙이지 않기

동료의 수동공격적인 행동을 직접적으로 지적하고 싶은 유혹이 들겠지만, "그만 좀 삐딱하게 구시죠."라고 말해봐야 상황만 나빠질 뿐이다. 왜일까? 이런 말을 듣고 자기 행동을 기꺼이 인정할 사람은 드물기 때문이다. 만약 이 말을 듣고 "그래요. 당신 말이 맞아요. 이제 그만하죠."라고 말하는 동료가 있다면 더 놀랄 것 같다. 오히려 화를 내거나 방어적으로 행동할 가능성이 크다. 또한 상대가 인식하지 못하거나 인정하고 싶지 않은 감정을 부여하지 않아도 된다.

미시간대학교 로스경영대학원 린드레드 그리어 교수는 사람들의 감정에 꼬리표를 붙이면 오히려 역효과를 일으킬 수 있다고 말한다.[12] 그리어는 "우리가 올바른 감정을 선택할 가능성은 매우 낮아 잘못된 꼬리표를 붙일 가능성이 높다."라고 말하며, 이로 인해 상대방을 더 화나게 만든다고 이야기한다.[13] 갈등을 겪는 동료에게 "화난 것처럼 보인다."거나 "불만이 있는 것 같다."라고 말해봐야 긴장 완화에 도움이 되지 않는다. 그렇다면 어떻게 행동해야 할까?

'방법'이 아닌 '내용'에 집중하기

동료가 진짜 말하려는 것이 무엇인지 이해하려고 노력하자. (비꼬는 말로 포장되어 있긴 하지만) 상대방이 전달하고자 하는 근본적인 내용은 무엇인가? 상대방이 당신의 프로젝트 운영 방식이 효과적이지 않다고 생각하는가? 아니면 팀 목표에 동의하지 않는가?

자기 생각이나 의견을 터놓고 이야기하는 것을 모두가 편안해하지는 않는다는 점을 기억하자. 동료의 표현 방법이 아니라 그 속에 있는 걱정이나 질문에 초점을 맞추면 진짜 문제를 해결할 수 있다.

동료의 생각을 충분히 파악했다면 이제 직설적으로 말할 수 있다. 이렇게 말해보자. "지난번 대화에서 좋은 지적을 해주셨죠? 이렇게 말해주셨던 걸로 기억하는데요. …" 이렇게 하면 회피하는 성향을 가진 동료는 자기 생각을 좀 더 솔직하게 이야기할 것이다(더 자세한 조언은 이 장의 다음 부분에 나온다).

이것은 미나가 동료 빅터에게 사용한 방법이다. 빅터는 같이 일할 때마다 미나를 의도적으로 무시하는 것 같았다. 리더십 트레이너인 미나는 빅터의 전문성을 높이 평가했고, 종종 공동 발표자가 되어달라고 요청했다. 그도 좋아하는 것처럼 보였다. 하지만 프레젠테이션 진행 도중 그는 때때로 미나의 아이디어를 가로채고, 미나가 진행하기로 미리 합의한 중요한 지점에 불쑥 끼어들기도 했다. 미나는 빅터와 직접 해결하려 했지만 효과가 없었다. 자신은 잘못이 없다고 부인할 뿐이었다. 미나는 빅터 행동의 동기를 찾던 중, 빅터가 자신이 이 분야의 전문가로 자리 잡은 것을 마음에 들어 하지 않는다고 의심하기 시작했다.

자신의 직감에 따라 미나는 다른 전략을 시도했다. 강의를 준비하는 동안 빅터의 전문 지식을 칭찬했다. "이 분야에 경험이 풍부하다고 알고 있어요. 알고 있는 걸 공유할 기회가 더 많으면 좋겠어요." 이 방법은 효과적이었다. 스포트라이트를 공유하려고 노력한 덕분에 공동 프레젠테이션을 훨씬 더 원활하게 진행할 수 있었다. 처음엔 빅터가 자신에게 사과하길 원했지만, 결국 빅터가 자신을 깎아내리는 행동을 멈춘 것으로도 충분했다.

하지만 미나가 한 공감적 접근방식을 동료의 나쁜 행동에 대해 면죄부를 주는 것으로 생각하면 안 된다. 대신 당신이 원하는 것을 얻는 동시에 상대도 좀 더 생산적인 방향으로 유도하는 방법이라고 생각해야 한다.

대화 시작하기

동료가 정말 원하는 게 무엇인지 완벽하게 이해하지 못할 수도 있다. 예컨대 프로젝트를 도와달라고 요청했을 때 관심과 흥미를 보였지만 회의에 참석하지 않는다거나 이메일에 대답하지 않는다면, 왜 냉랭한 태도를 보이는지 파악하기 어려울 것이다. 하지만 충분한 시간을 갖고 이유를 생각해보자. 협상에서는 이를 상대방의 관심사를 평가하는 것으로 알려져 있다. 상대방은 무엇에 관심이 있고, 무엇을 성취하길 원하는가?

그런 다음 애덤스가 말하는 '가설 검증hypothesis testing'을 해보자. 편견 없이 정중한 태도로 무슨 일이 있는지 물어보는 것이다. "제가 보낸 이메일에 답장하지 않으셨던데, 혹시 잘못된 부분이 있나요? 따지려는 게 아니라 문제가 없는지 확인하고 싶어 여쭙습니다."

사회심리학자 하이디 그랜트는 이렇게 말한다. "무엇이 그들을 신경 쓰이게 하는지 이야기할 수 있는 안전한 환경을 조성하는 것이 도움이 된다. 솔직한 대화를 환영하는 분위기를 조성하면, 상대방은 수동공격적으로 행동할 필요성을 느끼지 못한다."[14] 그랜트는 상대의 말이 아무리 듣기 힘들더라도 일단은 관심을 가지고 있다는 사실을 알리라고 제안한다. 이런 식으로 대화를 시작하면, 상대방은 자신의 행동과 감정을 스스로 인식하고 제어할 수 있다. 그들이 자신의 진짜 감정을 인정한다면(물론 그런다는 보장은 없지만), 수동공격적으로 반응하는 습관을 깨트리는 데 한 걸음 가까워질 수 있다.

이메일이나 메신저 같은 미끼에 넘어가지 않기

이메일이나 메신저는 어려운 대화를 할 때 최악의 수단이 될 수 있다. 수동공격적인 동료와 이메일이나 메신저로 소통할 때는 특히 주의해야 한다. 동료가 계속해서 글로 지적한다면, 전문적이고 짧은 답변으로 대응하라. 예컨대 동료가 "최근에 제가 보낸 메일을 확인하셨는지 모르겠네요."라고 한다면 "알려주셔서 감사합니다."라고 간단하게 대답할 수 있다. 그리고 "저희가 앞서 논의한 것처럼"이라고 하면서 당신도 아는 대화 내용을 정리한다면 "요약해주셔서 감사합니다."라고 대답하면 된다. 정중하지만 솔직한 태도를 보여주자. 그리고 미끼를 물지 않도록 주의하라. 만약 논란의 여지를 남기지 않는 것이 불가능하다면, 전화를 하거나 화상회의 또는 대면회의 일정을 잡아라. 그러면 동료는 당신에게 더 직접적으로 이야기해야 할 것이다.

명확히 요청하기

더 단도직입적으로 행동할 수도 있다. 앞서 언급했듯이 수동공격적이라고 비난하는 것은 효과가 없다. 하지만 현재 상황에 주목하게 만들수는 있다. 이 전략을 사용할 때는 감정이나 판단, 과장 없이 자신이 확실히 알고 있는 사실에 충실한 것이 가장 좋다. 예컨대 이렇게 말할 수있다. "이 프로젝트를 돕고 싶다고 했으면서 지금까지 있었던 세 번의 회의에 참석하지 않았어요. 지난주 다음 단계에 대한 이메일을 보냈는데 답변도 하지 않았고요." 그런 다음 이런 행동이 당신에게 미친 영향을 설명한다. "모든 작업을 혼자 마무리할 수 없어서 스스로 실망도 했고, 그 과정에서 스트레스도 많이 받았어요. 당신의 도움을 받길 원했거든요." 마지막 단계가 가장 까다롭다. 단도직입적으로 요청하라. "아직 도울 마음이 있다면, 회의에 참석해주셨으면 좋겠어요. 만약 그럴 수 없다면 지금 대답을 들었으면 해요. 그래야 다른 해결 방법을 찾을 수 있거든요."

이 전략을 사용할 때는 수동공격적인 사람들이 책임을 회피할 수 있다는 점을 염두에 두어야 한다. "회의 참석은 선택 사항인 줄 알았어요!", "도와줄 수 있다고는 했지만, 확실히 약속한 건 아니었어요!"와 같은 반응을 보일 수 있으니 놀라지 말자. 심지어 그들은 당신이 한 말을 왜곡하거나 맥락에서 벗어나 해석하려 할지도 모른다. "그 회의에서 당신이 추가 인원을 원하지 않는다고 말하는 걸 들었어요." 이럴 때는 날을 세우지 말고 침착하게 "제가 말하려던 건 …였어요."라고 대답하라. 필요하다면 "제 말이 명확하지 않았다면 미안해요.", "소통에 오류가 있었던 것 같네요."라고 덧붙일 수 있다.

누가 옳고 누가 그른지 줄다리기할 필요가 없다. 당신은 오로지 당신의 반응만 제어할 수 있다는 사실을 기억하자. 그리고 상대방이 생산적으로 반응한다는 보장은 없지만 동료의 행동을 인정하면서 정중한 태도로 상대에게 알릴 수는 있다. 당신이 그들의 수동공격성을 인지했고, 앞으로는 슬그머니 빠져나가도록 내버려둘 생각이 없는 돌직구를 던지는 사람이라는 사실을 말이다.

팀의 도움 받기

"당신 정말 제정신이 아니군요." "아니요, 전 멀쩡해요." 둘만 있으면 끝나지 않는 싸움에 휘말리기 쉽다. 그래서 팀원들의 도움이 필요하다. 무리 지어 맞서야 하는 것은 아니지만 혼자 상황을 감당할 필요도 없다.

먼저 팀원들에게 그 동료의 행동을 눈치챘는지 물어보자. 그리고 건설적으로 관계를 개선하고자 하는 쪽으로 방향을 잡자. 그래야 동료의 흠을 잡거나 괜히 나쁘게 말하려는 인상을 주지 않는다. 이렇게 물어볼 수 있다. "숀의 의견을 어떻게 들었는지 궁금합니다. 다들 어떻게 해석하셨나요?"

만약 팀원들이 당신과 같은 생각이라면 앞으로 어떻게 대응할지 함께 결정할 수 있다. 이를테면 팀원들의 행동 지침을 공식적으로 정하는 것이다. 예를 들어, 일의 다음 단계를 논의할 때 고개를 끄덕이거나 무언의 동의를 하기보다는 모든 사람이 각자 할 일을 말로 확인하고 누가 언제까지 무슨 일을 해야 하는지 문서로 기록하여 추후 명확한 업무 사항과 마감일을 회람할 수 있다.

만약 동료가 나중에 동의한 적이 없다고 발뺌하거나 맡은 일을 해내지 못하면, 팀은 공식적으로 그 사람에게 책임을 물을 수 있다. 아무리 나쁜 사람일지라도 동료의 압력과 공적인 책임에는 손을 들 것이다.

공립 고등학교 학생 지도실에서 근무한 미치의 사례를 들어보자. 미치는 동료 알리시아 때문에 무척 힘들었다. "알리시아는 회의에서 계획에 동의한 후 이를 따르지 않음으로써 일을 방해하곤 했어요." 그리고 알리시아는 "내가 기억하는 것과 다르네요.", "계획을 확정했다고 생각하지 않았어요."라며 방어적인 반응을 보였다. 미치는 여러 '오해'

에 대해 이야기하려 했지만, 대화를 시도할 때마다 알리시아는 어깨를 살짝 들어 올리며 바쁘다거나 대화할 시간이 없다고 말했다.

미치가 두 사람의 상사인 리타에게 혼란스러운 관계 때문에 일부 프로젝트가 완료되지 않았다고 보고했을 때, 리타도 알리시아의 행동 패턴을 알고 있다고 말했다. 둘은 함께 알리시아에게 책임을 물을 계획을 세웠다. "상사와 저는 회의 때마다 각각의 업무를 누가 언제까지 완료할 책임이 있는지 문서로 작성할 지원자를 공개적으로 묻기로 했어요." 그리고 미치는 첫 번째 지원자가 되었다.

이 방법은 효과가 있었다. 미치가 담당 업무 목록을 돌리자, 알리시아는 변명할 수 없었다. 그렇지 않으면 알리시아는 회의에 참석했던 모든 사람에게 해명해야 했다. 미치는 회의록을 작성하고 회람하는 일이 귀찮지 않았다. "화가 나서 동료에게 씩씩거리면서 털어놓거나 그 사람이 못한 일을 대신 하느라 허비하는 시간보다 노력이 적게 들었어요. 그리고 팀원 모두가 더 생산적으로 일하는 데 도움이 되었죠. 그리고 사실 오래전부터 해야 했던 일이었어요."

팀으로서 건전한 규범을 세우는 것은 장기적으로 봤을 때 좋은 결과를 가져온다. 미치가 사용한 팀 기반 접근법은 다양한 연구에서 무례함을 줄이는 것으로 나타났다.[15] 팀원들과 함께 불만을 더 솔직하게 표현하고, 서로가 원하는 진솔하고 직접적인 소통 방식을 실천해나가기로 합의할 수 있다.

리더로서 지켜야 할 책임

만약 당신이 한 명 이상의 팀원이 수동공격적으로 행동하는 팀을 이끌고 있다면 지체하지 말고 대응해야 한다. 그런 행동은 신뢰와 심리적 안전감을 무너트린다. 리더에게는 부당한 행동이 용납되지 않는다는 점을 분명히 알려야 할 책임이 있다. 이는 앞서 언급한 것처럼 팀 규칙을 세우고 팀 회의나 중요한 행사, 인식을 통해 가능한 한 모든 방법으로 규칙을 강조하는 데서 시작한다. 이런 생각이 팀에게 서로 존중할 책임을 부여하고, 수동공격성을 포함한 다른 유해한 행동이 보상받지 못하도록 한다.

앞에서는 서로 의견이 같은 것처럼 행동하지만, 뒤에서는 서로를 깎아내리거나 반대하기를 바라는가? 리더는 팀원이 반대 의견을 내고, 토론하고, 진짜 속마음을 표현해도 괜찮은 분위기를 조성해야 한다.《팀워크의 부활》의 저자 패트릭 렌시오니Patrick Lencioni는 이런 현상을 '인위적 조화artificial harmony'라고 부르며, 수동공격성의 온상이 될 수 있다고 설명한다. "팀원들이 중요한 사안에 대해 터놓고 토론하거나 반대하지 못하면 드러나지 않게 인신공격하게 된다. 그리고 이것은 그 어떤 과열된 논쟁보다 위험하고 해로울 수 있다. 팀이 시간과 에너지를 논쟁으로 낭비하게 된다는 일반적인 생각과 달리, 갈등을 피하는 팀은 문제를 반복해서 다루면서도 해결책을 찾지 못하는 운명에 처하게 된다."[16]

갈등을 직접 해결할 때의 장점에 초점을 맞추고, 몇 가지 기본 규칙을 정해보자. 팀에 이렇게 말할 수 있다. "회의가 모든 의견을 효과적으로 공유하는 자리가 되지 못하고 있는 것 같아 걱정입니다." 그리고 생산적이지 않은 행동에 정면으로 맞서는 것을 주저하지 말아야 한다. 예를 들어 "매번 회의가 끝날 때마다 두세 명이 제 사무실로 와서 회의에서 제기해야 했을 사항에 대해 이야기하곤 합니다. 이는 우리가 현재 효율적으로 협업하지 못하고 있고, 시간을 잘 활용하지 못하고 있다는 증거입니다."라고 말할 수 있다. 수동공격성의 사례를 차분하면서도 직접적으로 강조하면, 특정인을 지목하지 않아도 솔직한 의사소통이 모두가 지켜야 할 기준이 되는 데 도움이 된다.

💬 상황별 맞춤 멘트

다음은 수동공격적인 동료와 생산적으로 대화하는 방법을 고민할 때 도움이 될 만한 몇 가지 문구다.

✦ '방법'이 아닌 '내용'에 집중하기

"제가 들은 말은 …이었습니다."

"방금 하신 말씀을 저는 이렇게 해석했는데, 맞나요?"

"당신이 책상에서 멀찍이 앉는 걸 (또는 눈을 치켜뜨는 걸) 봤습니다. 이 대화에 대해 어떻게 생각하시나요?"

"…이라고 말씀하신 것을 전달받긴 했는데, 제가 잘 이해한지 모르겠습니다. 혹시 제가 잘못 이해한 게 있을까요?"

✦ 팀의 도움 받기

"레이철의 발언을 어떻게 들었는지 궁금합니다. 그 말을 어떻게 해석하셨나요?"

"다음 단계에 문제가 없는지 명확히 짚고 넘어갑시다. 각자 맡은 역할을 요약해서 정리할 사람이 있을까요? 나중에 회람하겠습니다."

✦ 직접적으로 말하기

"며칠 전 좋은 지적을 해주셨어요. 이렇게 말해주셨던 걸로 기억하는데요. …"

"제가 보낸 이메일에 답장하지 않으셨던데, 혹시 잘못된 부분이 있나요? 따지려는 게 아니라 문제가 없는지 확인하고 싶어 여쭙습니다."

✦ 수동공격적인 사람 관리하기

"회의 때 이 문제에 대해 제기하지 않아서 걱정됐습니다. 혹시 이 문제를 팀이 다시 검토하길 바라시나요?"

"이미 내린 결정을 재고해야 할 새로운 정보가 있나요?"

• ✦ •

이 장의 처음에 등장했던 말릭을 기억하는가? 그는 수동공격적인 동료 수전에게 여러 방법을 시도했다. 수전은 말릭이 알려줘야 하는 보고서 작성법을 몰랐지만 인정하지 않았다. 처음에는 어떤 방법도 효과가 없었다. 수전은 계속해서 거짓말을 했다. 하지만 말릭은 다른 동료들에게서 위안을 찾을 수 있었다. "다행히 수전이 형편없이 대하는 사람은 나 혼자가 아니었어요. 우리 팀에는 수전의 행동을 아는 사람이 두 사람 더 있었죠." 그는 불평하지 않았다. 오히려 다른 동료들 덕분에 화를 날려버릴 수 있었다. 말릭은 이렇게 말했다. "매일 직장에서 화를 낼지, 아니면 그 동료의 행동을 무시할지에 대한 선택권은 나에게 있어요."

말릭은 자기가 통제할 수 있는 일에 집중하기로 했다. 바로 자신이었다. 수전이 이미 작성법을 안다고 말하면 말릭은 고개를 끄덕이고 계속 설명했다. 그녀와 아무 문제 없는 척하기가 쉽지는 않았지만, 해야 할 일에 집중하자 더는 상사에게 나쁜 인상을 주지 않았다. 그리고 시간이 지날수록 수전은 자기 역할에 익숙해졌고 방어적인 행동도 줄었다.

이 장에서 소개한 전략이 상황을 완전히 바꿀 수도 있지만, 말릭의 경우처럼 전혀 바꾸지 못할 때도 있다. 하지만 그렇다고 그런 동료 때문에 당신의 하루나 일주일을 망칠 필요는 없다. 물론 경력도 마찬가지다. 우리에게는 좋아하는 일도 있고, 함께 일하면 즐거운 동료도 있다. 여기에 집중해보자. 이런 낙관주의는 특히 함께 섀도복싱을 하는 동료에게 도움이 될 것이다.

수동공격적인 동료

👍 좋은 전술

- 상대방이 전달하려는 근본적인 내용을 이해하려고 노력한다.
- 비록 당신이 듣고 싶은 내용이 아닐지라도 상대방의 이야기에 관심이 있다고 밝힌다.
- 사실에 집중한다. 감정, 판단, 과장을 배제하고 확실히 알고 있는 것에 초점을 맞춘다.
- 팀이나 프로젝트 구성원이 상호작용하는 방법에 대해 공식적인 지침을 정한다. 예를 들어 다음 단계를 의논할 때 모든 사람이 각자 할 일을 말로 확인한다. 고개를 끄덕이거나 침묵을 암묵적 동의라고 가정하지 않는다.
- 팀원들과 함께 불만을 더 솔직하게 표현하고, 서로가 원하는 진솔하고 직접적인 소통 방식을 실천해나가기로 합의한다.

👎 나쁜 전술

- 상대의 행동을 개인적으로 받아들인다(당신이 표적이라고 느낄 수 있겠지만, 그는 다른 사람들도 비슷하게 대할 수 있다).
- 수동공격적으로 행동한다고 비난한다(상황만 악화시킬 뿐이다).
- 그들이 느끼는 감정을 추측한다(감정을 오해하면 불신이 더 커질 수 있다).
- 수동공격적인 이메일이나 메신저에 화를 내며 응답한다(감정적으로 반응하지 말고 직접 대화하라).

7장

잘난 척하는 사람

"나 때는 말이야…."

루시아는 동료 레이를 대하기가 두려웠다. 한 시간으로 예정된 회의는 곧잘 두 시간으로 늘어나곤 했다. 레이는 한번 입을 열면 멈출 줄을 몰랐다. 루시아는 레이에 대해 이렇게 말했다. "레이는 사람들이 자기 얘기를 듣는 걸 제일 좋아해요. 그래서 듣는 사람이 있으면 쉬지 않고 계속 말을 하죠."

레이가 또 혼자 떠들기 시작하면 루시아와 동료들은 눈짓을 주고받았다. 말을 방해하는 사람이 있으면 레이는 목소리를 높여 그 사람을 누르려 했다. 공격적인 행동의 바탕에는 자신이 팀과 회사에 무엇이 필요한지 알고 있으며, 다른 사람들은 모두 자기 말을 들어야 한다는 암묵적인 메시지가 깔려 있었다. "레이가 똑똑한 사람이라는 건 의심하지 않지만, 자기가 아는 걸 이야기하는 것 말고는 실질적으로 하는 일이 없어요. 일을 거의 다른 사람들에게 떠넘기거든요."

아마 대부분 레이 같은 동료를 상대해본 경험이 있을 것이다. 지금 여기서 내가 가장 똑똑한 사람이라고 확신하는 잘난 척하는 부류는 회의에서 발언 기회를 독차지하고 다른 사람의 말을 거리낌 없이 끊는다. 그리고 신이 나서 무엇이 옳은지 당신에게 알려주려 할 것이다. 누가 봐도 그들이 틀렸고, 정보가 부족하거나 상황의 맥락을 이해하지 못할 때도 말이다.

자칭 사내 척척박사들의 몇 가지 특징은 다음과 같다.

- '내 방식이 싫으면 떠나.'라는 식의 태도를 보인다.
- 대화를 독점하고, 다른 사람이 끼어들거나 다른 주제로 넘어가기를 거부한다.
- 자기 의견이 가장 좋다고 생각한다.
- 비판이나 피드백을 한 귀로 듣고 한 귀로 흘린다.
- 거만한 말투로 이야기한다.
- 다른 사람들이 이미 아는 것을 설명한다.
- 질문하거나 호기심을 보이지 않는다.
- 함께 이룬 성공을 공유하지 않거나 남의 공을 가로챈다.
- 초대받지 않은 대화에 불쑥 끼어든다.

루시아는 레이와 대화할 때마다 꽉 막힌 느낌을 받았고, 결국 같이 회의하지 않으려고 거짓말까지 하게 되었다. 이런 방법까지 쓰고 싶지 않았지만, 그의 거만한 태도와 거들먹거림 때문에 매일 낭비되는 시간을 어떻게 해야 할지 확신이 서지 않았다.

루시아는 레이의 태도를 지적해야 할까? 아니면 그를 상대하는 더 교묘한 방법을 찾아야 할까? 이렇게 거만한 사람과 일하려면 어떻게 해야 할까?

레이 같은 사람과 더 나은 업무 관계를 유지하는 첫걸음은 무엇이 그들을 자극하는지 이해하는 것이다.

잘난 척하는 행동의 배경

잘난 척하는 동료에 대해 이야기할 때 우리는 종종 '병적으로 자기중심적인 사람', '나르시시스트'라는 용어를 사용하곤 하는데, 이런 꼬리표를 조심해야 한다. 나르시시즘은 관심 추구, 강한 자기애, 공감 부족, 자기 칭찬 경향을 특징으로 하는 정신장애다. 당신의 동료에게 이런 특성 중 일부가 나타날 수 있지만, 섣부르게 진단하기는 어렵다. 병적 나르시시즘은 미국 인구의 0.5퍼센트에서만 발견될 정도로 드문 질환이다.[1] 이 책에 나오는 다른 유형들과 마찬가지로, 동료의 오만함을 진단하는 것이 아니라 생산적으로 대응하는 데 노력을 기울여야 한다.

'잘난 척하다'라는 말은 영어로 'know-it-all'이다. 이 표현은 19세기 후반부터 사용되었지만, 실제 오만함은 훨씬 오래전부터 존재해왔을 것이다. 안타깝게도 이런 유형의 사람들은 직장뿐 아니라 사회에서도 계속 존재해왔을 가능성이 큰데, 이는 우리가 잘난 척하고 오만한 행동을 높이 평가하고 인정해왔기 때문이다. 만약 겸손하고 항상 해답을 아는 것은 아니라고 인정하는 사람들이 권력을 잡아왔다면, 아마 우리는 잘난 척하는 사람들의 이야기를 거의 알지 못할 것이다. 하지만 우리는 자신감을 좋아한다. 스스로든 다른 사람에게든 말이다.

과도한 자신감 편향

의사결정을 연구하는 과학자들은 우리가 실제보다 자신을 더 좋게 평가하는 경향이 있다는 증거를 끊임없이 발견한다.[2] 학생들은 시험에서 받을 성적을 과대평가한다.[3] MBA 졸업생들은 합격 통보를 받을 회사의 수와 초봉 수준을 과대평가한다.[4] 실직자들은 쉽게 취업할 것으로 과대평가할 때가 많다.[5] 또한 연구에 따르면 지나친 자신감에는 전염성이 있다.[6] 동료든 상사든 상관없이 팀원 중 한 명이라도 자기 능력을 과대평가하는 사람이 있다면, 당신도 과도한 자기 확신에 빠질 가능성이 높다. 나는 자신감 과잉을 측정하는 방법으로 사람들이 자기 운전 실력을 어떻게 평가하는지를 본다. 한 연구에 따르면 면허를 소지한 운전자의 74퍼센트가 스스로 평균보다 더 운전을 잘한다고 생각하지만, 이는 통계적으로 불가능한 수치다.[7] 실력이나 능력이 뒷받침된다면 자신감을 가지는 것은 매우 좋은 일이지만, 안타깝게도 항상 그렇지는 않다.

컬럼비아대학교에서 경영심리학을 가르치는 토마스 차모로-프레무지크Tomas Chamorro-Premuzic 교수는 지난 10년간 지나친 자신감이 조직에 일으키는 문제들을 밝히는 연구를 진행해왔다. 그리고 2013년에는 〈하버드비즈니스리뷰〉에서 가장 인기 있는 기사 중 하나가 된 '왜 무능한 남자들이 리더가 되는가?'라는 제목의 글을 썼다. 동명의 책으로도 출판된 이 글에서 그는 '리더십'처럼 객관적으로 측정하기 어려운 역량이 있을 때, 우리가 타인이 스스로를 표현하는 방식에 의존하여 그 사람의 성과를 평가한다고 설명한다.[8] 리더십은 시험을 치러 공정한 점수를 받는 것이 불가능하다. 그래서 우리는 사람들에게 자신이 얼마나 뛰어난지 설명하도록 하고, 그 결과 '자신감'과 '능력'을 혼동하게 된다. 또한 자신감이 리더를 훌륭하게 만드는 특성이라고 믿는 경향도 있다. 그러나 비즈니스, 스포츠, 정치 등 수많은 분야에서 증명했듯, 최고의 리더가 되는 데 필요한 자질은 바로 '겸손'이다.[9]

그리고 차모로-프레무지크의 글 제목에서 알 수 있듯, 이 현상에는 성별 요소가 있다. 남성이 여성보다 (과도한) 자신감을 보여줄 가능성이 크다.[10] 원인은 '사회화'와 '보상 방식'에 있다. 예컨대 여성은 자기 능력과 성취를 내세우면 처벌받을 때가 많다.[11] 차모로-프레무지크는 "문제의 진실은 세계 어디서나 남성이 스스로 여성보다 훨씬 똑똑하다고 생각하는 경향에 있다."라고 말한다.[12] 이런 경향은 특정 유형의 잘난 척하는 행동으로 이어진다. 바로 맨스플레이닝mansplaining이다.

맨스플레이닝

아마 대부분 맨스플레이닝에 익숙할 것이다. 미국에서 가장 오래된 사전 〈메리엄-웹스터〉는 이 단어를 "남성이 어떤 주제에 대해 대화 상대보다 더 많이 안다는 잘못된 가정을 바탕으로, 자신이 불완전하게 아는 것에 대해 누군가(특히 여성)에게 거만하게 말할 때 일어나는 현상"으로 정의한다. 이 용어는 지난 10년간 인기를 얻었다. 〈뉴욕타임스〉는 맨스플레이닝을 2010년 올해의 단어 중 하나로 선정했고, 2014년에는 온라인 〈옥스퍼드사전〉에 추가되었다(맨스플레이닝에 대한 자세한 설명은 다음 페이지에 있는 '맨스플레이닝에 관한 간단한 설명'을 참고하라).

대부분의 사람은 작가 리베카 솔닛Rebecca Solnit이 2008년에 쓴 에세이《남자들은 자꾸 나를 가르치려 든다》에서 이 현상이 처음 구체적으로 언급되었다고 생각한다.[13] 당시에 맨스플레이닝이라는 용어를 사용하지는 않았지만, 이 책에서 소개한 일화들은 여성과 소외된 집단에 속하는 사람들에게 큰 공감을 불러일으켰다.

이후 수많은 연구로 인해 이것이 단순한 일회성 사건에 그치지 않는다는 사실이 밝혀졌다. 연구에 따르면 남성, 그중에서도 권력 있는 남성이 회의에서 더 많이 말한다고 한다.[14] 또한 한 집단에서 여성의 수가 남성보다 많을 경우, 여성의 발언 시간은 남성보다 4분의 1에서 3분의 1가량 적었다.[15] 남성은 다른 사람의 말을 자주 방해하고, 자기가 방해받을 경우에는 거의 양보하지 않는다.[16] 15년간 작성된 미국 대법원 구두 변론서를 검토한 결과, 남성 판사가 여성 판사의 말을 방해한 횟수

가 남성 판사를 방해한 것보다 약 세 배 많게 나타났다.[17]

잘난 척하는 동료와의 관계에서 성별과 상관없이 거만한 행동을 유발하는 요인이 몇 가지 있다. 바로 조직문화, 지역문화, 권력, 불안이다.

맨스플레이닝에 관한 간단한 설명

맨스플레이닝은 이면에 악의적인 의도가 없더라도 성차별에 뿌리를 두고 있고, 때로는 인종차별, 계급 차별과 연관된다. 하지만 한 가지는 분명히 말하고 싶다. 이 문제에 대한 해결책은 이런 행동의 표적이 되는 사람들에게 있지 않다. 그들에게는 책임이 없다. 다시 말해, 여성, 유색인종, 성소수자, 장애인 등이 구조적 편견을 해결하는 부담을 떠맡을 필요가 없다. 그렇기 때문에 차별을 목격했을 때 협력자들이 개입하고 차단하는 것이 중요하다. 그리고 리더라면, 한 명의 팀원을 이끌든 거대 기업을 책임지든 간에 모두가 번영할 수 있는 평등한 문화를 만드는 데 시간과 에너지와 자원을 투자해야 한다.

만약 당신이 남성이라면 이런 노력에 참여하는 것이 특히 중요하다. 연구에 따르면 남성이 양성평등 문제 해결에 참여하는 경우 96퍼센트의 조직에서 진전이 있었지만, 남성 없이 여성만으로 같은 문제를 해결하는 경우 오직 30퍼센트의 조직에서만 진전이 있었다.[18]

또한, 만약 당신이 맨스플레이닝 성향의 남성과 함께 일하는 여성이라면 협력자나 관리자가 조직의 성차별에 맞서기를 기다려서는 안 된다. 특히 경력이 위태로운 상황이라면 더더욱 다른 사람에게 의존해서는 안 된다. 그들에게 의존하는 것은 지속 가능한 해결책이 아니기 때문이다. 지금 당장 해결책이 필요하다. 조직문화는 당신이 해결할 수 있는 문제가 아니지만, 이 장에서 제시하는 조언이 눈앞의 대인관계 문제를 해결하는 데 도움이 되길 바란다. 여기서 언급

잘난 척하는 행동의 배경

대부분의 기업은 마치 모든 대답을 아는 듯 행동하는 사람에게 보상을 준다. 직장에서 자기 아이디어를 소신 있게 말하는 직원이 더 많은 지원을 받는 편인가? 불확실해 보이는 사람을 약한 사람이라고 간주하는가? 수많은 회사에서 의사결정은 협업이 아닌 경쟁이고, 모든 것을 아는 듯 행동하는 것은 영리한 생존 기술이다.

여기에는 국가나 지역문화도 영향을 미칠 수 있다. 하버드 경영대학원 프란체스카 지노Francesca Gino 교수는 다른 사람이 말할 때 끼어드는 성향이 개인이 자라온 문화 때문이라고 말한다. "이탈리아인들은 표현이 풍부하고 말이 많은 편이다. 그들은 상대방이 이야기할 때 끼어드는 행동을 대화에 관심이 있다는 신호로 받아들이는 경향이 있다."[19] 특정 문화권의 모든 사람이 같은 방식으로 행동한다고 가정해서는 안 되지만, 지노의 연구에 따르면 이탈리아, 독일, 이스라엘과 같은 일부 문화권에서는 자기주장을 참여의 표현으로 간주하는 경향이 있다.[20] 혹시 당신이 불편해하는 동료가 이런 문화권 출신인 것은 아닐까? 아니면 당신이 겸손을 중요시하는 문화권 출신이라 그들의 거만한 행동이 더 거슬리는 것은 아닐까?

지노는 공동연구를 진행하면서 이 같은 행동의 다른 동기를 발견했다. 지노는 일부 참가자에게 자신이 다른 사람들에 대해 권한이 있었던 때를 기록하게 했고, 이를 통해 강력한 기분을 느끼도록 유도했다. 글쓰기 과제를 하지 않은 참가자와 비교하면 이들은 의사결정을 할 때 정보를 기반으로 한 조언자보다 자기 생각을 더 중요하게 여겼다. 다른 연구에서는 권력을 가졌던 순간을 글로 썼던 집단이 대화를 주도하고 다른 사람의 말을 자주 방해했다.[21]

내 경험상 나와 함께 일했던 사람 중 이런 성향을 가진 사람들은, 무의식적으로든 아니든 자신의 무능함과 불안감을 감추려고 무던히 노력했다. 이는 조직이나 역할이 처음일 때 특히 심하게 나타날 수 있다. 함께 일했던 사람 중 처음 관리자가 된 사람을 떠올려보라.

나는 제조 회사의 물류 책임자와 함께 일한 적이 있다. 물류 책임자인 보리스는 자신도 모르게 새로 합류한 회사의 다른 임원들에게 자기 능력을 증명하려고 애쓰고 있었다. 인사 책임자는 나를 찾아와서 보리스가 입사한 후 몇 달 동안 직원들이 긴장감에 시달리고 있다고 말했다. 보리스는 "이전 직장에서는…"이라는 말을 자주 해 스스로 동료들과 거리감을 만들고 있었고, 이로 인해 사람들은 그가 우월감을 느낀다고 생각했다.

내가 동석했을 때도 보리스는 동료들과 대화를 시작한 지 15분 만에 이 말을 두 번이나 사용했다. 나는 침착하게 지적했다. "아마 모르고 그러셨겠지만, 전 직장을 이미 두 번이나 언급하셨어요." 하지만 보리스는 별생각이 없었다. 나중에 그는 자신의 가치를 증명하고 싶었을 뿐이라고 털어놓았다. "저를 영입한 이유가 이전 회사에서 했던 일과 그때 쌓은 경험 때문이라고 생각했습니다." 이 말버릇은 고치기 힘든 습관이었고 가끔 같은 실수를 했지만, 동료들은 그가 일부러 자랑삼아서 하는 말이 아니라는 것을 알고 훨씬 너그러워졌다.

자신이 이룬 성취를 이야기하는 것은 이해할 수 있다. 하지만 이 방법은 보리스처럼 자기 확신이 없거나 새로 맡은 역할이나 합류한 팀에서 자기 가치를 증명하려는 사람들이 종종 잘못 사용하는 전략이다. 잘난 척하는 행동의 동기가 무엇이든 간에 비용이 드는 것은 분명하다.

잘난 척하는 사람과 일하는 데 드는 비용

개인적으로는 이 책에 제시된 모든 유형 중 잘난 척하는 유형이 가장 나와 관련이 있는 것 같다. 이 유형의 사람들과 많이 일해왔기 때문이 아니라, 나 자신이 이렇게 행동할 때가 종종 있기 때문이다. 사실 제대로 알지 못하는 것을 자신 있게 말하거나, 그 자리에 있는 사람들보다 더 많이 아는 것처럼 행동했던 때가 자랑스럽지는 않다. 내가 예상하는 확신과 실제가 차이가 있더라도 확신에 차서 무언가를 말할 때 사람들이 경청한다는 것을 나는 잘 알고 있다.

물론 이런 접근방식에는 단점도 있었다. 지나친 자신감은 동료들의 호기심을 잠재웠고, 거만한 태도는 친구들을 주눅 들게 했다. 더 나쁜 점은, 잘난 척하는 동료와 함께 일하면 경력에 방해가 될 수 있다는 것이다. 동료의 의도가 이해를 돕기 위한 것일지라도, 종종 경멸하고 비하하는 태도로 느껴져 자신감이 떨어지고 중요한 회의나 대화에서 주저하게 될 수 있다. 특히 다른 사람들 앞에서 누군가가 당신을 깔보듯 말하면, 사람들은 당신의 전문성을 의심하고 통찰력을 무시할 수도 있다. 동료의 모든 행동이 당신이 받는 대우에 영향을 미칠 수 있다. 성과 평가, 승진, 보너스는 말할 것도 없다. 심지어 분노를 키워서 팀의 사기를 떨어트리고 함께 일하기 어렵게 만들 수도 있다.

그들의 행동은 회사에도 영향을 미친다. 차모로-프레무지크는 이렇게 말한다. "자신을 실제보다 더 뛰어나다고 믿는 무능한 사람들은 회사를 불리한 상황으로 이끈다. 이런 조직에는 직면한 도전에 맞설 인재가 없다."[22]

그렇다면 피해를 줄이면서 잘난 척하는 동료와의 관계를 조금이나마 원활하게 유지하려면 어떻게 해야 할까? 먼저, 행동하기 전에 다음 질문들을 생각해보자.

자신에게 물어봐야 할 질문

잘난 척하는 동료를 상대할 방법을 결정하기 전에 스스로에게 물어봐야 할 몇 가지 질문이 있다.

그들이 무언가를 증명하려고 하는가?

잘난 척하는 사람들이 전부 무언가를 증명하려는 것은 아니다. 하지만 동료의 자기중심적 태도는 자신의 부족함이나 두려움을 감추기 위한 것일 수 있다. 따라서 그들이 느끼는 근본적인 불안감을 고려하면 대처 방안에 대한 단서를 얻을 수 있다.

앞서 이야기했던 보리스의 사례를 예로 들어보겠다. 인사 책임자는 보리스의 의도를 이해하게 되자 그가 이미 회사에 기여하고 있다는 사실을 확인했고, 덕분에 보리스는 과거의 업적을 자랑하지 않아도 되었다. 혹시 당신의 동료도 보리스처럼 자신의 가치를 확인하려고 노력하는 것은 아닌가?

그들의 자신감에 근거가 있는가?

잘난 척하는 동료의 태도는 바람직하지 않지만, 한편으로 자기주장이나 확신을 굳게 믿을 만한 이유가 있을 수 있다. 그들이 제공하는 경험이나 전문 지식을 떠올려보자. 그들이 가진 뛰어난 기술은 무엇인가? 자신감과 재능의 수준이 일치하는가? 그들이 안다고 주장하는 것을 실제로도 알고 있는가? 전달 방법은 거슬리지만, 그 안에 인정할 만한 장점이 있지는 않은가?

내가 그들에게 편견을 가지고 있는 것은 아닌가?

우리에게는 권력 있는 자리를 차지할 자격이 있는 사람에 대한 편견이 있다. 그리고 만약 그 사람이 우리가 생각하는 리더의 모습과 다르면 (동양인 여성, 젊은 인재, 장애가 있는 사람 등), 그들의 자신감에 충분한 근거가 있는지 의심하곤 한다. 예컨대 연구에 따르면 유색인종 여성은 자신의 전문성을 계속해서 증명해야 하는 것으로 나타났다. 당신이 잘난 척한다고 꼬리표를 붙인 사람이 이런 소수집단에 속하는가? 아니면 부정적 편견을 가지고 있는 문화나 인구 집단에 속하는가?

만약 동료가 자신을 너무 높게 평가하는 것 같다면, 인구 통계적으로 다수에 속하는 사람이 같은 행동을 했을 때 당신이 어떻게 인식할지를 상상해보자. 이는 '뒤집어 생각하기flip it to test it'라는 기법으로, 글로벌 인사 기업의 임원 크리스틴 프레스너Kristen Pressner가 나에게 소개해준 기법이다. 프레스너는 TED 강연에서 여성 리더에게 특정한 편견이 있었다고 고백했다.[23] 그리고 그는 이 편견을 차단하기 위해 특히 권력 있는 여성을 판단할 때 그 자리에 남성을 놓고 같은 관점으로 바라보는지 확인했다. 스스로 질문해보자. "만약 그 동료가 남성이나 백인이라도 여전히 잘난 척한다고 생각할까?"

그들의 자신감이 당신을 자극하는가?

다른 사람이 갖는 확신에 거부반응을 보이는 사람들이 있다. 나는 다른 사람이 무언가를 강하게 주장할수록 그 의견에 반발심이 든다. 특히 그 의견이 어떤 식으로든 내 가치관을 위협하면 더욱 그렇다. 스스로 자신감을 얼마나 민감하게 느끼는지 생각해보자. 당신은 완고한 아버지 밑에서 자라 거리를 두려 했을 수도 있고, 겸손함이 존경받는 집단주의 문화에서 성장했을 수도 있다. 당신이 동료에게 보이는 반응이 그들보다 자신과 더 관련이 있지는 않은지 자신을 들여다보자. 당신의 성과를 그들과 비교할 때 불안한가? 아니면 당신도 그들처럼 자신감 넘치거나 확신이 있기를 바라는가?

그들의 행동이 당신이나 팀에 실질적인 문제를 일으키고 있는가? 아니면 그냥 짜증 나는 행동일 뿐인가?

짜증 나는 말이나 행동과 당신의 일을 방해하는 행동은 구분해야 한다. 잘난 척하는 사람이 하는 귀찮은 말들을 모두 상대할 필요는 없다. 오히려 그들의 자신감을 단속하다 우리가 지칠 수도 있다. 그들의 태도가 업무에 지장을 줘서 직접 부딪쳐야 하는가? 그들의 행동 때문에 다른 사람들이 자신의 의견을 잘 이야기하지 못하는가? 가끔은 무시하는 것이 최선일 때가 있다. 그러므로 싸울 만한 가치가 있는지 없는지를 잘 판단해야 한다.

위 질문들에 대한 답을 찾았다면, 이제 어떤 전략을 실험해볼지 결정할 준비가 된 것이다.

시도해볼 만한 전술

보리스의 상황은 독특했다. 보리스의 동료들에게는 그의 거만한 행동을 지적할 수 있는 공정한 제삼자가 있었다. 하지만 항상 중재자가 있을 수는 없다. 지금부터 외부 도움 없이 시도할 수 있는 몇 가지 접근방식을 소개한다.

그들이 제공하는 것에 감사하기

당신의 동료가 쓸데없는 헛소리와 거만한 태도밖에 가진 게 없는 허풍쟁이일 수도 있다. 하지만 과연 정말 그런지 의심스럽다. 사람들은 대부분 나름의 장점이 있고, 팀이나 조직에 무언가 기여하고 있다. 장점을 찾으려 깊이 파고들어야 할 수도 있지만, 잘난 척하는 동료의 지나친 자신감 뒤에는 진짜 지식이나 능력이 있을 수 있다. 이전 직장에서 매출을 20퍼센트 성장시켰을 수도 있고, 회사에 필요한 특정한 예산 모델을 다룬 경험이 있을 수도 있다. 그리고 그의 뛰어난 영업 능력이나 영향력이 당신이 거래를 성사시켜야 할 때나 경영진에게 프로젝트 승인을 받아야 할 때 유용할 수도 있다. 물론 그들이 자신의 능력이나 성공을 부풀릴 수도 있지만, 그 안에 있는 진실의 핵심을 찾아야 한다. 만약 허세의 최종 목표가 승인이나 인정이라면, 당신의 공감과 감사가 얼마나 많이 아는지 보여주려는 습관을 바꾸는 데 도움이 될 수 있다.

미리 차단하기

잘난 척하는 사람들의 가장 짜증 나는 습관 중 하나는 사람들의 말을 끊임없이 방해한다는 점이다. 나는 직장생활 초기에 한국의 한 프로젝트에서 경영 컨설턴트로 일한 적이 있다. 당시 고객 가운데 회의에서 발언을 장악하는 사람이 있었다. 그의 직함을 고려하면 문화적으로 예상할 수 있는 행동이었다. 2시간 동안 진행되었던 회의에서 그는 여러 차례 나를 방해하고 내가 말할 때 자주 끼어들었다. 처음에는 혼란스러웠다. '내 조언이 필요한 게 아닌가? 그가 특별히 요구했던 거잖아?' 당시 나이도 어리고 경력도 짧았지만, 컨설턴트로서 조언을 하는 것이 내 일이었다. 심한 좌절감이 들었다. 나를 도와줄 사람이 있을까 해서 주위를 둘러봤지만, 대부분 어깨만 살짝 들썩일 뿐이었다. 그들도 어떻게 해야 할지 모르긴 마찬가지였다. 결국, 나는 자리를 박차고 일어나 회의실을 나왔다. 엘리베이터를 타고 로비로 내려갈 때 눈물이 터졌다. 건물 주변을 12바퀴 돌고 나서야 평정을 되찾고 사무실로 돌아갈 수 있었다. 침착함을 잃지 않았다면 좋았겠지만, 돌이켜보면 왜 그렇게 반응했는지 충분히 이해된다.

　이런 상황을 피하는 방법 중 하나는 끼어들지 않도록 미리 요청하는 것이다. 말을 시작하기 전에 내가 발언하는 데 필요한 시간을 알려주고 이렇게 이야기하는 것이다. "제 설명이 끝낼 때까지 의견이나 질문은 보류해주세요." 공식적인 프레젠테이션이 아니라 의견이 오가는 토론을 한다면 이렇게 말할 수 있겠다. "중간에 끼어들면 집중력이 흐트러집니다. 그러니 일단 제 발언이 끝난 후에 이야기해 주시길 부탁드립니다."

하지만 이런 제어가 항상 가능한 것은 아니다. 내 행동이 한국 고객에게는 문화적으로 적합하지 않았을 수도 있다. 하지만 만약 친밀한 동료가 함께 있는 상황이라면, 반복되는 방해에 맞서 자신의 입장을 고수해야 하는 골치 아픈 일을 줄일 수는 있을 것이다.

내 인생에는 엄마와 남편이라는 두 명의 만성 방해꾼이 있다. 그래서 이 전략을 꽤 자주 사용한다. 그리고 방해를 무시하고 넘기는 법도 배웠다. 두 사람은 각각 다른 이유로 내 말을 방해한다. 엄마는 할 말을 잊어버릴까 봐 내 말을 끊고, 남편은 성장하면서 해온 대화 방식이 그런 탓이다. 내가 항상 참을성을 발휘하지는 못하지만, 두 사람에게서 배운 것이 있다. 그들이 나쁜 의도로 말을 자르는 것은 아니고, 때로는 잠자코 있으라고 알려줄 필요가 있다는 점이다.

재치 있게 방해 요소 지적하기

사전에 방해를 차단하려는 시도가 실패한다면 직접 지적해보자. 그렇다고 언성을 높일 일은 아니다. 언성을 높이면 오히려 신경전이 시작되고, 동료는 더 큰 목소리로 당신의 말을 들리지 않게 할 것이다. 언성을 높이는 대신 자신 있게 말하자. "제 요점을 먼저 말씀드린 다음, 당신의 의견을 듣고 싶어요."

2020년 미국 부통령 후보 토론에서 카멀라 해리스Kamala Harris가 마이크 펜스Mike Pence에게 한 말을 예로 들어보겠다. 해리스의 말은 마치 모든 여성을 대변하는 것 같았다. 펜스가 자꾸 말을 끊고 끼어들자 해리스는 단호하게 말했다. "제가 말하고 있잖아요." 이런 말을 할 때는 용기가 필요하고, 특히 다른 사람들 앞에서는 더 긴장될 수 있다. 하지만 그들이 이를 눈치채고 더는 방해하지 않을 것이라는 희망이 있으니 써볼 만한 방법이다.

만약 직접 말하기가 불편하다면 동맹군을 모집하라. 누군가를 위해 다른 사람이 무례함에 맞서는 편이 더 쉬울 때가 많다. 이렇게 말할 수 있겠다. "계속 진행하기 전에 키스의 의견을 듣고 싶습니다." "매디슨의 말이 다 끝난 것 같지 않아요." 잘난 척하는 사람이 팀의 여러 사람을 방해한다면, 그럴 때마다 서로를 변호해주기로 합의할 수 있다.

규칙 정하기

팀이나 조직에서 규칙을 세우는 것도 중요하다. 잘난 척하는 사람이 발언을 독차지하려 할 때, 규칙을 세워 모든 사람이 발언권을 갖거나 다른 사람들을 옹호할 수 있는 포용적인 분위기를 조성하는 것이다. 사람들의 공정성에 호소하자. 예컨대 이런 질문으로 토론을 시작할 수 있다. "어떻게 하면 팀원 모두가 심리적으로 안전감을 느끼고 서로 협력하는 포용적인 직장을 만들 수 있을까요?" 그리고 팀이나 조직이 더 나은 소통 방식과 개선 방법에 대해 고민하는 분위기를 조성해야 한다.

워크숍을 진행하거나 집단을 대상으로 강연을 할 때, 내가 사용하는 규칙이 한 가지 있다(화상회의에서 특히 많이 사용하곤 한다). 바로 '공간을 확보하고, 공간을 만들기take space, make space'다. 모임에서 조용히 있는 편이라면 자기 의견을 말하는 연습을 해야 한다. 반대로 나서서 발언하는 편이라면 한발 물러서서 다른 사람이 참여하도록 양보해야 한다. 시작할 때 이 규칙을 공유하면 더 공평하게 발언 기회가 돌아간다. 개인이나 팀이 도입할 만한 여러 규칙 가운데 하나라고 생각한다. 기본적인 규칙을 정하면 방해를 줄이고 모든 사람이 안심하고 자기 목소리를 낼 수 있다.

사실을 확인하고 데이터 요청하기

잘난 척하는 사람들에게는 단정적으로 말하는 습관이 있다. "우리 고객들은 6개월마다 새로운 기능이 나오길 기대합니다." "고객 불만에 빠르게 대응하지 못해 매출이 떨어지고 있어요." "1년 뒤에는 아무도 이번 선거에 관해 이야기하지 않을 겁니다." 만약 이런 말을 듣고 '어떻게 그걸 알까? 왜 그렇게 확신할까?'라는 의문이 든다면 주장을 뒷받침할 출처나 데이터를 요구하는 것이 좋다.

이때 대립하는 태도가 아닌 존중하는 태도를 보이는 게 중요하다. 이를테면 "우리가 같은 가정과 사실을 바탕으로 작업하고 있는지 모르겠네요. 진행하기 전에 데이터를 다시 확인해보죠."라고 말할 수 있다. 물

직장생활 인간관계론

론 데이터를 같은 방식으로 해석하지 않을 수 있고, 어쩌면 사용할 수 있는 데이터가 없을 수도 있다. 데이터 수집을 제안할 수 있다면 그렇게 하라. 예컨대 연구개발팀이 제안하는 새로운 기능을 고객이 싫어할 거라고 동료가 주장한다면, 간단하게 설문조사를 해볼 수 있지 않겠는가?

아마 처음 몇 번은 이런 요구에 응하지 않을 수도 있다. 그러나 차츰 당신이 증거를 요구할 것을 예상하고, 근거 없는 주장을 하기 전에 한 번 더 생각하게 될 것이다. 그리고 어떤 사실을 어떻게 아는지 설명하도록 요구하면, 지식의 한계를 깨닫고 겸손하게 행동할 수도 있다.

잘난 척하는 사람과 회의를 할 때는 검증된 사실을 준비해 가라. 당신의 관점을 옹호하고 오해의 소지가 있는 상대방의 진술에 맞설 때는 더 많이 준비할수록 결과가 좋아진다. 주장보다 사실에 기반한 토론의 중요성을 강조할 수도 있을 것이다.

겸손한 태도와 열린 마음으로 먼저 다가가기

그들이 과시적으로 행동하는 이유는 과거에 이 방법이 통했기 때문이고, 직간접적으로 자신감을 드러내는 것이 팀이나 조직, 문화적 배경에서 기대되는 행동이라고 교육받았기 때문이다. 겸손함과 열린 자세를 그들에게 보여줌으로써 다른 모델을 제시할 수 있다. "잘 모르겠어요.", "지금은 그 정보를 가지고 있지 않습니다. 다시 연락드리겠습니다."라고 말해보자. 불확실함을 표현해도 곤란한 일이 일어나지 않는다는 것을 보면 잘난 척하는 동료도 우리 행동을 따라 하게 될 것이다.

또 모든 팀원에게 제안하려는 아이디어나 해결책의 장단점을 미리 생각해서 회의에 참석하도록 요구하면 조금 더 겸손해지도록 유도할 수 있다. 그것도 아니면 다음과 같이 질문할 수도 있다.

"다른 관점이 있나요?"

"이 문제를 다른 관점에서 보면 어떻게 생각할 수 있을까요?"

"이 접근방식의 이점과 위험은 무엇인가요?"

잘난 척하는 사람 중 일부는 검증받길 원하기 때문에 아이디어를 인정해주는 것만으로도 주목받으려는 그들의 행동을 막을 수 있다. 그러니 당신의 의견을 말하거나, 질문을 시작하기 전에 의견을 공유해줘서 고맙다고 말하거나, 칭찬할 만한 관점 한두 가지를 강조해보라. 이렇게 말할 수 있다. "아주 좋은 지적입니다. 다만 방금 이야기하신 첫 번째 부분에는 동의하지만, 두 번째 부분은 약간 다르게 생각합니다. 자세히 이야기해 보죠."

콰메도 동료 아마라에게 이런 방식을 사용했다. "아마라는 회의할 때 모든 걸 아는 것처럼 행동하고 아무런 질문도 하지 않지만, 나중에 확인하러 오더라고요. 그 주제를 완전히 이해하지 못한다고 사람들이 생각할까 봐 걱정하는 것처럼 보였어요." 그는 아마라가 바보처럼 보일까 봐 두려워한다고 확신했다. 질문하는 건 전혀 부끄러울 일이 아니라고 직접 말하고 싶었지만, 아마라가 불안한 상태를 인정하지 않을 거라 짐작했다. 대신 그는 회의에서 어떻게 질문하면 될지 시범을 보였고, 가끔 이렇게 말했다. "이런 것까지 물어본다고 생각하지 않으면 좋겠습니다. 저는 이렇게 배우거든요." 콰메의 이런 행동이 몇 달 동안 반복되자 아마라는 확실히 이해되지 않는 부분을 편하게 말하기 시작했고, 때로는 다른 사람들 앞에서 콰메에게 설명을 요청하기도 했다.

멈추라고 요청하기

잘난 척하는 사람은 자기가 하는 행동이나 주변 사람들에게 미치는 영향을 인식하지 못할 수도 있다. 개인적으로 만나 이렇게 이야기해 보면 어떨까? "당신은 우리가 무언가를 논의할 때마다 대화를 지속하기 어려울 정도로 자기 주장을 강하게 합니다. 제 의견에 동의하지 않더라도 제 말을 경청하고 고려해주면 좋겠어요." 아니면 농담하듯 "이미 아는 사실을 설명해주셔서 감사합니다!"라고 말할 수도 있다.

하지만 성별이 중요한 역할을 할 때는 이런 접근방식에 추가적인 위험이 따를 수도 있다는 점을 명심해야 한다. 여성이라면 지나치게 민감한 사람으로 여겨지거나 '성별을 자기에게 유리하게 사용한다'고 비난받을 위험이 있다. 그리고 이런 부당한 인식은 당신의 평판이나 경력을 해칠 수도 있다. 그렇다고 해서 잠자코 있어야 한다는 말은 아니다. 다만 일이 어떻게 진행될 수 있을지 미리 생각해두라는 것이다. 편향된 반발이 있다면 관리자나 인사 담당자 등 이 일을 해결할 수 있는 사람에게 문제를 제기하는 것도 고려해보라.

맨스플레이닝이라는 말이 이제 흔하게 사용되는 용어가 되어 점점 무해하게 느껴지지만, 이 말 뒤에 숨어 있는 오만함과 성 편향은 기회를 제한하고 팀 문화를 좀 먹는다는 사실을 기억해야 한다. 이런 위반 행위를 심각하게 받아들이는 것이 이상적인 조직의 모습이다. 최근에는 맨스플레이닝을 공식적으로 제재하고 성과 평가에 경청과 존중을 포함할 것을 요구하는 기업들의 움직임이 늘어나고 있다.[24]

> ### 💬 상황별 맞춤 멘트
> ------------------------------------
> 스스로 모든 것을 안다고 생각하는 사람과 이야기할 때 쓸 만한 적절한 표현을 고르기 어려울 수 있다. 여기서는 시험해볼 수 있는 몇 가지 표현을 소개한다. 상황에 맞게 바꾸고 자기 것으로 만들어보자.
>
> #### ✦ 맨스플레이닝에 직접적으로 대응하기
> "고맙지만 제가 알아서 할게요."
> "그렇게 말씀하시는 걸 보니 제가 이 주제를 얼마나 잘 아는지 모르시는 것 같군요."
> "제 일에 대한 지식을 존중해주시면 좋겠어요. 저는 당신의 의견을 중요하게 생각합니다. 필요하면 꼭 물어보겠습니다."
>
> #### ✦ 방해 요소를 미리 차단하고 해결하기
> "제 설명이 끝날 때까지 의견이나 질문은 보류해주세요."
> "말하는 중간에 끼어들면 집중력이 흐트러집니다. 그러니 덧붙일 말

이 있더라도 제 발언이 끝난 후에 이야기해 주시길 부탁드립니다"

"계속 진행하겠습니다. 그 문제는 이 말을 다 끝낸 후 듣겠습니다."

"제가 먼저 요점을 끝낸 다음 당신의 말을 듣겠습니다."

✦ 다른 사람을 위해 목소리 내기

"그 문제를 다루기 전에 마커스의 요점을 마저 듣고 싶습니다."

"더드리, 할 말 다 끝났나요? 아니라면 계속 진행하기 전에 다른 팀원들의 의견을 마저 듣겠습니다."

"대니얼이 이 분야에 경험이 풍부하다고 알고 있습니다. 저는 그가 어떻게 생각하는지 알고 싶어요."

"게일, 이건 당신 프로젝트예요. 당신의 생각을 말해주세요."

✦ 사실을 확인하고 데이터 요청하기

"그런 통찰이 어디에서 나왔는지 조금 더 말씀해주시죠."

"당신이 도달한 결론에 대해 더 알고 싶습니다."

✦ 겸손한 태도 보여주기

"제가 아는 것과 모르는 것을 말씀드리겠습니다."

"저희는 이 주제에 대해 아직 배우는 중입니다."

• ✦ •

다시 루시아의 사례로 돌아가보자. 루시아는 동료 레이가 거들먹거리며 대화를 독점하는 탓에 같이 회의하기가 두려울 정도였다. 처음 대처 방안은 '무시'였다. 회의가 길어지면 루시아는 휴대전화나 노트북을 꺼내 이메일에 답장을 보냈다. 하지만 레이의 행동은 성가신 것 이상이 었다. 레이가 대화를 장악할수록 루시아의 의견에는 그 누구도 귀를 기울이지 않았다. 그리고 다른 사람들도 비슷하게 침묵하고 있었다.

그래서 루시아는 레이를 무시하는 대신 상대하기로 했다. 우선은 레이가 제공하는 것에 대해 고마움을 표현했다. 그가 좋은 지적을 하면 그 부분을 칭찬했다. 하지만 칭찬으로는 그의 자만심을 진정시킬 수 없었다. 오히려 박차를 가하는 것 같았다. 그래서 다른 전술을 사용했다. 레이의 가정에 명확한 설명을 요구하는 질문을 하기 시작했다. 그러자 레이는 자신이 항상 답을 아는 것은 아니라는 사실을 깨닫기 시작했고, 다른 팀원이 대답할 기회를 주었다. 이 방법에는 두 가지 장점이 있었다. 다른 팀원들에게는 자신의 전문 지식을 드러낼 기회가 생겼고, 레이는 겸손해졌다. 루시아는 자신이 혼자가 아니라는 사실을 알게 된 것이 가장 큰 도움이 되었다고 말한다. 이제 루시아와 동료들은 눈빛을 주고받으며 위로하는 데 그치지 않고, 누가 레이의 말을 정중하게 중단할지 결정하는 책임을 공유하게 되었다.

잘난 척하는 사람과 일할 때 짜증만 난다면 다행이지만, 심하면 경력이 제한될 수 있다. 하지만 가만히 앉아서 당할 필요는 없다. 루시아처럼 동료의 횡포를 제한하거나, 적어도 영향력을 줄이는 행동을 취할 수 있다.

직장생활 인간관계론

잘난 척하는 사람

👍 좋은 전술

- 방해를 미리 차단한다. 이렇게 말할 수 있다. "제 말이 끝날 때까지 의견이나 질문은 보류해주세요." "말하는 중간에 끼어들면 집중력이 흐트러집니다. 제 발언이 끝날 때까지 기다려주세요."
- 의견을 뒷받침할 출처나 데이터를 요구한다.
- 상대방의 의견을 먼저 물어보며 겸손한 태도와 열린 마음을 보여준다.
- 동료들의 도움을 받아 방해 행위를 막고, 한 사람이 발언권을 독점하지 못하도록 팀 규칙을 만든다.
- 동료에게 '잘난 척한다'라는 꼬리표를 붙일 때 개인적인 편견이 작용하지는 않았는지 살핀다.

👎 나쁜 전술

- 누가 옳은지 그른지를 두고 힘겨루기를 한다.
- 상대방도 자신이 맨스플레이닝이나 잘난 척하는 행동을 하는지 알고 있다고 단정한다.
- 모든 위반 사항을 해결하려고 노력한다(몇 가지는 내버려둬도 괜찮다).
- 동료가 당신을 하찮게 여기도록 내버려둔다.

8장

괴롭히는 사람

"내가 힘들었으니 너도 힘들어야 해."

줄리아는 설레스트와 면접을 마치고 집에 돌아온 날을 기억한다. 설레스트는 줄리아가 마케팅 매니저로 지원한 호텔의 객실 책임자였다. 줄리아는 남편에게 설레스트가 면접을 진행하는 동안 한 번도 웃지 않았다고 말하며, 앞으로 같이 일할 상사가 따뜻한 사람이 아닌 것 같다고 생각했다. 아니면 단지 그 사람의 스타일이나 문화적인 요인 때문에 그렇게 느껴졌던 걸까? 줄리아는 이렇게 설명했다. "저는 다양한 나라에서 온 사람들과 일해왔고, 사람들이 나와 같은 방식으로 행동하기를 기대하지 않도록 배웠습니다."

하지만 채용된 후 줄리아는 설레스트가 자신을 따돌린다는 사실을 알아차렸다. 출근한 첫 주 내내 줄리아는 설레스트를 만날 수 없었다.

직장생활 인간관계론

"하는 수없이 일주일 동안 여기저기에 물어가면서 제 업무 수행에 필요한 정보를 찾기 위해 애쓰고 있었어요." 그리고 설레스트가 자신을 신뢰하지 않는다는 것을 분명히 알 수 있었다. "설레스트는 제 의견이라면 고민도 하지 않고 거절했죠." 그런데도 줄리아는 참을성 있게 견뎠고, 결국 1년 뒤에는 설레스트가 자신을 존중한다고 느꼈다. 하지만 설레스트는 여전히 많은 것을 요구했고, 줄리아가 언제 어디서든 자신의 연락을 받을 수 있어야 한다고 생각했다. "설레스트는 무리한 요구를 했어요. 휴가를 취소하게 하고, 쉬는 날 사무실에 오라고 했죠. 심지어는 신혼여행 중에도 일하길 바라더군요." 줄리아가 이런 부당한 요구를 거절하면 설레스트는 이렇게 말했다. "개인적인 일이 회사 일에 영향을 끼치면 안 되지."

설레스트는 자기가 변함없이 일에 헌신적인 데 자부심이 있는 것 같았다. 아이들을 낳고도 출산 휴가를 거의 사용하지 않았고, 퇴원해서 집에 오자마자 일을 시작했다고 자랑스럽게 말했다. 그리고 업계에서 이 자리에 오르기까지 쉽지 않았다며, 줄리아를 위에서 끌어줄 생각이 없다고도 단호하게 말했다.

줄리아는 '괴롭히는 사람'과 일하고 있었다. 이들은 상사일 때도 있고 아닐 때도 있으며, 보통 혼자 노력해서 정상에 오른 후 자신의 아래 사람들을 혹사시키곤 한다.[1] 자신이 고통을 겪었기 때문에 다른 사람들도 그래야 한다고 생각한다. 마치 직장에서 사람들에게 이렇게 말하는 것 같다. "나 때는 말이야, 비가 오든 눈이 오든 간에 산 넘고 물 건너서 학교까지 걸어 다녔어."

'괴롭히는 사람'이라는 표현이 다소 극단적으로 느껴질 수 있지만, 멘토가 되어주기를 기대했던 상급자가 오히려 우리를 힘들게 만드는 경우를 잘 설명하는 적절한 용어다.

다음은 '괴롭히는 사람' 유형에게 공통적으로 나타나는 특징이다.

- 헌신적으로 일하지 않는다고 직간접적으로 비난한다.

- 불가능에 가까운 기준을 설정한다.

- 불필요하고 부적절한 업무, 심지어 '불법'적인 업무를 시킨다.[2]

- 자신이 경력을 위해 감수한 희생을 자랑스럽게 말하고, 다른 사람들도 그렇게 해야 한다고 믿는다.

- 다른 사람들의 업적을 자신과 비교하면서 깎아내린다.

- 업무와 관련 없는 일에는 휴가나 유연성을 허락하지 않는다.

- 특정 세대를 부정적으로 생각한다("밀레니얼 세대는 게을러.", "Z세대는 너무 나약해서 조금만 힘들어도 견디지 못해.").

- 성차별이나 인종차별 같은 구조적 장벽이 존재하지 않는다고 믿는다 ("저는 해냈는데 당신은 왜 할 수 없다고 생각하는지 모르겠네요.").

- 자신이 혹독하게 대하는 이유가 인격 형성을 위한 일종의 '훈련'이라고 주장한다.

만약 설레스트처럼 자신이 겪었기 때문에 다른 사람도 힘들어야 한다는 생각을 가진 사람과 일하고 있다면 어떻게 해야 할까? 그들의 학대에 정면으로 맞서야 할까? 아니면 그들을 적이 아닌 아군으로 만들 수 있을까?

괴롭히는 행동의 배경

열심히 일하는지 의심하고, 혹독하게 대하며, 승진하려면 희생을 감수해야 한다고 주장하는 선배나 상사가 있는가? 우리는 그들의 행동을 세대 차이나 고통을 주려는 욕구 때문이라고 치부하기 쉽다. 하지만 여기에는 다른 요인이 있을 수 있다. 지금부터는 동료가 당신을 괴롭히는 몇 가지 이유를 살펴본다.

공감 능력 부족

예전에 함께 일했던 동료 한 명이 엄청난 충격을 받았던 사건이 하나 있다. 동료가 이제 막 아빠가 되었을 때, 그의 상사는 세 아이의 엄마였다. 하지만 상사는 일과 처음 하는 육아 사이에서 균형을 유지하기가 얼마나 어려운지 조금도 공감해주고 안타까워하지 않았다. 상사는 '아기 때문에 출근이나 일에 지장이 생기는 건 있을 수 없다'는 태도를 보였다. 아이가 아파서 출근하기 힘들다고 말하면 "베이비시터를 구할 수는 없어요?"라고 물었고, 학부모 회의가 있어 평소보다 일찍 퇴근해도 괜찮을지 물으니 휴가를 내라고 말했다.

켈로그경영대학원과 와튼경영대학원 교수팀은 자신이 겪었던 힘든 상황을 다른 사람이 겪을 경우 공감하기가 더 어렵다는 사실을 발견했다.[3] 연구 결과에 따르면 이혼, 일과 육아의 병행, 실직처럼 개인적으로 힘든 일을 경험한 사람들은 자신과 같은 어려움을 겪는 다른 사람들에게 동정심을 보일 가능성이 적다고 한다. 왜일까? 여기에는 두 가지 이유가 있다. 첫째, 특정 경험이 얼마나 힘들었는지는 기억하지만, 그때 느꼈던 고통이나 스트레스 수준을 과소평가하는 경향이 있다. 둘째, 자신은 이미 어려운 상황을 극복했기 때문에 다른 사람들도 똑같이 직장을 구하고 아이를 키우면서 동시에 뛰어난 성과를 내고 이혼을 견딜 수 있다고 가정한다.

이 유형의 사람들은 과거에 자신이 겪었던 어려움을 정확히 기억하지 못하거나 너무 생생히 기억하고 있어서 당신도 자신과 똑같이 어려운 상황을 겪어야 한다고 생각한다. 줄리아도 상사 설레스트의 행동을 이렇게 해석했다. 출산 휴가를 짧게 다녀왔다거나 밤새워 일했다는 설레스트의 이야기는 자신이 치른 희생에 대한 찬사였다. 줄리아는 설레스트가 불필요할 정도로 자신을 힘들게 한다고 느꼈지만, 한편으로는 여성이 승진하기 어려운 호텔 업계에서 성공하려면 어떻게 해야 하는지 보여주기 위해 일부러 그렇게 행동하는 것 같기도 했다(특히 이 업계의 여성들은 주로 초급 수준의 단순한 역할을 맡아 대부분의 허드렛일을 처리했으나, 고위직으로 올라가진 못했다).

직장생활 인간관계론

부러움

동료의 괴롭힘은 부러움이나 시기심에서 비롯된 것일 수도 있다. 이 책을 준비하며 인터뷰한 사람 중 상당수는 단순히 질투심 때문에 선배들이 자신을 무시했다고 생각했다. 연구 결과도 이를 뒷받침한다.[4] 대인관계 기술이나 동료와의 친밀한 관계, 참신한 아이디어, 전문 기술이나 지식 등 상급자가 원하는 능력을 후배가 가지고 있을 때, 학문적으로 '하향 시기심downward envy' 또는 '세대 간 시기심generational envy'이라고 부르는 감정을 유발할 수 있다.[5] 이때 선배나 상사는 장래가 유망한 새로운 인물이 자신보다 더 높은 자격을 갖추거나, 자신의 한계나 약점을 드러내거나, 심지어 자기 자리를 빼앗길지도 모른다는 두려움을 느낀다. 이 분야를 연구하는 미셸 더피Michelle Duffy는 이런 말을 했다. "자신에게 어떠한 능력이 없거나 다른 사람들보다 부족하다는 인식, 자신이 가지고 있지 않은 것을 다른 사람이 가지고 있다는 인식은 자존감을 떨어트리고 나아가 위협을 느끼게 만들 수 있다."[6] 그들은 자신이 취약하다고 느끼면, 의식적으로든 무의식적으로든 타인을 방해하는 행동을 한다.

올랜도도 패트릭 밑에서 일할 때 같은 일을 겪었다. 올랜도는 패트릭이 이끄는 주 정부 기관에서 일해왔고, 이제는 승진할 때가 되었다고 생각했다. 그래서 같은 기관에 공석이 생길 때마다 지원했지만 번번이 떨어졌다. 서류상으로 필요한 자격을 모두 갖췄는데도 패트릭은 적합한 경험이 없다며 지적했다. 올랜도는 그의 말을 개인적으로 받아들였고, 자신이 이 분야에서 성공할 수 있는 자질을 갖추고 있는지 의심하기 시작했다.

심리치료사이자 상담가인 아라야 베이커Araya Baker는 후배가 승진할 자격을 갖추지 못했다고 반복적으로 판단하는 것은 하향 시기심을 겪는 사람들이 흔히 사용하는 전술이라고 말한다. 베이커는 이렇게 설명한다. "선배는 끊임없이 골대를 움직이거나 기대치를 높이면서 기준을 바꾼다. 후배는 결코 '준비'될 수 없다. 어떻게 개선해도 충분하지 않기 때문이다. 약속한 조언과 지도는 보류되고 상황이 언제 바뀌는지 물으면 참을성 없는 사람으로 낙인찍힌다."[7]

세대 차이, 어떻게 접근해야 할까?

'괴롭히는 사람'의 행동을 세대 차이로 설명할 때는 주의해야 한다. 물론 나이가 들고 경력이 쌓일수록 세상이 변했다고 한탄하는 것은 흔한 일이다. 일부 전문가들은 이런 현상을 '요즘 애들 효과kids these days'라고 부른다.[8] 여기에는 미디어에서 만들어진 세대별 고정관념의 영향이 크다. 이를테면 베이비붐 세대는 거만하다, X세대는 냉소적이고 무관심하다, 밀레니얼 세대는 게으르다는 식이다. 하지만 다른 세대에 속하는 사람이 직장에서 현저히 다른 방식으로 행동하거나 완전히 다른 것을 원한다는 증거는 거의 없다. 25세 사람들은 현재 50세인 사람들이 25년 전에 중요하게 여겼던 것과 같은 것에 관심을 갖는다. 그리고 지금 25세인 사람도 50세가 되면 비슷한 것에 관심을 가질 가능성이 높다.[9] 따라서 그들이 '당신 또래 사람들'이라고 말하며 일반화하더라도 똑같이 되돌려주는 행동은 자제하길 바란다.

직장생활 인간관계론

사회적 정체성 위협

특히 직장에서 전통적으로 저평가되는 집단에 속해 있거나, 업계에서 같은 정체성을 가진 사람이 거의 없는 경우(엔지니어링 분야의 여성, 학계의 흑인 학자 등) 그 선배나 동료는 당신과 거리를 두려고 할 수도 있다. 연구자들은 이것을 **사회적 정체성 위협**social identity threat이라고 부르는데, 이는 저평가된 집단과 연관되면 자신에게 해가 될 것이라는 생각이다. 예컨대 조직의 최상부에 있는 소수의 여성은 자신의 성별을 부채로 여길 수 있다. 내가 인터뷰한 한 여성은 이렇게 말했다. "저에게는 다른 여성들을 지지하지 못했다는 죄책감이 있었어요. 다른 여성의 성공이 제 성공을 빼앗아간다는 생각에 무의식적으로 영향을 받은 것 같아요." 고위직 여성의 수가 계속 적었던 것을 고려하면, 이런 희소성 사고방식은 이해할 만하다. 특히 높은 자리를 두고 치열하게 경쟁하는 곳이라면, 자신이 앞서나갈 확률을 높이기 위해 다른 여성 동료와 거리를 두는 경우도 있다(이런 행동 때문에 '여왕벌'이라는 표현이 널리 퍼졌다. 자세한 내용은 203~206쪽 '여왕벌 비유'를 참조하라).

여성들만 이런 방식으로 거리 두기를 하는 것은 아니다. 동성애자, 노년층, 소수민족이나 소수인종 연구에도 같은 경향이 관찰된다.[10] 결국 저평가되거나 부정적인 고정관념을 가진 집단으로부터 자신을 분리하고 더 많은 이점을 누리는 지배적인 집단과 자신을 연결시키는 것은, 자신과 비슷한 사람들이 거의 성공하지 못하는 상황에서 선택할 수 있는 이해할 만한 생존 전략이다.

안타깝게도 소외된 집단으로 분류되는 것에 대한 우려에는 근거가 있다. 일련의 연구에 따르면, 회사에서 다양성 증진을 위해 노력한 여성과 유색인종은 능력과 성과 측면에서 상사에게 좋지 않은 평가를 받았다고 한다. 해당 연구를 진행한 연구원들은 "이는 지위가 낮은 집단에 속한 사람에게 자신과 비슷한 사람들을 돕는 행동이 위험할 수 있다는 사실을 시사한다. 그들은 자신이 무능하거나 성과가 낮은 사람으로 인식되는 것을 원치 않기 때문에, 스스로 높은 위치에 오르더라도 다른 여성이나 소수자를 옹호하지 않는 것이다."라고 말했다.[11]

다른 연구자들은 자신과 같은 사람을 돕기 꺼리는 행동이 **편애 위협**favoritism threat(자신과 비슷한 사람을 지지하는 것이 불공정한 긍정적 편견으로 비칠 수 있다는 두려움)에서 비롯된 것이라고 생각한다.[12] 직장 내 위계를 연구하는 카네기멜런대학교의 로절린드 차우Rosalind Chow 교수는 일부 여성 리더를 괴롭히는 다른 우려에 대해 이렇게 설명한다. "여성들은 다른 여성의 낮은 성과로 인해 여성이 남성보다 유능하지 않다는 고정관념을 강화시킬까 봐 두려워한다. 자신이 성공할 기회를 방해받고 향후 모든 여성의 발전을 어렵게 할까 봐 걱정하는 것이다."[13] 물론 그렇다고 해서 그들의 행동을 정당화할 수는 없지만, 동료가 당신을 냉정하게 대하는 것은 높은 기준과 편견에도 회사에서 성공할 수 있다는 것을 보여주고 싶기 때문일 수도 있다는 말이다.

직장생활 인간관계론

리더십에 대한 근본적인 오해

동료의 행동을 설명할 수 있는 또 다른 이유로는, 효과적인 리더십에 대한 오해도 있다. 리더는 사람들을 휘어잡고, 쉽게 만족하지 않으며, 냉정하게 대해야 한다는 잘못된 믿음이 오랫동안 직장에 남아 있었다. '명령과 통제'라는 접근방식은 장기적으로 높은 성과를 창출하는 데 한계가 있고, 직원들뿐만 아니라 잘못된 행동을 행사하는 리더에게도 해롭다고 밝혀졌다.[14] 어쩌면 당신의 동료는 이 같은 사실을 깨닫지 못한 채 리더로서 성공하고 다른 사람들의 존경을 받으려면 부하직원을 괴롭혀 복종시켜야 한다는 구시대적인 관념을 고수하고 있는지도 모른다.

여왕벌 비유

여자 선배가 올라오려는 여자 후배를 방해하려 한다는 고정관념이 있다. 이런 생각은 '여왕벌 현상'이라는 명칭이 붙을 정도로 널리 퍼져 있으며, 학계에서도 이를 연구해왔다.

이는 많은 사람이 공유하는 경험이기도 하다. 이 책을 집필하기 위해 인터뷰를 진행하면서 줄리아처럼 다른 여성에게 부당한 대우를 받는 여성들의 이야기를 많이 들을 수 있었고, 직장에서 여성이 남성보다 무례함을 더 많이 겪는다고 보고하는 연구 결과도 있다.[15] 미국 직장인 400~600명을 대상으로 한 세 가지 연구에 따르면, 여성은 남성 동료보다 여성 동료로부터 무시, 방해, 조롱 같은 무례한 대우를 더 자주 받는다고 답했다.[16]

만약 당신이 여왕벌 고정관념을 가진 동료를 상대하고 있다면 이 장에서 제시하는 조언들이 도움이 될 것이다.

하지만 여성을 여왕벌로 보는 인식은 종종 성 편견의 영향을 받는다는 점을 강조하고 싶다. 동료를 괴롭히는 행동은 유해하고 용납할 수 없다. 이 세상에 동료를 함부로 대해도 되는 사람은 없다. 하지만 여성에게는 다른 기준이 적용될 때가 많다. 사람들은 여성의 경쟁심, 타인에 대한 관용 부족 등을 비난하고, 만약 남성이었다면 칭찬하거나 무시했을 법한 자질들에 대해 더 가혹하게 손가락질하곤 한다.

경쟁을 예로 들어보자. 연구에 따르면 경쟁은 창의성, 혁신, 생산성에 자극을 준다.[17] 남성의 경쟁은 무자비한 업무 환경에서 있을 수 있는 치열한 행동으로 볼 뿐 아니라, 뛰어난 성과의 원동력으로까지 평가받는다. 하지만 여성의 경쟁은 건전한 경쟁이라도 '여자들의 기 싸움'이나 '전문가답지 못하다'는 꼬리표가 붙는다. 리아 셰퍼드Leah Sheppard와 칼 아키노Karl Aquino의 연구에 따르면, 여성 간의 업무 갈등을 여성과 남성 간의 갈등이나 남성 간의 갈등보다 지나치게 과장해서 묘사하는 것으로 나타났다. 그리고 이것은 여성에 대한 인식에 영향을 미친다. 이런 상호작용을 관찰하는 사람들이 여성은 협력하지 못한다거나 서로 경력을 해치려 한다고 판단하면, 여성은 생산적인 동료가 될 능력이 부족하다는 의미를 내포하게 된다.[18]

'여성은 서로 경쟁하기보다 서로에게 관대하게 대해야 한다'는 개념은 여성 공동체에 대한 규범적 고정관념에 크게 영향을 준다. 그런 기본 개념은 나아가 여성이 멘티를 돌보고, 여성 직원 리소스 그룹을 이끌며, 성 다양성을 끊임없이 옹호하는 등 후배 여성들을 돌보기 위해 더 많은 일을 해야 한다는 기대감으로 발전한다.[19] 고위직 여성이 이런 역할을 맡지 않을 경우 '여왕벌'이라는 꼬리표가 붙을 위험에 처한다.

여성은 직장에서 서로 배려하고 도와줘야 한다는 기대 때문에, 다른 여성에

직장생활 인간관계론

의해 부당한 대우를 받으면 상처가 더 클 수 있다. 사람들은 남성과 달리 여성이 하는 건설적 피드백을 덜 수용하는 경향이 있다. 2019년 한 연구는 수집한 자료를 정리하고 기록하는 일에 2700명을 고용하고, 남성과 여성 중 임의로 가상의 관리자를 배정했다. 여성 관리자로부터 부정적인 성과 피드백을 받은 직원들은 피드백 내용이 남성 관리자가 제공한 것과 동일했음에도 불구하고 자신의 업무에 대한 만족도가 떨어지고 주어진 업무에 덜 몰입했다고 느꼈다.[20]

그러나 이와 같은 고정관념이 보편적으로 적용되는 것 같지는 않다. 우리는 여왕벌 현상과 일반적인 성 편견에 관한 연구가 대부분 백인 여성을 대상으로 이루어졌다는 점에 특히 주목해야 한다. 유색인종 여성이 같은 행동을 할 때 얼마나 자주 비난받는지가 명확하지 않기 때문이다. 일부 연구에 따르면 흑인 여성은 더 단호하거나 직설적으로 행동할 수 있었다. 이는 전통적인 '여성성'에 대한 기대와 강하게 연결되어 있지 않기 때문이다.[21] 직장 내 흑인 여성에 대한 안 좋은 고정관념은 많지만, 이 문제는 예외일 수 있다.[22]

만약 당신이 여왕벌과 함께 일하고 있다고 느낀다면, 자신의 편견이 동료의 행동을 해석하는 데 영향을 미치지는 않는지 점검해봐야 한다. 행동 자체가 아니라 동료의 성별을 탓하고 있지는 않은가? 동료의 불쾌한 행동을 단지 여성이라는 이유로 과장하지는 않았는가? 아니면 여성은 사람들을 배려하고, 친절하게 대하며, 이타적인 팀원이어야 한다는 잘못된 기대에 빠져 있지 않은가?

나의 경우 지금까지 함께 일했던 상사는 대부분 여성이었고, 한 명을 제외하면 모두 더할 나위 없이 훌륭한 관리자였다. 나의 커리어 목표를 지원해주었고, 내가 한 일을 널리 알리고 앞으로 나갈 방향과 방법에 대해 조언해주었다. 그리고 나를 인간적으로 보살펴주었다. 연구 결과도 내 경험을 뒷받침해 주는데, 여성은 여성 비율이 높은 곳에서 일할 때 성차별과 괴롭힘을 덜 경험한다고 한다.[23] 스탠퍼드대학교 메리앤 쿠퍼Marianne Cooper 교수는 "여성이 여성 관리자를 만나면 남성 관리자일 때보다 가족과 조직의 지원을 더 많이 받는 것으로 보고된다."라고 밝혔다.[24] 그리고 여성이 관리하는 작업장이 남성이 운영하는 곳보다 성별에 따른 임금 격차가 더 적었다.[25]

만약 당신이 남성이라면 여왕벌 고정관념과 이를 강화하는 성 편견을 멈추는 데 특히 중요한 역할을 할 수 있다. 연구에 따르면 남성은 성평등에 기득권이 있는 것으로 보이지 않기 때문에 이 문제를 해결하는 데 더 많은 영향력을 행사한다.[26] 《편견 차단Bias Interrupted》의 공동 저자 조앤 윌리엄스Joan Williams는 이렇게 말한다. "여성보다 남성이 성차별에 맞설 때 더 설득력 있는 경향이 있다. 그들의 '게임'이 아니기에 남성을 더 신뢰하는 것이다."[27]

우리는 성별과 관계없이 나와 나의 경력을 지지해준 여성에 대해 긍정적으로 말해야 하고, 그럼으로써 여왕벌에 대한 잘못된 편견에 적극적으로 대응해야 한다. 앙갚음하고 싶은 여성 상사와 일한다는 내 이야기를 듣고 한 임원이 해준 말이 있다. "주위에 있는 젊은 여성들의 목소리에 힘을 실어주고 그들의 멘토가 되어라. 그리고 그들이 성장하고 빛날 방법을 찾아라."라는 내용이었다. 우리는 자신의 안녕과 행복을 위해서, 그리고 직장에서 여성은 다른 사람을 깎아내리는 경향이 있다는 미신을 쫓아내기 위해서 긍정적인 경험을 만드는 데 초점을 맞춰야 한다.

괴롭히는 사람과 일하는 데 드는 비용

권력 있는 사람에게 괴롭힘을 당하는 대상이 되는 것은 고통스러운 일이다. 이제 우리는 무례한 행동이 피해자, 이를 지켜보는 사람들, 조직에 어떤 대가를 치르게 만드는지 잘 알고 있다.

가혹하거나 폭력적인 관리자가 있으면 업무 몰입도가 떨어지고, 일과 생활의 갈등, 심리적 고통이 늘어난다.[28] 집단 내 괴롭힘에도 비슷한 결과가 나타난다. 예를 들어, 여성이 다른 여성에게 괴롭힘을 당하면 직업 만족도 및 활력 저하, 퇴사 욕구 증가로 삶의 질에 크게 영향을 받는다.[29] 특히 직속 상사가 당신과 거리를 두면 향후 경력에 차질이 생길 수 있다. 다른 사람들 앞에서 당신을 비난하거나 성과를 안 좋게 평가하면 상황은 더욱 심각해진다. 정체성 지표identity marker를 공유하는 사람들은 업무에 대해 비슷한 우려를 표명하는 다른 사람들보다 더 객관적이고 편견이 덜한 것으로 간주될 가능성이 높다. 그렇기에 불공정하더라도 그들의 평가가 더 신뢰할 만하다고 생각할 수 있다.[30]

조직도 고통받긴 마찬가지다. 폭압적인 관리자들은 생산성 손실, 직원 퇴사, 소송 등을 유발하고, 그로 인해 매년 수백만 달러의 비용이 발생한다고 추정된다.[31]

개인적으로는 괴롭히는 사람과 일할 때 일어날 수 있는 '자신감 하락'이 가장 참기 어렵다. 자신의 이익을 위해 동료가 나서주기를 기대하는 경우, 상대방의 부정적인 피드백이나 가혹한 행동을 자기 잘못으로 탓할 가능성이 높다.[32]

베이커는 하향 시기심이 잘못 작동하면 심각한 결과를 초래할 수 있다고 설명한다. 책임져야 할 부하직원을 질투하는 상사는 승진을 방해하고, 불가능한 기준을 적용해 평가하고, 지위를 내세워 자기 생각만 옳다고 주장할 수 있다. 이런 방식의 질투 표현은 위계질서와 현상 유지를 강화하고, 갑질을 일삼는 상급자에게 권력을 부여하는 구조를 더

욱 공고히 한다.[33]

　만약 동료가 당신과 불필요하게 경쟁하고, 지나치게 까다롭거나 비판적인 태도로 대하고, 당신의 성공을 방해한다면, 당신은 그 동료를 어떻게 대하겠는가? 늘 그렇듯 이 상황을 깊이 들여다보는 데서 시작해보자.

자신에게 물어봐야 할 질문

괴롭힘을 당하는 사람이 괴롭히는 사람을 공감하기를 기대하는 것은 무리한 요구다. 다음 질문들은 동료를 관대하게 대하는 방법이 아니라 그들을 전략적으로 평가하는 방법에 대한 것이다. 그들의 입장이 되면 그 행동을 더 잘 대처할 수 있도록 준비할 수 있다.

동료에게 무슨 일이 있는 것은 아닌가?

폭압적인 리더에 대한 연구는 상당히 많다. 사람들은 윗사람이 아랫사람을 괴롭히는 이유를 알고 싶어 한다. 당신을 괴롭히는 사람이 유독 결함 있는 인간이라고 설명하면 가장 와닿겠지만, 실제 연구 결과는 그렇지 않다. 연구 결과에 따르면, 조건만 맞으면 사람들은 대부분 비인격적인 상사가 될 수 있다고 한다.[34] 특히 헌신적으로 일하지 않는다고 비난하거나 다른 사람들 앞에서 공개적으로 비난하는 등의 전형적인 특징들은 스트레스에 대한 충동적인 반응일 수 있어 더욱 그러하다.

그들도 자기 밑에 있는 사람들에게 친절히 대하고 배려해야 한다는 것은 알고 있지만, 감정이나 생각에 여유가 없으면 실수하기 쉽다. 이럴 때 자문해보자. 그 사람에게 무슨 일이 있는 것은 아닐까? 과도한 목표를 달성해야 하는 압박을 받는 것은 아닌가? 수면 부족에 시달리는가?[35] 가정에 문제가 있지는 않나?[36] 물론 그 어느 것도 그들의 행동에 대한 면죄부는 될 수 없지만, 행동의 원인을 이해하는 데는 도움이 될 수 있다.

조직에서 이런 행동을 장려하고 있지는 않은가?

직장의 조직문화가 학대하는 동료의 행동을 암묵적으로 허용하고 있을 수도 있다. 빌라노바대학교 마누엘라 프리스머스Manuela Priesemuth 교수는 파괴적인 리더십과 직장 내 공격성을 연구하여 다음 내용을 발견했다.[37]

특히 리더가 가학적인 행동을 하는 경우, 그 행동이 조직 전체에 퍼져 비인격적인 분위기를 조성할 수 있다. 직원들은 관리자를 보고 배우기 때문에 그들의 부당한 행동이 회사에서 허용된다고 이해하게 된다. 직원들은 '여기서는 이렇게 행동하는 게 당연하다.'라고 생각하기 시작하고, 이런 생각은 잘못된 행동을 용인하는 해로운 환경으로 나타난다. 더욱이 상사로부터 가혹 행위를 경험한 직

원들은 이런 대우를 '대물림'하는 경향이 있다. 파급 효과가 생기는 것이다.[38]

당신을 괴롭히는 동료는 개인적인 복수를 하는 것이라기보다는 조직 내 다른 사람들이 세운 규범에 따라 행동하고 있을지도 모른다. 그리고 만약 그렇다면, 이곳이 당신이 진정으로 일하고 싶은 곳인지 고민해봐야 할 것이다.

동료가 당신을 돕는다고 생각하는가? 정말 도움이 되는가?

당신을 괴롭히는 사람에게 악의가 전혀 없을 수도 있다. 그들의 강압적인 방식이나 타협하지 않는 기대치도 건설적인 경쟁을 방해하거나 당신을 해고당하게 하거나 비참하게 만들려는 것이 아닐 수 있다. 그들이 성취하려는 것이 무엇인지 한번 생각해보자.

줄리아는 셀레스트 때문에 괴로울 때가 많았지만, 한편으로는 그가 상사로서 자신을 도우려 한다고 생각했다. 줄리아는 이렇게 말했다. "셀레스트는 사무실에 있는 모든 사람에게 엄격했지만, 특히 여성 직원들에게 더 엄격했어요. 우리도 그녀만큼 노력하고 싶어 한다는 걸 증명하도록 밀어붙였죠. 아마 압박감을 주면서 우리가 할 수 있는지 몰랐던 일들을 성취하도록 도우려 했던 것 같아요."

비록 그 방법이 잘못되었고 상처를 주었더라도, 줄리아처럼 동료가 긍정적인 의도로 그렇게 행동했다는 것을 깨닫게 될지도 모른다. 그들의 행동으로 긍정적인 결과를 얻었는가? 이를테면 그들의 높은 기대치 덕분에 당신의 업무 성과가 향상되었는가?

일부 연구에 따르면 엄격한 기준을 가진 위협적인 상사 밑에서 일하는 경우, 긴박한 상황에서 신속하게 의사결정을 내리고 성공을 위해 스스로를 밀어붙이는 방법을 배우게 된다는 이점이 있다고 한다.[39]

위 질문들에 대해 고민해봤다면, 이제 그들과 잘 지낼 방법을 생각할 차례다.

시도해볼 만한 전술

동료가 보이는 극도의 경쟁심이나 달성할 수 없는 기대치는 스트레스나 해로운 문화의 영향 때문일 수도 있지만, 행여 그렇더라도 그들의 행동이 비열하고 피해를 일으킨다면 바로잡아야 한다. 다음 전략들 중 몇 가지를 시험해보자.

공감 유도하기

어떤 면에서든 상대방과 비슷한 점을 발견하면 공감할 가능성이 커진다. 그러니 괴롭히는 사람과 거리를 두려고 하기보다는, 당신이 생각보다 그들과 비슷하다는 것을 보여줄 방법을 찾아보자. 이 업계에 들어

오게 된 계기나 경력 초기에 직면했던 힘든 문제, 극복했던 장애물들을 물어보고 경청하자. 그들이 겪은 일에 관심을 표현하면 상대방을 무장 해제시킬 수 있다. 그러고 나서 당신이 감수했던 희생에 대해 이야기하거나, 당신의 열정이나 추진력을 강조할 만한 기회를 찾아보자.

차우는 문제의 동료에게 조언을 구하라고 말한다. 그들을 멘토나 전문가로 생각하고 접근하면 그들의 자존심을 한껏 높여줄 수 있다. 차우는 이렇게 말한다. "만약 당신에게서 자기 모습을 발견한다면, 더 친절히 대해주고 당신이 성공하길 바랄 것이다."[40] 개인이나 팀의 주목할 만한 성과가 그들의 리더십에 반영된다면 더욱 좋다.

이런 방법은 남성 지배적인 분야의 고위직 여성에게 특히 효과적이다. 성 불평등과 여왕벌 현상을 연구하는 심리학자 벨 더크스Belle Derks는 "이런 고정관념에 부합하는 여성은 모든 여성과 거리를 두는 것이 아니라 남성 지배적인 조직에서 살아남기 위해 필요한 희생을 하지 않는 여성과 특히 거리를 둔다. 그렇기 때문에 당신도 똑같이 야심 있고 더 많이 노력할 각오가 되어 있다는 것을 보여주면 까다로운 여성 상사와 조금 더 원활하게 일할 수 있다."라고 말한다.[41, 42]

공동 목표에 집중하기

동료와 함께 같은 목표에 집중할 수 있는지 생각해보자. 힘을 합치면 재능과 에너지를 긍정적인 방향으로 발휘할 수 있다. 협력할 수 있는 프로젝트가 있는가? 아니면 당신이 해결을 도울 수 있는 문제가 있는가? 물론 그 동료와 팀을 이룬다는 방식이 내키지 않을 수도 있다. 누가 불 속에 뛰어들고 싶겠는가? 하지만 공동 목표가 있으면 긴장감을 완화하고 같은 방향으로 나아가는 데 도움이 될 수 있다.

이 전략은 일상적인 대화에서 함께 공유하는 목표를 강조하는 것처럼 소규모로도 사용할 수 있다.

"우리가 제시간에 이 프로젝트를 끝내야 할 텐데요."

"우리 둘 다 팀이 필요한 자원을 얻는 걸 중요하게 생각합니다."

"우리 모두 공정하고 평등한 환경에서 일하길 원합니다."

소통할 때 '우리' 또는 '저희'라는 단어를 사용하면, 동료가 당신을 경쟁자로 느끼는 수준을 낮춰 같은 편으로 생각하도록 만들 수 있다.

불필요한 경쟁에 굴복하지 않기

동료가 당신에게 위협을 느낀다고 생각되면, 당신은 더 강하게 맞서서 물러서지 않을 것임을 보여주고 싶은 유혹이 들 수도 있다. 하지만 미끼를 물어서는 안 된다.

앞에서 이야기했던 올랜도의 이야기로 돌아가보자. 올랜도는 깊이 생각한 끝에 패트릭의 행동이 불안감 때문이라는 사실을 깨달았다. 그리고 그 불안감은 올랜도가 패트릭보다 더 많은 자격과 전문 지식을 갖추고 있다는 데서 파생된 것이었다. "저와 패트릭의 대화에는 기본적으로 '내가 너보다 낫다'는 전제가 깔려 있었어요. 패트릭은 아마 우월감을 느끼려고 저를 깎아내렸던 것 같아요." 그리고 올랜도는 자신을 변호할수록 패트릭이 더 혹독하게 대한다는 것을 깨달았다. 그래서 그는 패트릭과 언쟁을 벌이지 않기로 결심했다. "승진을 위한 경쟁을 그만두자, 우리 사이에는 긴장감이 훨씬 줄어들었어요."

하지만 그렇다고 목표한 경력을 포기한 것은 아니었다. 올랜도는 다른 곳에서 일자리를 찾기 시작했고, 더 나은 곳을 찾기 전까지는 절대 그만두지 않기로 다짐했다. 그러면서도 관심 있는 일에 더욱 집중했다. "저는 직함은 잠시 접어두고 일에 집중하기로 했죠." 그는 패트릭과 최소한으로 상호작용하는 특별 프로젝트를 맡았고, 자신이 속한 곳이 교육 기관으로서의 사명을 달성하도록 도우면서 만족감을 느꼈다.

올랜도가 한 것처럼 당신을 괴롭히는 사람과 신경전을 벌이는 대신 건설적인 행동에 에너지를 사용해보자. 흥미로운 프로젝트를 찾거나, 당신에게 무언가를 가르쳐줄 수 있는 사람과 협업하거나, 회사의 사명에 부합한 업무를 하거나, 직장 밖에서 자원봉사를 하는 등의 건설적인 행동을 해보는 것이다.

힘의 균형 바꾸기

당신과 그 동료 사이의 힘의 균형을 바꿔보는 방법도 있다. 그들의 행동이 고통스럽고 부담스러운 것은 그들에게 더 많은 권한이 있기 때문일 수 있다. 하지만 상대방의 지위가 높다고 해서 그들의 모욕이나 비난을 참고 받아들여야 한다는 뜻은 아니다. 연구에 따르면, 당신에 대한 의존도를 높여 부정적인 대우를 줄일 수 있다고 한다.[43]

물론 쉽지는 않을 것이다. 연봉 인상이나 승진, 필요한 지원을 받거나 중요한 프로젝트를 맡는 등의 일은 그들에게 달려 있을 가능성이 높기 때문이다. 하지만 힘의 관계는 고정되어 있지 않다. 따라서 상황을 당신에게 유리하게 바꿀 수 있다. 특히 상대방이 중요하게 생각하는 일에 당신의 가치를 보여주면 효과를 발휘한다.

가령 동료의 목표 중 하나가 팀 매출 분석을 위해 최신 기술을 도입하는 것이라고 치자. 이런 목표를 알고 있으면 기술 환경을 조사하고 현재 시스템과 통합할 수 있는 다양한 선택 방안과 그에 따른 문제들을 분석할 수 있다. SNS에서 관련 기술에 전문 지식이 있는 사람들을 팔로우하거나, 최신 개발 상황을 파악하기 위해 다른 회사에 있는 친구들에게 연락해볼 수도 있다. 그런 다음, 알게 된 내용을 공유하여 그들의 우선 과제를 해결하도록 도울 수 있다. 이 전략의 성공 비결은 다른 곳에서는 찾기 힘든 기술과 역량에 집중하는 것이다. 그리고 그들에게 "당신이 생각하는 것보다 더 내가 필요할 겁니다. 그러니 더 잘 대해주세요."라는 메시지를 주는 게 최종 목표다.[44]

직접적으로 말하기

문제가 있는 관계에 정면으로 부딪쳐 해결하는 것도 좋은 방법일 수 있다. 만약 동료가 당신을 얕잡아본다면, 솔직하지만 세련되게 부딪쳐보

자. 이렇게 말해보는 건 어떨까? "제가 느끼기에는 우리가 함께 일하는 것만큼의 능률을 내지 못하고 있는 것 같습니다. 제가 틀렸을 수도 있지만요. 저는 우리가 생산적인 관계가 되면 좋겠습니다. 만약 제가 협업에 부정적인 영향을 미치고 있다면 알려주세요. 고치고 싶습니다."

하지만 솔직하게 털어놓았을 때 어색해지지 않는다는 보장은 없다. 더 불편해질 수도 있다. 하지만 반대로 잘 풀린다면 당신은 그 동료와 정상 궤도로 돌아갈 방법을 의논하게 될 것이다. 동료가 인정하지 않거나("저는 우리가 함께 일하는 방식에 아무런 문제가 없다고 생각해요.") 방어적인 태도를 보일 수 있지만("왜 그렇게 생각하시는 거죠?"), 적어도 긍정적인 관계를 유지하려는 당신의 의도만큼은 분명히 밝힐 수 있다.

자신감 높여주기

나를 힘들게 하는 사람과 같이 일하는 것은 일종의 자존감 테스트와 마찬가지다. 마음을 굳게 먹고, 가면 증후군*에 빠지지 않는 게 중요하다.

나는 샌드라라는 한 여성과 인터뷰를 진행한 적이 있다. 샌드라는 프로젝트에서 자신을 따돌리고 다른 사람들 앞에서 자신을 깎아내리는 몇몇 동료와 힘든 관계를 겪고 있어 회사를 그만둘 생각을 하고 있었다. 하지만 친구의 말을 듣고 생각이 바뀌었다. "회사에서 널 내쫓을 때까지 절대 그만두지 마." 샌드라는 사랑하는 직장을 제 발로 떠나는 대

＊ 자신의 성공이 과대평가되었다고 생각하면서 불안해하는 심리.

신 계속 다녀야겠다고 결심했다. "제가 하는 일은 힘들고 경쟁이 치열하기 때문에, 다른 사람들이 저를 무시하더라도 스스로 자신의 가치와 자격을 인정해야 합니다. 몇몇 선배가 제 앞길에 도움을 주긴커녕 방해하려고 했지만, 저는 혼자 해낼 수 있습니다."

쉽지는 않았지만, 샌드라는 경력을 쌓기 위해 자신이 할 수 있는 일에 집중했고 다른 사람이 아닌 자기 능력에 의지했다. 그러면서 자신감뿐만 아니라 다른 이점을 얻었다. "일단 스스로를 믿기 시작하자 제가 하려는 일을 이해하는 멘토를 찾기 시작했습니다." 다른 사람들과 건강한 관계를 형성하는 것은 자신감을 지키고 경력을 개발하는 좋은 방법이다.

> ### 💬 상황별 맞춤 멘트
> --
> 동료와 건전하지 않은 경쟁을 그만두거나 부당한 행동에 정면으로 대처할 때 사용할 수 있는 몇 가지 표현을 정리했다.
>
> #### ✦ 상대방의 희생에 공감하기
> "지금의 성공을 이루기까지 많은 것을 희생하신 데 존경을 표합니다. 정말 쉽지 않았을 것 같습니다."
> "당신이 과거에 처했던 상황보다 지금 제 상황이 조금은 쉬울 수도 있다고 생각합니다."
> "이 직무에서 그 자리에 오르기까지 많은 희생이 따랐을 것 같아요.

어떠셨나요?"

✦ **불편한 관계를 직접적으로 언급하기**

"첫 단추를 잘못 끼운 것 같아 걱정입니다."

"우리 관계에 관해 이야기하고 싶습니다. 가끔 생산적이지 못한 것 같거든요. 어떻게 바꿀 수 있을까요?"

"저희 사이에 더 강한 결속이 생기면 좋겠습니다. 그러기 위해 제가 할 수 있는 일이 있을까요?"

✦ **공동 목표에 집중하기**

"저희 둘 다 이 프로젝트를 제때 마치려고 굉장히 노력하고 있습니다. 우리가 더 잘 협력할 방법을 이야기해 보면 어떨까요?"

"저희 두 사람은 팀을 더 멋지게 만들 수 있습니다."

"우리가 이 일을 함께한다면 기대 이상의 성과를 낼 수 있다고 생각합니다."

• ✦ •

다시 줄리아로 돌아가서, 줄리아가 설레스트에게 어떤 노력을 했는지 이야기해 보자. 줄리아는 설레스트가 자신을 도우려 한다고 생각하니 설레스트의 요구를 받아들이기 쉬워졌다. 하지만 그럼에도 몇 가지 선은 분명히 그어야 했다. 이를테면 휴가 중에 일하거나 출산 휴가를 단축하고 싶지는 않았다.

직장생활 인간관계론

줄리아는 단도직입적으로 말하기 전에 먼저 설레스트에게 고마운 점을 표현했다. 회의가 일찍 끝났을 때, 줄리아는 설레스트가 경력을 위해 헌신한 노력에 얼마나 감명받았는지를 이야기했다. "윗세대는 지금 우리보다 업무 유연성이나 재량권이 훨씬 적었어요."라고 말하며 설레스트의 노력을 인정했다. 그러자 설레스트는 왜 그렇게 일할 수밖에 없었는지 털어놓았고, 호텔 경영 분야에서 여성이 성공하기가 얼마나 힘들었는지를 설명하기 시작했다. 덕분에 줄리아는 상황이 바뀌었다고 말할 틈이 생겼다. 또 줄리아는 휴가 중에도 일하고, 언제든 연락을 받아야 하며, 항상 일이 우선시되어야 하는 등 설레스트가 어쩔 수 없이 치렀던 희생을 지금은 하지 않아도 되는 데 고마움을 표했다. 이 대화로 줄리아와 설레스트의 관계는 한결 부드러워졌고, 지금은 줄리아가 설레스트의 요구를 거절해도 더 유연하고 이해심 있는 태도를 보인다고 한다.

괴롭히는 사람

👍 좋은 전술

- 공동 목표를 찾고, 둘 사이의 부정적인 관계보다 목표에 집중한다.
- 관계 개선을 위해 무엇을 할 수 있을지 직접적으로 물어본다.
- 과거에 그들이 감수해야 했던 희생이나 겪었던 어려움을 인정해준다.
- 다른 사람에게 없는 나만의 가치를 보여줌으로써 힘의 균형을 조금이라도 바꾸려고 노력한다.
- 동료의 행동을 해석할 때 편견과 고정관념이 어떤 영향을 미치는지 살펴본다. 특히 상대방이 여성인 경우라면 더욱 주의 깊게 살핀다.

👎 나쁜 전술

- 그들이 공격적으로 행동하는 이유가 위협이나 압박을 느꼈기 때문이라는 사실을 잊는다.
- 경쟁심이 많은 동료와 힘겨루기를 한다(힘겨루기를 거부하면 오히려 상대방을 더 효과적으로 무장해제시킬 수 있다).
- 괴롭히는 사람이 스스로 생각하고 의심하도록 내버려둔다.
- 동료가 성격 결함 때문에 부당한 행동을 한다고 추측한다(혹시 다른 이유가 있는 것은 아닌지 따져보자).

9장

편견 있는 동료

"왜 그렇게 예민해?"

알리야는 대형 글로벌 미디어 기업에서 7년간 6~7명의 관리자를 거치며 일해왔다. "솔직히 어느 순간에는 갈피를 못 잡겠더라고요." 알리야의 말에 따르면 상사들은 대부분 '괜찮은 편'이었고, 몇 명은 영업 개발 임원이 되겠다는 알리야의 포부를 지지해주기도 했다. 하지만 유독 대하기 힘든 관리자가 있었는데, 그의 이름은 테드였다. 알리야는 테드가 자신을 편하게 생각하지 않는다는 것을 처음부터 알 수 있었다. "테드는 항상 말을 신중하게 하려고 노력하는 것 같았는데, 아이러니하게도 형편없는 말을 참 많이 했어요."

테드가 자주 하던 말 중에는 "더 많이 웃어야 해요."라는 말도 있었다. 그 말을 들은 알리야가 남자 직원들에게는 이런 말 안 하지 않냐고 지적하자, 테드는 알리야에게 '읽기 어려운' 사람이라고 말했다. 테드의 말을 무시하려고 했지만, 무시하고 흘려들을수록 테드는 더 집요해졌다. 심지어 묘하게 비꼬는 듯이 "어디 무서워서 회사 다니겠어요?" 같은 말도 했다. "제가 거둔 성과 때문에 그렇게 말하는 것처럼 보이려고 했지만, 사실은 전혀 아니었어요. 그는 제가 흑인 여성이라는 사실을 은근히 언급하고 있었죠."

테드의 발언은 편향적이었다. 알리야는 그의 말을 듣고 다른 사람들이 자신을 어떻게 인식하는지 궁금해졌다. 테드가 다른 사람들 앞에서 자신의 편향된 시각을 드러내거나, 공식적인 성과 평가에 그의 편견이 적용되었을 때 특히 피해가 컸다.

아마 당신도 알리야와 같은 상황에 부닥친 경험이 있을 것이다. 그냥 웃기려고 한 말이거나 본인은 칭찬이랍시고 한 말일 수도 있지만, 그 말은 성차별, 연령차별, 인종차별, 성소수자 혐오 등이 내재된 말일 수도 있다.

하지만 우리도 마찬가지다. 때로는 우리도 편견을 드러내는 잘못을 저지르곤 한다. 상처를 주려는 의도는 없었겠지만, 그럴 의도가 없었다고 해서 테드처럼 행동해도 괜찮다는 뜻은 아니다. 알리야는 따돌림을 당하고, 팀원들에게 오해를 샀고, 방해받는 기분을 느꼈다.

다음은 당신도 들어봤을 법한 편향적인 발언의 몇 가지 예다.

"당신은 발음이 아주 정확하군요."

직장생활 인간관계론

"여기서는 열심히 노력하면 누구나 성공할 수 있어요."

"그 사람 알아요?" (여기서 '그 사람'은 직장에서 소수집단에 속하는 다른 사람을 지칭한다.)

"요즘은 대명사가 너무 많아서 혼란스러워요. 제가 자랄 때는 성별이 딱 두 개뿐이었거든요."

"저는 피부색을 보지 않아요."

"제가 '게이gay'라는 말을 쓴다고 해서 성적 지향을 언급하는 것은 아닙니다."

"오늘 머리 모양이 달라 보이네요. 꾸미지 않은 평소 모습인가요?"

"어디 출신이세요?"

"○○○(교수, 관리자, 의사 등) 치고는 나이가 별로 들어 보이지 않네요."

"저는 '그들they'*을 단수로 사용하는 것을 좋아하지 않습니다. 문법적으로 틀린 것처럼 느껴지거든요."

차별에 맞설 것인지, 만약 맞서기로 한다면 언제, 어떻게 맞설 것인지 결정하는 것은 굉장히 복잡한 일이다. 특히 어떻게 접근하느냐에 따라 불이익을 받을 수도 있다. 그래서 직장 내 편견은 특히 위험하다. 그

---

* 보통 he, she, it을 통틀어 말할 때 사용하지만, 성 중립적으로 표현하거나 성별을 모를 때 he나 she를 쓰는 대신 3인칭 단수로 they를 사용하기도 한다.

리고 편견에 대한 책임을 피해받는 쪽에 물어서는 안 되지만, 만약 편견을 가진 동료와 계속 일해야 한다면 피드백을 정확히 전달하는 편이 나을 수도 있다.

만약 당신이 알리야처럼 자기가 편향적인 발언을 하는지도 모르는 무신경한 사람이나 모욕적인 발언을 하는 사람과 함께 일해야 한다면 어떻게 말하고 행동하겠는가? 그리고 당신이 편견의 대상일 때와 이런 일을 목격할 때, 어떻게 다르게 접근하겠는가?

이런 행동의 배경을 설명하기 전에 한 가지 말하고 싶은 것이 있다. 나는 백인 여성이고 이성애자다. 직장에서 부적절한 발언을 들어왔고 경력에서 성차별적인 대우를 받았지만, 인종차별이나 동성애 혐오, 다른 형태의 억압을 직접 경험한 적은 없다. 그렇기 때문에 이 부분에서는 이런 부당함을 직접 경험한 연구자 및 학자, 전문가들에게 이해와 조언을 구했다. 따라서 이 장에서는 전체적으로 그들의 연구와 경험을 반영하고 인용했음을 참고하기 바란다.

편향된 행동의 배경

편견은 명시적인 방법과 암묵적인 방법으로 표현될 수 있다. 만약 테드가 알리야에게 "저는 당신이 흑인 여성이기 때문에 같이 일하고 싶지 않습니다."라고 말한다면 이는 명백한 편향적 발언이다(일하는 국가나 지역에 따라서는 회사 정책 및 법률 위반에 해당할 수도 있다). 하지만 테드는 알리야와 일하는 것이 불편하다고 간접적으로 신호를 보냈고, 알리야는 그것이 인종이나 성별(또는 둘 다) 때문인지, 아니면 이와 관련 없는 다른 이유 때문인지 정확히 알 수 없었다.

이 장에서는 직장 내 대인관계에 영향을 미치는 미묘한 형태의 편견에 관해 이야기할 것이다. 미묘한 형태의 편견은 모호하거나 겉으로 보기에 긍정적인 발언으로 위장할 수 있기 때문에 해결하기가 어렵고 고통스러울 수 있다.

스탠퍼드대학교 클로드 스틸Claude Steele 교수의 예를 들고 싶다. 한 팟캐스트 인터뷰에서 그는 인종차별과 관련된 개인적인 경험 두 가지를 들려주었다. 두 가지 경험은 수십 년의 차이를 두고 일어난 일이었다. 먼저 어릴 때 겪은 일이다. 스틸은 골프장 직원에게 인종 비하 발언과 그와 친구들이 절대 캐디 자리를 얻지 못할 거라는 말을 들었다. 그가 흑인이었기 때문이다. 다른 하나는 대학원생이 된 후 겪은 일이었다. 백인 동료나 교수들이 그에게 부당한 행동을 했을 때, 이들의 행동에 인종차별적인 의도가 있는지 없는지 판단하는 게 어려워 스틸은 그들을 어떻게 대해야 할지 매우 혼란스러웠다. 스틸은 어렸을 때 겪은 사건에서는 '정당한 분노'를 느꼈지만, 대학원에서 접한 편견은 모호해서 오히려 주눅 들고 자기 의심에 빠졌었다고 설명했다.[1]

미묘한 배제 행위

겉으로 잘 드러나지 않은 은근한 편견을 가리켜 **미세공격**microaggression 이라고 한다. 이 단어는 지난 몇 년 동안 일반적으로 사용되기 시작했지만, 사실 이미 1970년 초 학술논문에 등장했다. 컬럼비아대학교 데럴드 윙 수Derald Wing Sue 교수는 이 주제의 본질적 의미를 규정하는 책을 집필했다. 그는 미세공격을 "의도적이든 의도적이지 않든 상관없이 일상에서 겪는 언어적, 비언어적, 환경적 경멸, 무시 또는 모욕으로, 소외되거나 배제된 집단 구성원이라는 이유만으로 표적이 되는 사람에게 적대적이고 비하하는 부정적인 메시지를 전달하는 것"이라고 설명했다.[2]

DEI(다양성·형평성·포용성) 전문가 티파니 자나Tiffany Jana와 마이클 배런Michael Baran은 이런 행동을 설명하기 위해 **미묘한 배제 행위**subtle acts of exclusion라는 용어를 제안하고, 2020년에는 동명의 책을 출간하기도 했다.[3] 개인적으로 이 표현이 마음에 드는 이유는 의도보다 영향, 즉 배제에 초점을 맞추기 때문이다. 편견을 가진 동료는 "진짜 어디 출신이세요?"라고 묻는 것이 공격적이거나 편향적이라고 생각하지 않는다. 그러나 이 말은 '당신은 이질적 존재고, 이곳에 어울리지 않는다'는 의미를 은연중에 전달한다. 또한 미세공격의 '미세micro'는 이런 발언이 큰 문제가 되지 않는다는 것을 암시하지만, 실제로는 그렇지 않다. 이 장에서는 '미묘한 배제 행위'와 '미세공격'이라는 두 가지 용어를 모두 사용한다.

직장생활 인간관계론

다음은 미묘한 배제 행위의 가장 일반적인 형태다.

· 지능적 의미 부여

이 범주에 해당하는 대표적인 발언으로는 "그 사람은 발음이 아주 정확해."가 있다. 이 같은 발언은 특수한 배경을 가진 사람이 사회 전반에서 긍정적으로 평가되는 기술이나 특성을 가지고 있어 놀랍다는 표현이다. 표면적으로는 칭찬처럼 보이지만, 그 속에는 상대방이 예상했던 기대치를 뛰어넘었다는 의미가 담겨 있다. 이런 발언은 보통 여성, 종교적 소수자, 이민자, 제2외국어 사용자, 장애인 등에게 많이 행해지곤 한다. 《편견 차단》의 공동 저자인 윌리엄스를 비롯한 수많은 연구자는 저평가된 집단의 사람들은 자신이 유능하다는 것을 반복해서 증명해야 하는 반면, 백인 남성과 다른 권력 있는 사람들은 그렇지 않다는 것을 보여주었다.[4]

· 잘못된 꼬리표

또한 윌리엄스는 수많은 여성과 소수자에게 허용되는 행동의 범위가 좁기 때문에 이들이 걸어야 하는 아슬아슬한 '줄타기'에 대해서도 이야기한다. 예를 들어 리더는 단호하고 자신감이 넘쳐야 하지만, 여성이 이런 특성을 보이면 불이익을 받거나 불리할 때가 많다. 이와 마찬가지로, 수많은 흑인 전문가는 흥분이나 실망감을 표현할 때도 '화를 낸다'는 꼬리표가 자주 붙는다고 말한다.

• 호의적 편견

편견의 종류는 다양하다. 이런 편견에는, 실제로는 당신의 발목을 잡고 있으면서도 당신을 '보호해주는' 경우도 포함된다. 여성 부하직원에게 모호한 피드백을 주는 상사를 떠올려보자. 그는 여성이 건설적인 비판을 받아들이지 못한다고 생각하거나, 자신이 유색인종 여성을 지지하지 않는 것처럼 보일까 봐 두려워서 그러는 것일 수 있다. 또한 장애가 있는 사람은 호의적 편견의 대상이 될 때도 많은데, 이는 관리자가 장애인은 업무에 필요한 특정한 요구 사항을 처리할 수 없다고 가정하기 때문이다.

내가 처음 경영 컨설팅 회사에 들어갔을 때 고객을 만나러 가는 엘리베이터 안에서 선임 컨설턴트가 해준 말이 있다. "화장을 하면 사람들이 나를 더 진지하게 생각하더라고." 그 말을 듣고 거울에 비친 내 맨얼굴을 쳐다봤다. 그때까지 나는 화장한 적이 없었다. 딱 한 번 고등학교 졸업 파티를 빼면 말이다. 물론 그 선배는 나에게 도움을 주려 한 말일 것이다. 하지만 선배의 말은 중요한 고객과 회의를 앞둔 내 자신감을 떨어트려 버렸고, 성공하려면 불편하더라도 성 규범을 고수해야 한다는 메시지를 심어주었다.

• 과도한 친근함

동료를 소개하거나 언급할 때, 비하하는 말이나 존재하지도 않는 친밀함을 암시하는 단어를 사용할 때가 있다. 여성 동료를 '자기'라고 부르

직장생활 인간관계론

거나 흑인 동료를 '브로bro'라고 부르는 경우가 여기에 속한다. 과도한 친근함에 대한 자료는 대단히 많다. 엘라 스미스Ella Smith 교수와 스텔라 은코모Stella Nkomo 교수는 공동 집필한 책《분리된 길Our Separate Ways》에서 흑인 동료가 흑인 동료를 대하는 것보다 백인 여성이 흑인 동료를 더 친밀하게 대하고 있다고 말한다.[5] 그리고 이런 과장된 친근함은 진정한 관계를 훼손할 수 있다.

• 겉으로 보이는 정체성에 기반한 짐작

이 범주의 발언에는 성전환한 동료의 성별을 잘못 부르거나, 아시아계 동료가 영어를 사용하지 않는 환경에서 성장했다고 가정하거나, 젊어 보이는 여성을 비서라고 생각하는 경우 등이 포함된다. 개인의 정체성을 고려하지 않고 고정관념에 근거해 짐작하는 것이다. 나도 이런 종류의 미묘한 차별을 한 적이 있다. 아마 내가 인지한 것보다 훨씬 더 많을 것이다. 예를 들어, 최근에 라틴계 동료에게 대가족 속에서 성장했는지 물은 적이 있다. 동료가 눈썹을 살짝 찡그리는 것을 보자마자, 배경만을 근거로 불쾌한 짐작을 했다는 것을 깨달았다. 아마 그 동료가 백인이었다면 같은 질문을 하지 않았을 것이다.

• 능력주의 신화

미세공격의 마지막 범주는, 조직이나 팀에 일반적으로든 구체적으로든 편견이 존재한다는 사실을 교묘하게 거부하는 것이다. 당신의 동료는 사람들이 인종이나 성별 또는 '정체성 정치identity politics'에 지나치게 관심을 둔다고 불평할 수도 있다. 그들은 아마 고정관념이나 비하의 의미가 있는 스포츠팀 이름을 써도 찬성할 것이다. 그리고 다른 곳에서 차별이 일어난다는 것은 인정하지만, 우리 회사에서는 차별이 일어나지 않는다며 이렇게 말할 수도 있다. "능력주의 회사에서 일할 수 있어서 얼마나 기쁜지 몰라요." "우리 회사에서는 그런 일이 일어나지 않아서 정말 다행이에요."

그렇다면 사람들은 왜 이 같은 차별을 하는 걸까?

편견 있는 동료의 동기

이전 장에서는 상대하기 힘든 동료의 행동 뒤에 숨어 있는 동기에 대해 살펴봤다. 하지만 이 유형은 설명이 쉽지 않다. 다른 형태의 편견과 마찬가지로 인지적 게으름을 조금은 탓할 수는 있다. 예컨대 인도인 동료를 전혀 닮지 않은 다른 동료와 착각하는 경우는 뇌가 에너지를 아끼기 위해 정신적 지름길을 선택했다고 볼 수 있다. 하지만 이 유형은 사실 훨씬 복잡한 문제고 악의적이기도 하다. 정신적 지름길은 백인 우월주의와 인종차별을 포함한 사회적, 사회학적, 역사적 힘의 영향을 받는다.

다행히도 많은 직장에서 공공연한 편견을 점점 더 용납하지 않고 있지만, 미세공격과 다른 형태의 미묘한 편견은 사람들이 선입견을 드러내는 주요 수단이 되었다. 미시간대학교에서 심리학을 가르치는 릴리아

직장생활 인간관계론

[표 9-1] 미묘한 배제 행위

편견 유형	정의	예시
지능적 의미 부여	상대방이 가지고 있어서 놀란 속성에 대해 언급한다.	"발음이 아주 정확하군요." "영어를 정말 잘하시네요."
잘못된 꼬리표	다수집단의 구성원에게 어울린다고 간주하는 행동에 '부정적'이거나 '전문가답지 못하다'는 꼬리표를 붙인다.	"말할 때 화를 내지 말아주세요." "다른 사람들이 말하기를, 당신이 너무 권위적이라고 하더군요."
호의적 편견	정체성 때문에 어떤 일을 할 수 없거나 관심이 없다고 가정하고, 보호나 도움이 필요하다고 추측한다.	"그녀가 이 프로젝트에 참여하고 싶어 할지 의문입니다. 출장이 많은 일인데, 그녀에게는 돌봐야 할 가족이 있거든요."*
과도한 친근함	비하하는 말이나 잘못된 친밀감을 내포하는 표현 또는 단어를 사용한다.	여성을 '자기'라고 부르거나 흑인 동료를 '브로'라고 부른다.
겉으로 보이는 정체성에 기반한 짐작	고정관념에 근거해서 가정하거나 개인의 정체성을 부정한다.	"○○○(교수, 관리자, 의사 등) 치고는 별로 나이 들어 보이지 않네요."
능력주의 신화	편견이나 차별이 존재하지 않는 것처럼 행동한다.	"저는 피부색을 보지 않아요." "우리는 능력주의 회사에서 일하니 운이 좋은 편이죠."

---

* 이 같은 발언은 윌리엄스가 말하는 '모성의 벽Maternal Wall'과도 연결된다. 자녀를 둔 여성은 일에 대한 몰입이나 능력을 의심받거나 경력을 우선시하지 않는다는 평가를 받는다.
자세한 내용은 Joan C. Williams, "The Maternal Wall," *Harvard Business Review*, October 2004, https://hbr.org/2004/10/the-maternal-wall을 참조하라.

코르티나_{Lilia Cortina} 교수는 동료의 말을 방해하거나 거만한 말투를 사용하는 등의 무례한 행동은 비교적 쉽게 해명할 수 있다고 주장한다. 괴롭히던 사람은 자신이 상대방의 인종, 성별, 외모와 무관하게 부주의하다고 주장하거나, 자신의 무뚝뚝한 성격 탓으로 돌리기 쉽다. 이는 스스로 편견이 없다고 믿으면서 은근한 차별을 저지르는 경우다.[6]

또한 대면 교류가 거의 없는 원격근무 환경에서는 편향된 행동이 더 많이 나타날 수 있다. 복도나 휴게실에서 우연히 만날 일은 거의 없어졌지만, 업무용 메신저나 단체 채팅방 같은 공간이 상대적으로 많아졌다. 사람들은 이곳에서 부적절한 발언을 할 수 있고, 실제로도 하고 있다.

온라인 탈억제 효과_{online disinhibition effect}*라는 현상 때문에 사람들은 키보드 뒤에 숨을 때 대담해지는 경향이 있다.[7] 사람들은 온라인으로 소통할 때 덜 제약받는 기분을 느끼고, 직접 얼굴을 마주했다면 하지 않았을 말이나 행동을 해도 괜찮다고 느끼곤 한다.[8]

때로는 인종차별적 생각이나 다른 억압적 사고 체계가 우리 직장에 얼마나 깊이 스며들어 있는지 인식하기가 어렵다. 조지 플로이드_{George Floyd}가 미국 미니애폴리스의 경찰관 데릭 쇼빈_{Derek Chauvin}에게 살해**

---

* 평소에 억제되어 있던 감정이나 행동이 온라인상에서 활성화되는 현상.

** 미국 경찰관 쇼빈이 플로이드를 체포하는 과정에서 그의 목을 무릎으로 9분 이상 압박해 사망에 이르게 한 사건이다. 이 사건은 경찰의 과잉진압과 인종차별 문제를 다시 한번 주목하게 만들었으며, 전 세계적으로 '블랙 라이브스 매터_{Black Lives Matter}(흑인의 생명도 중요하다)' 운동을 촉발했다. 이후 쇼빈은 2021년에 살인 혐의로 유죄 판결을 받았다.

된 직후, 이브람 켄디Ibram Kendi 교수는 매우 적절한 비유를 들며 이렇게 설명했다. "(다른 곳도 마찬가지겠지만) 미국에서 사는 건 인종차별주의라는 비를 끊임없이 맞는 것이다. 당신에게는 우산이 없다. 그리고 인종차별적 생각에 젖어 있다는 사실조차 알지 못한다. 그 생각은 당신이 젖지 않았다고 믿게 만들기 때문이다."[9] 누군가 당신에게 우산을 건네준 다음에야, 다시 말해 당신이 가진 특권을 인식한 다음에야 자신이 내내 흠뻑 젖어 있었다는 사실을 깨닫게 된다.[10]

내가 이 비유를 인용하는 이유는 편견 있는 동료의 행동을 변명하기 위해서가 아니다. 오히려 이런 행동을 유발하는 신념이 얼마나 깊이 자리 잡고 있는지 보여주기 위해서다. 누구나 편견을 가지고 있고, 이는 스스로 인식하기 어렵기 때문에 대응하기가 힘들다. 따라서 당신의 동료 또한 자신이 일으키는 피해를 인식하지 못할 수도 있다.

미세공격의 비용

한 연구 결과에 따르면, 미묘한 배제 행위를 당하게 될 경우 심리적으로나 생리적으로 다양한 영향을 받는다. 엘라 워싱턴Ella Washington, 앨리슨 버치Alison Birch, 로라 로버츠Laura Roberts 교수는 미세공격에 대해 이렇게 말했다. "당장은 미세공격이 사소해 보일 수 있지만, 시간이 흐를수록 점점 심각해지고 직장생활, 신체 건강, 정신 건강에 해로운 영향을 미칠 수 있다."[11]

미세공격과 정신 건강 사이의 부정적 연관성에 관한 연구는 매우 많다.[12] 예컨대 직장에서 차별을 경험한 사람은 우울증과 불안 증상을 보일 가능성이 높다.[13] 스트레스로 인한 비만과 고혈압은 신체에 영향을 미치는 것으로 보고된 증상 가운데 일부일 뿐이다.[14]

미세공격으로 인해 생계에도 잠재적인 비용이 발생할 수 있다.《목적에 따른 포용Inclusion on Purpose》의 저자 루치카 툴쉬얀Ruchika Tulshyan은 "사람들을 배제하고 소외시키는 발언에는 감정 이상의 영향력이 있다. 고정관념이 강화되고 지속되면 연봉 수준이나 경력 개발 기회, 리더십을 인정받는 등의 경력에도 영향을 미친다."라고 말한다.[15]

연구에 따르면 노골적인 차별보다 미묘한 편견이 더 큰 피해를 줄 수 있다.[16] 여기에는 몇 가지 이유가 있다. 첫째, "발음이 정말 정확하다." 라는 말처럼 모호한 발언을 처리하는 과정에서 인지 자원이 소모된다. 이 말을 듣고 난 후 칭찬인지 아닌지를 판단하고 정체성을 들여다보기 때문이다. 둘째, 대부분 직장에서 노골적인 차별보다 미묘한 편견이 훨씬 흔하게 벌어지기 때문에 이를 경험할 가능성이 더 크다. 사소한 무시에서 생기는 영향은 시간이 지나면서 축적될 수 있다. 셋째, 미세공격에 대응할 수 있는 수단이 거의 없다. 누군가를 미세공격으로 고소하기는커녕 보고하기도 버겁다. 그래서 혼자 상황을 처리할 방법을 찾아야 한다.[17]

미세공격을 스스로 꾸며낸 상상의 산물이라고 느끼면 그에 따른 대가는 배가된다. 아마 당신도 편견을 가진 동료를 상대할 때 다음과 같은 말들을 들어본 적 있을 것이다.

"그 사람이 하려던 말은 그게 아니에요."
"그 사람은 세대가 달라요."
"그냥 기분 나쁜 사람이죠."
"농담도 못 받아들입니까?"

미세공격의 피해자를 지나치게 예민하거나 정치적 올바름을 과도하게 따지는 사람으로 규정하면 피해가 커지거나 가스라이팅으로 이어질 수 있다. 그렇게 되면 피해자는 자신이 경험한 일이 정말 일어났는지 의심하거나, 자신이 적절하게 반응했는지 의문을 가지게 된다.

그뿐 아니다. 동료의 편향된 발언은 조직에도 부정적인 영향을 미친다. 소속감과 심리적 안전감은 줄어들고, 소외와 배제는 강화되며, 업무 몰입도와 생산성이 감소하고, 이직률이 높아지는 결과를 낳는다.[18] 이 모든 것은 경영진이 백인이거나 남성적이며, 여기에 소속감을 느끼는 사람이 승진할 가능성이 크다는 것을 의미한다.

이처럼 미묘한 편견이 일으키는 피해는 매우 크기 때문에 이런 행위가 발생했을 때 이를 중단시키는 것이 매우 중요하다. 하지만 이 유형에 속하는 동료와 맞서는 일이 간단하지만은 않으니, 이제부터 대응 여부와 대응 방법을 결정할 때 생각해야 할 질문들을 살펴보자.

자신에게 물어봐야 할 질문

이 부분의 목적은 상대하기 힘든 동료와의 관계에서 스스로 어떤 역할을 하고 있는지 점검하도록 돕는 것이다. 하지만 인종차별이나 성차별 같은 문제에서는 당신이 문제를 일으키는 게 아니다. 동료가 자신의 편견을 바로잡도록 돕는 일은 오히려 동료에게 호의를 베푸는 것과 마찬가지다. 따라서 여기서는 각 상황에 적합한 전략이 무엇인지 알려줄 질문에 초점을 맞춘다.

당신은 차별의 대상인가? 아니면 차별을 목격했는가?

미세공격을 알아차리고 지적하는 부담은 대체로 소수집단에 속하는 사람들이 지게 된다. 하지만 꼭 그래야 하는 것은 아니다. 사고방식과 편견을 연구하는 런던비즈니스스쿨의 아니타 라탄_{Aneeta Rattan} 교수는 이렇게 설명한다. "다양한 연구를 통해 알 수 있듯, 같은 편이라고 해서 편견을 빨리 인식하거나 그럴 준비가 되어 있는 것은 아니다. 오히려 놓치거나 전혀 알아차리지 못할 수 있다."[19] 우리 모두 편견을 경계하고, 누군가 편견을 알아차렸을 때 이를 신뢰하는 것이 중요하다.

미세공격이 당신을 향하는 경우, 위험을 감수하고 목소리를 낼 가치가 있는지는 스스로 판단해야 한다(위험을 판단하는 방법은 바로 다음 페이지에 나올 '어떤 위험 요소가 있는가?'에서 자세히 살펴보겠다). 하지만 차별을 목격했다면 목소리를 내야 할 더 큰 책임이 있다. 라탄은 이렇게 말한다. "협력자와 지지자들이 알아야 하는 것은 당신들에게 어떤 위험이 있든, 발언을 통해 상대방이나 발언 당사자에게도 위험이 가중된다는 사실이다."

이 연구는 특히 주변 사람들이 목소리를 내야 하는 이유를 강조한다. 우리가 인종, 성별, 회사 내 역할 같은 정체성 지표를 가해자와 공유하면 더 설득력 있어 보이고 해고될 가능성도 줄어들기 때문이다. 한 연구에 따르면 인종차별적 발언을 지적한 사람이 백인이었을 때 더 설득력이 있었고, 흑인이 그 발언을 지적할 경우 무례하다고 평가될 가능성이 더 높았다.[20]

불편하다고 느끼는 것과 안전하지 않다고 느끼는 것은 다르다는 점을 명심해야 한다. 방관자로서 편향된 발언을 무시하기로 선택해야 하는 경우는 오직 당신의 안전이나 피해자의 안전이 위협받을 때뿐이다. 우리는 모두 목소리를 내야 할 도덕적 의무가 있다. 특히 자신의 정체성이 공격받는 사람보다 더 많은 특권을 가지고 있다면 더욱 그렇다.

어떤 위험 요소가 있는가?

많은 조직에는 흥미로운 역설이 있다. 조직 내 편견에 대한 인식이 높아지면서 다양성과 포용성을 구축하기 위해 기업들은 그 어느 때보다 많은 자원을 투입하고 있지만, 직원들은 인종차별이나 성차별 또는 다른 형태의 편견에 대해 말하는 것이 위험하다고 느끼곤 한다. 이런 대화는 지뢰밭처럼 보일 수 있고, 다른 형태의 무례함보다 차별을 지적하기 더 어렵게 만들 수 있다. 따라서 편견을 가진 동료와 맞설 경우, 무엇이 잘못될 수 있는지 미리 예측해보는 과정이 필요하다. 큰 위험이 수반되기 때문이다. 또한, 목소리를 내지 않을 때 생길 위험에 대해서도 고려해볼 것을 권하고 싶다.

• 목소리를 낸다면 어떤 위험이 따르는가?

공개적으로 편견에 대해 지적하는 경우 동료나 상사와의 관계, 지위, 성과 평가, 업무 배정에 영향을 끼칠 수 있고, 심지어는 고용 안정성에까지 영향을 미칠 수 있다. 결과적으로, 예의를 갖추고 대응하지 말아야 한다는 사회적 압력을 느낄 수 있다.[21]

편견을 가진 동료가 어떻게 반응할지 구체적으로 생각해봐야 한다. 그는 "그냥 농담한 건데 너무 예민하게 반응하시네요."라고 말하며 무시하고 상황을 피할 수도 있고, 아니면 "무슨 근거로 저를 비난하시는 거죠?"라며 방어적인 태도를 보일 수도 있다.

스스로 질문해보자. 그 동료는 평소 자신과 반대되는 의견을 들었을 때 어떻게 반응하는가? 자기 인식이 있는 편인가? 피드백에 열려 있는가? 나의 급여나 승진, 보너스 결정에 영향을 미칠 권한이 있는가? 영향력 있는 관리자나 경영진에게 나에 대해 나쁘게 말할 가능성이 있는가? 그로 인해 아이디어가 막히거나 프로젝트가 지연될 수 있는가? 나의 경력이나 평판에 영향을 미칠 수 있는가? 이런 식의 질문을 스스로 해서 자신이 직면할 위험을 현실적으로 그려보는 것이 중요하다.

• 목소리를 내지 않는다면 어떤 위험이 따르는가?

이와 동시에 목소리를 내지 않고 침묵할 때 생길 수 있는 결과도 생각해봐야 한다. 편향된 발언을 지적하지 않는 것은 개인적 가치관에 어긋나는 행동일 수 있다. 만약 그냥 지나친다면 그 행동을 의도치 않게 용인한 것이고, 동료를 교육할 기회를 놓치는 것이다. 연구에 따르면 모욕적인 발언에 정면으로 맞서는 것이 향후 이를 예방하는 데 효과적이라고 한다.[22]

당신이 영향력 있는 위치에 있다면 침묵의 위험은 더 크다. 리더는 직장에서 누구도 위협을 느끼지 않도록 할 궁극적인 책임이 있다(때로는 법적 책임도 있다). 툴쉬얀은 "사람들이 일에 전념할 수 있는 업무 환경을 만드는 위치에 있는 사람들은 필요한 경우 자신의 권한을 사용해야 한다."라고 말한다.[23] 팀원들이 자신이나 다른 누군가에 대한 모욕적인 발언을 듣고 화가 나거나 속상해서 당신을 찾아온다면 외면하지 말고 경청해야 한다. 그리고 그 상황에 대응할 수 있는 가장 좋은 방법을 고민하고 찾아야 한다.

궁극적으로 말해서, 피해를 당하는 입장에 있을 때 문제를 제기할지 말지 결정하는 것은 스스로의 몫이다. 결국 각 상황에서 무엇이 나에게 가장 좋은 방법일지 스스로 판단하고 결정해야 한다.

즉시 반응하는 것이 중요한가?

타이밍도 중요하게 고려해야 할 사항 중 하나다. 동료의 문제 행동이나 발언이 지금 당장 해결해야 하는 사안인가? 다른 무엇보다도 자신의 안전과 안녕이 우선이다.

틀쉬얀은 자신의 외모에 대해 부적절한 발언을 한 우버 운전자와 있었던 일에 대해 들려준 적이 있다. 그에게 그만하라고 말하고 싶었지만, 지금 그와 차 안에 있고 결국 자기가 어디 사는지 알게 될 것을 고려해 그의 말을 무시하기로 했다. 틀쉬얀은 안전하게 차에서 내린 다음, 우버 앱에 피드백을 남기는 것으로 우버 운전자의 모욕적인 발언에 대한 조치를 취했다.

이에 대해 앞서 언급했던 워싱턴 교수는 다음과 같이 말했다. "모든 사건에 대응해야 한다는 압박감을 느끼지 말고, 오히려 대응 여부를 결정할 때 권한이 있다고 느껴라. … 우리는 이 사건이 자기 삶과 일에 어떤 의미를 부여할지 스스로 통제할 수 있다. 다시 말해, 이 상호작용에서 무엇을 얻고 무엇을 내어줄지 스스로 선택할 수 있다는 말이다." [24]

반면 미이크로어그레션을 목격한다면 최대한 빨리 대처하는 것이 중요하다. 그 행동을 암묵적으로 허용해서는 안 된다. 물론 일이 벌어진 다음 시간이 지나서 가해자와 맞서는 것도 가치가 있긴 하지만, 아주 이상적이지는 않다. 초기 상황만 아는 사람은 당신의 대응을 알지 못해 안전하지 않다고 느낄 수 있기 때문이다.

회사의 문화가 개인의 의사 표현을 장려하는가?

개인의 의사 표현을 장려하는 곳에서 일한다면 동료의 편향된 행동을 솔직하게 지적하기가 훨씬 쉽다. 2020년 조지 플로이드 사건 이후, 수많은 조직이 인종차별에 반대하는 공개 성명을 발표했다. 기업들의 공개 선언이 모든 사람을 안전하게 만들지는 못했지만, 최소한 회사 경영진이 다양성과 포용성을 적극적이고 일관성 있게 지원하는지를 고려하도록 만들었다. 당신의 조직은 편견에 이의를 제기하는 편인가?

목소리를 낼 때의 강력한 이점 중 하나는 이를 제기한 사람이 건강하고 포용적인 규범 수립에 도움을 주었다는 사실이다. 그리고 앞으로 다른 사람들이 더 안전하고 편안하게 편견을 지적할 수 있게 만든다.

사건을 보고해야 할까?

안타깝게도 많은 직장에서 미세공격을 직장 내 괴롭힘이나 DEI 정책을 위반하는 행위로 인식하지 않는다. 그래도 상황의 심각성과 문제를 확대해서 제기할 경우, 생산적인 후속 조치가 이어질지에 대한 판단에 따라 관리자나 인사팀에 사건을 보고하는 것이 도움이 될 수 있다.

《상처 줄 생각은 없었어》를 쓴 뉴욕대학교 돌리 추그Dolly Chugh 교수는 차별을 신고하기 전에 다음과 같은 질문을 고려해야 한다고 제안한다. 단일한 사건인가, 아니면 반복되는 행동 패턴인가? 위에 보고하면 상황이 좋아지는가, 나빠지는가? 그 사람의 행동이 내가 업무를 수행하는 데 방해가 되는가, 아니면 다른 사람이 업무를 수행하는 데 방해가 되는가? 추그는 "만약 당신이 그 사람 때문에 구직 사이트를 확인하고 이력서를 업데이트해야 한다면 분명 문제가 있는 것이므로 관리자와 상의할 만한 가치가 있다."라고 말한다.[25] 동료가 업무 환경을 적대적으로 만드는 데 일조한다고 주장할 수 있는가? 그렇다면 특히 미국에서는 법적인 문제까지 발생할 수 있다.

그리고 스스로 이런 질문도 해봐야 한다. 나는 다른 사람의 고민을 귀담아듣는가? 고위직에 이 일을 도울 의지와 권한이 있는 사람이 있는가? 스스로 질문해본 뒤, 신뢰하는 사람에게 이 상황을 설명하고 보고할 때의 장단점에 대한 조언을 얻을 수도 있다.

앞서 언급한 질문들을 깊이 고민해본 후 목소리를 내기로 결정했다면, 다음에서 설명할 전략들이 대화를 진행하는 데 도움이 될 것이다.

시도해볼 만한 전술

반편견 전략은 자신이 편견을 당하는 쪽인지 목격하는 쪽인지에 따라서 달라진다. 여기서는 각각의 전략을 적용할 수 있는 시나리오를 살펴본다.

성장 마인드셋 기르기

편견에 대응할 때 '이 사람은 동성애자를 혐오하는 게 분명해.', '인종차별주의자와 함께 일해야 한다니!' 하는 생각이 드는 것은 지극히 자연스러운 일이다. 사람들이 바꿀 수 있는 편견을 가지고 있다고 생각하기보다는 근본적으로 편견을 가지고 있어 절대 바꿀 수 없다고 생각하는 것이다. 이는 그들의 행동이 비인간적이라고 느낄 때 나오는 이해할 만한 반응이다. 하지만 라탄의 연구에 따르면, 성장 마인드셋을 갖거나 사람들에게 배우고 변화하는 능력이 있다고 믿는 것이 차별에 맞설 동기를 증가시킨다고 한다.

이 연구에 따르면, 성장 마인드셋을 가지고 편견을 지적하는 여성과 소수자들은 고정 마인드셋을 가지고 문제를 제기하지 않는 사람들보다 부정적인 시각을 덜 가지고 있었으며, 이에 따라 더 높은 직장 만족도와 소속감을 더 잘 유지할 수 있었다. 또한 라탄은 모든 사람이 성장하고 바뀔 수 있다고 믿으려면 '호기심'을 가져야 한다고 주장한다. 스스로 이렇게 생각해보는 것이다. '동료가 그런 부적절한 말을 하는 게 괜찮다고 생각하는 이유가 뭘까? 그 이유를 이해해보고 싶다.' 또는 '그 사람은 왜 그런 신념을 갖게 되었을까? 그 이유를 이해해보고 싶다.'[26] 호기심은 더 많은 정보를 수집할 때까지 판단을 유보하도록 돕는다.

이는 대니얼의 사고방식이기도 했다. 헤드헌팅 회사를 공동경영하는 대니얼은 마침내 자신의 고객 캐롤과 가까워질 수 있었다. 캐롤은 청소년 교육 기관의 설립자였다. 캐롤의 발언과 요구는 대니얼을 당황하게 만들었다. 한번은 지원자들이 어떻게 생겼는지 보고 싶다는 이유로 대니얼에게 지원자의 사진을 구해달라고 요청했다. 지원자의 나이를 물어보거나 면접을 보러 온 사람의 복장이 촌스럽다고 말한 적도 있으며, 심지어 한 흑인 여성에게는 피부색 때문에 사람들이 리더로 생각하지 못할 수도 있다고 말하며 우려를 표현한 적도 있다.

대니얼과 팀원들은 캐롤의 발언에 무척 화가 났지만, 캐롤에게 희망이 없다고 판단하는 대신 그녀가 배우고 바뀔 수 있다는 가능성에 집중하려고 노력했다. 대니얼은 캐롤에 대해 이렇게 말했다. "그 사람의 의도나 도덕성을 마음대로 판단하고 싶지는 않았습니다. … 저희 부모님도 가끔 비슷한 말씀을 하셨거든요. 좋은 사람이지만 부적절한 말을 하는 사람들을 저는 많이 봤어요." 그는 캐롤의 발언이 부적절하다고 알려줘야 할 때 이런 사고방식으로 접근하곤 했다.

감정적 반응 받아들이기

모욕적인 행동이나 발언의 대상이 되면 화가 나고 혼란스러운 것이 정상이다. 《공유하는 자매애Shared Sisterhood》의 저자이자 뱁슨대학 티나 오피Tina Opie 교수는 "누군가 자신의 정체성을 해치거나 인간성을 부정하는 행동을 할 때 화를 내는 것은 자연스러운 반응이다."라고 말하며, 잠깐 멈추고 무슨 일이 일어났는지 찬찬히 생각해보라고 조언한다. 어떻게 행동할지 결정하기 전에 자신의 감정적 반응을 살펴볼 시간을 갖는 것이다.[27] 그리고 자책하지 말아야 한다. 이에 대해 워싱턴 교수는 이렇게 말한다. "당신이 느끼는 감정을 전부 받아들여라. 분노, 실망, 좌절, 짜증, 혼란, 당혹감, 피로감 등 어떤 감정이든 상관없다. 모든 감정은 합당하며, 동시에 대응 여부, 방법, 시기를 결정하는 요인에 포함되어야 한다."[28]

어떻게 반응할지 준비해두기

대부분의 사람은 자기가 편견에 직면하게 된다면 목소리를 낼 것이라고 생각한다. 하지만 사실 항상 그렇지는 않다. 순간적으로 대응하지 못하거나 대응하지 않을 이유를 찾기 쉽다. 소란을 일으키고 싶지 않다거나, 별일 아니라거나, 그래도 평소에는 좋은 사람이었다고 생각하며 대응하지 않을 이유를 찾는 것이다. 미리 말할 내용을 연습하고, "그말이 정말 그런 뜻인지는 잘 모르겠네요.", "그건 부당한 고정관념입니다."처럼 바로 꺼내 쓸 수 있는 몇 가지 문장을 준비해두면 이런 자기 보호 본능에 맞서는 데 도움이 된다. 미리 준비된 대답이 있으면 목소리를 내는 것과 침묵하는 것의 차이를 만들 수 있다.

질문하기

질문으로 대응하면 효과적일 수 있다. 이를테면 "그게 무슨 뜻이죠?", "어떤 정보를 근거로 말씀하시는 겁니까?"라고 되물을 수 있다. 편견이 있는 동료에게 자신이 한 말을 반복해달라고 요청해 자신이 한 말이 무슨 뜻인지, 다른 사람들에게 어떻게 들릴지 생각해보도록 유도해보자. 그러면 그 동료의 진짜 의도를 파악하는 데 도움이 될 것이다.

추그는 이렇게 질문하는 것을 '단서 없애기being clueless'라고 부른다. 그리고 이런 식으로 접근하면 사람들이 자신의 속마음을 털어놓거나 은밀한 편견 뒤에 숨지 못하도록 할 수 있다고 주장한다.[29] 예를 들어 새로운 고객이 자신을 소개했는데, 동료 한 사람이 고객의 이름을 듣고 이렇게 말했다고 하자. "에스코바르! 마약왕과 이름이 같군요!" 이때 당신이 질문할 수 있다. "고객 이름과 마약상을 연관시킨 이유가 있나요?" 이때 만약 동료가 "성姓이 같잖아요."라고 대답한다면 같은 성을 가진 사람은 그 사람 말고도 많다고 지적할 수 있다. 추그는 진심 어린 호기심을 가지고 질문하되, '왜'가 아니라 덜 도전적으로 들릴 수 있게 끔 '어떤 점, 어떤 부분'이라는 말로 질문을 시작하라고 제안한다. "어떤 부분 때문에 그렇게 말씀하셨나요?"라는 말은 듣기 편한 반면, "왜 그렇게 말했죠?"라는 말은 비난처럼 들릴 수 있다. 그리고 질문은 짧게 하자. 단어가 많아질수록 질문이 아니라 선언이나 공격처럼 들릴 수 있기 때문이다.

알려주기

사람들은 자신이 실수했다는 사실을 알아차리지 못할 때가 있다. 따라서 이유를 설명하거나 그 발언이 나에게 미친 영향을 알려줌으로써 부적절했음을 분명히 할 수 있다. '나' 또는 '저'로 시작하는 일인칭 문장

직장생활 인간관계론

을 사용하여 내가 어떻게 느꼈는지 동료에게 전달하고, 동료가 타인의 관점에서 생각하도록 유도할 수 있다. 그리고 '그것' 또는 '그 말'이라고 지칭하여 넘지 말아야 할 선을 명확히 그을 수도 있다. 이를테면, "성인 여성을 그렇게 부르는 건 실례죠.", "그건 무슬림에게 무례한 말입니다."와 같이 말할 수 있겠다. 반면 '너' 또는 '당신'으로 시작하는 이인칭 문장은 피해야 한다. 편협한 사람이라고 비난하는 것처럼 들릴 수 있기 때문이다. 사람들이 수치심을 느끼거나 공격받는다고 느끼면 상대방의 말을 귀담아듣거나 행동을 바꿀 가능성이 낮아진다.

알리야도 더 많이 웃으라고 지적했던 상사 테드에게 이렇게 말했다. "그런 말을 들을 때마다 당신을 편안하게 해주기 위해 가식을 부려야 할 것 같은 기분이 들어요." 알리야는 그가 인종차별주의자거나 성차별주의자(혹은 둘 다)일 거라고 확신했지만, 그런 용어를 사용하면 그가 마음의 문을 닫을 것을 알고 있었다. 따라서 의도를 구체적으로 밝혀야 한다. "이 문제를 제기하는 건 당신에게는 편하게 이야기할 수 있고, 민감한 문제도 서로 소통할 수 있기를 바라기 때문이에요." 또한 동료에게 무죄 추정의 원칙을 적용하면 의도치 않게 저지른 미묘한 차별을 스스로 인정하도록 할 수 있다. 이렇게 하면 상대방이 느낄 수치심이 줄어들어 방어적인 태도를 줄일 수 있다.

미리 계획을 세워두면 재치 있게 메시지를 전달할 수 있다. 다음과 같은 '상황-행동-영향' 피드백 모델이 도움이 될 것이다.

- 특정 행동이 언제 어디서 일어났는지 구체적으로 지적한다. (상황)

  "월요일 줌 미팅에서 회의를 끝내려 할 때…"

- 그런 다음, 당신이 관찰한 내용을 가능한 한 자세히 설명한다. (행동)

  "저는 새로운 고객이 앨런을 진지하게 받아들이지 않아 걱정된다고 말

  하는 것을 들었습니다."

- 행동의 결과를 설명한다. (영향)

  "저는 그 말이, 마치 앨런이 나이가 많아 다른 사람보다 뒤처질 거라고

  암시하는 것처럼 느껴져 불편했습니다."

정보 공유하기

만약 동료가 자신이 어떻게 불쾌감을 유발했는지 이해하지 못한다면, 그들의 편견을 일깨우는 정보를 제공하라. 예를 들어, 여성 동료가 일찍 퇴근했다는 이유로 업무를 게을리한다고 생각한다면 이렇게 대응할 수 있다. "얼마 전에 흥미로운 연구를 읽었어요. 워킹맘이 퇴근할 때 사람들은 그들이 아이를 돌보러 간다고 가정한다는 내용이었죠. 하지만 워킹대디가 퇴근할 때는 아무도 신경 쓰지 않아요. 우리 회사도 그렇다고 생각하세요?"(실제 있는 연구다.) 이때 중요한 점은 수동공격적인 태도를 보이지 않는 것이다. 또 다른 편견에 사로잡히게 하려는 것이 아니라 진정성을 가지고 정보를 공유할수록 상대방은 자신의 근거에 의문을 제기할 가능성이 높아진다.

대니얼도 캐롤에게 이 방법을 사용했다. "상대가 고객이기 때문에

조심스러웠지만, 이 문제에 대한 캐롤의 무신경한 태도를 그냥 넘어갈 순 없었습니다." 그는 직접적이고 솔직하게 캐롤의 행동이 왜 문제가 있는지 설명하는 데 초점을 맞췄다. 예컨대 지원자에 대한 부적절한 정보를 요구할 때면 이렇게 대답했다. "우리는 그런 정보를 바탕으로 결정 내리지 않기 때문에 애초에 지원자에게 그런 정보를 요청하지 않습니다. 대신 우리는 역량에 집중합니다." 그리고 때로는 더 단호하게 대응하기도 했다. 캐롤이 지원자의 사진을 요청하자, 대니얼은 "다시는 이런 부탁 하지 마세요. 해서는 안 되는 일입니다."라고 대답했다.

방어적 태도 예상하기

가장 좋은 시나리오는, 동료가 내 말을 듣고 피드백에 고마워하는 것이다. 하지만 경험상 적어도 처음에는 방어적으로 행동할 가능성이 크다. 대니얼의 지적을 듣고 캐롤도 그런 반응을 보였다. 자신이 한 모욕적인 행동을 부인하기도 하고, "제 말을 잘못 알아들었겠죠."라고 대꾸하기도 했다. 당신의 동료도 비슷한 반응을 보일 수 있다. 당신이 하는 말을 무시하거나 그들의 말이나 의도를 당신이 오해했다고 주장할 수도 있지만, 고통을 유발한다면 가해자가 좋은 의도를 가졌는지 아닌지는 중요하지 않다.

만약 지나치게 예민하다고 당신을 비난하거나 해를 끼칠 의도가 없었다고 말하며 자신을 방어한다면, 그들의 발언이 어떻게 들렸는지 명확하게 밝혀라. 이를테면 "무슨 의도로 한 말이든 간에, 저는 당신이 저를 동료로서 존중하지 않는다고 느껴졌습니다."라고 말할 수 있다.

만약 자신이 아닌 다른 사람이 당한 행동을 지적하는 경우라면, 편견을 가진 동료가 방어적으로 반응하더라도 포기하지 않는 것이 특히 중요하다. 대니얼은 캐롤이 자신의 잘못을 부인할 때 특히 대하기 불편했다고 말했다. 하지만 시간이 지날수록 그의 말이 도움이 되는 것 같았다. "캐롤은 이제 무례하거나 문제 될 만한 말을 거의 하지 않습니다." 그리고 덧붙였다. "훨씬 나아졌어요."

연합전선 구축하기

수많은 전문가는 편향된 행동에 맞서려면 다른 사람들과 협력하라고 제안한다. 팀이나 회사 사람들과 힘을 합쳐 미묘한 차별에 대응하기로 협약을 맺어라. 분명 문제가 되지만 판단하기 모호한 상황이 발생하면, 동의한 모든 사람이 그 일의 타당성을 판단하는 자문역이 되어줄 것이다.

이 방법은 실제 오바마 정부에서 일했던 몇몇 여성이 회의에서 남성보다 수가 적을 때 사용했던 전술이다. 그들은 자신의 아이디어가 묻히거나 무시당하지 않도록(때로는 남성들에게 이용되지 않도록) 증폭 전략을 사용하기로 합의했다. 한 여성이 중요한 지적을 하면 다른 여성이 그 지적을 반복하고 처음 아이디어를 제안한 여성을 칭찬하며 공을 돌리는 방식이었다. 그러면 그 자리에 있는 모든 사람이 그 여성의 기여도를 인정하고, 다른 사람의 공을 가로챌 수 없었다.[30]

직장생활 인간관계론

연구에 따르면, 부당한 일을 단체로 지적하는 것이 대응에 더 효과적이다. '불만 있는 직원 한 사람'의 일로 치부할 수 없기 때문이다.[31] 또한, 부당한 행동에 대해 지적할 때 다른 사람들이 지지해준다면 더 안전하다고 느낄 수도 있다. 그러니 동료의 잘못된 행동으로 나와 비슷하게 분노를 느꼈을 만한 사람들에게 다가가라. 자신이 편향된 행동이나 발언을 당한 대상이 아니더라도 피해자에게 연합을 맺자고 제안할 수 있다. 이렇게 하면 저평가되는 배경을 가진 동료들이 당신이 놓쳤을 수 있는 편견을 발견할 때 당신에게 도움을 요청할 수 있다.

사적인 자리에서도 편견 지적하기

일부 미세공격과 편향된 행동들은 사람들 모르게 뒤에서 일어나기도 한다. 이는 다른 남성의 성차별적인 발언일 수도 있고, 동료와 성과에 대해 토론하는 중에 뒤에서 하는 가시 돋친 칭찬일 수도 있다. 둘만 있던 자리에서 일어난 일이라고 해도 그냥 넘기지 말아야 한다. 표적이 된 사람이 그 자리에 없거나 피해자가 직접 모욕적인 말을 듣지 않았더라도 편견을 지적하는 것은 똑같이 중요하다. 회의에서 누군가 "우리 팀에는 나이 많은 여성이 있어 다행이죠? 우리를 돌봐줄 수 있잖아요."라고 말한다면, 당신은 그 여성의 업적과 능력을 강조하며 반박할 수 있다. "그분의 나이나 성별은 일과 전혀 상관없어 보여요. 하지만 그분이 팀을 이끈 이후로 담당하는 제품라인의 수익이 20퍼센트 증가한 건 사실이죠."

불의를 목격할 때뿐만 아니라 기회가 있을 때마다 서로 포용적이고 지지하는 업무 환경을 조성하는 것은 우리 각자에게 달렸다. 이는 특정 인물이 아니라 잠재적으로 피해를 볼 수도 있는 모두에게 마찬가지다.

💬 상황별 맞춤 멘트

✦ 질문하고, 시간 벌고, 의도 파악하기

"…라고 말한 건 어떤 의도였습니까?"

"그 발언은 무슨 뜻이었습니까?"

"제가 제대로 이해했는지 확실하지 않네요. 정확히 무슨 의미였죠?"

"조금 전 발언에는 오해의 소지가 있습니다. 정확히 무슨 의미인지 설명해주시겠습니까?"

"어떤 정보를 근거로 그런 말씀을 하셨나요?"

"그 말이 무슨 뜻인지 좀 더 자세히 말씀해주시겠습니까?"

"잠시만요, 방금 말한 내용에 대해 좀 더 생각해봐야겠네요."

✦ 의도 지적하기

"당신의 의도는 그게 아닌 것 같습니다."

"여자는 더 웃어야 한다는 말로 여성을 공격할 생각은 없었다는 걸 압니다."

"당신이 공정성을 정말 중요하게 생각한다는 걸 압니다. 하지만 이런 식의 행동은 의도를 훼손하는 겁니다."

✦ **직접적으로 말하기**

"그렇게 말하는 것은 무례한 행동입니다."

"그 말은 고정관념에 근거한 발언입니다."

"다시는 저에 대해 그런 식으로 말하지 않았으면 좋겠습니다."

"저는 괜찮지 않아요. 당신을 존중하기 때문에 알려드리는 겁니다."

"저는 그런 말이 불편합니다."

"그런 농담, 재미없어요."

"그 말이 상대방에게 어떻게 들리는지 아세요?"

✦ **동료 교육하기**

"칭찬으로 한 말씀인 건 알지만, 안타깝게도 그 말은 ○○○(아시아인, 여성, 장애인 등)이 …을 할 수 없거나 해서는 안 된다는 말과 다름없는 해묵은 편견으로 들립니다."

"저는 당신이 ○○○(편향된 발언)이라고 말한 걸 들었습니다. 저도 예전에는 그렇게 말하곤 했는데…"

"○○○(여성, 유색인종, 동성애자 등)이 이것을 다르게 경험할 수도 있다는 점을 고려해보셨나요?"

• ✦ •

알리야는 마침내 테드를 이해시켰지만, 이는 그가 다른 선을 한 번 더 넘은 다음에야 가능했다. 고객 불만을 어떻게 대응할지 의논하는 팀 회의에서 팀원들이 과잉반응한다고 느낀 테드는 순간 짜증스럽게 말했다. "도대체 뭘 걱정하는 거죠? 공개 린치*라도 당할까 봐 그래요?" 어색한 정적이 흘렀고, 알리야는 재빨리 그 자리에 있던 유일한 흑인 동료와 눈빛을 주고받았다. 알리야는 테드가 아무 일 없다는 듯 계속 회의를 진행하자 무슨 말을 해야 할지 고민했다고 말했다. 다행히 동료한 사람이 소신 있게 말했다. "저는 이 상황이 불편합니다. 방금 있었던 일에 대해 짚고 넘어가야 한다고 생각해요."

처음에 테드는 그 발언에는 어떤 의도도 없다고 해명하려 했다. 하지만 팀원들이 그 말이 왜 분노를 일으키는지 설명하자, 크게 심호흡하고 자신이 한 말에 대해 사과했다. 얼버무리고 넘어가려 했던 것에 대해서도 사과했다. 회의는 거기서 끝났다. 동료들은 알리야가 괜찮은지 확인하려고 이메일을 보내거나 자리에 들렀다. 테드는 며칠간 그녀를 멀리했지만, 결국 대화를 요청했다. 그는 알리야가 읽기 어려운 사람이라거나 웃지 않는다고 말한 것이 얼마나 상처가 될 수 있는지 이제 깨달았다고 말했다. 그리고 그는 자기가 편향된 행동이나 발언을 하면 계속 지적해달라고 부탁하며, 배우기 위해 노력하겠다고 말했다.

알리야는 그를 거의 포기한 상태였기에 무척 놀랐다고 말했다. 그리고 백인 동료들이 잘못을 지적하지 않았다면 과연 테드의 태도가 바뀌

＊ 군중이 법적인 절차를 무시하고 개인을 폭력적으로 처벌하는 행위를 가리키는 용어로, 시간이 지나면서 인종차별적인 집단폭력, 주로 백인 군중이 흑인들을 처벌하는 사건들을 지칭하는 말로 사용되었다. 특히 19세기 후반부터 20세기 중반에 걸쳐 많은 흑인이 린치의 피해자가 되었으며, 이는 인종차별과 흑인들에 대한 폭력의 상징적인 형태로 남아 있다.

었을지 확신할 수 없지만, 무엇이 그의 관점을 바꿨는지는 중요하지 않다고 말했다. "그는 저에게 걸림돌이 되지 않았어요. 저에게는 그 점이 가장 중요합니다." 조직 내 변화도 있었다. 테드는 곧 다른 부서로 이동했고, 알리야는 새로운 상사를 맞이하게 되었다. 하지만 테드는 꾸준히 알리야에게 연락했고, 심지어는 승진 심사에 지원해보라고 추천하기까지 했다.

편견 있는 동료

👍 좋은 전술

- 목소리를 내야 할지 신중하게 생각한다. 그렇게 행동할 때의 위험과 이점을 따져본다.
- 권력이나 권한이 있는 위치에 있다면, 공격적인 발언에 대처하고 안전하고 포용적인 업무 환경을 조성할 책임이 있다는 것을 인식한다.
- 편견을 가진 동료가 스스로 자기가 한 말을 반성하고 오해를 풀도록 유도하는 질문을 한다.
- 무방비 상태에서 미세공격을 당할 때 사용할 수 있는 몇 가지 문구를 준비해 둔다.

👎 나쁜 전술

- 동료가 절대 바뀌지 않을 것이라고 단정한다.
- 미세공격을 지적할 때 발생하는 위험을 따져보지 않는다.
- 편견을 가진 동료도 자신의 발언이 공격적이고 상대방을 불편하게 한다는 것을 알고 있다고 가정한다(정작 그들은 전혀 모를 수 있다).
- 인종차별, 성차별 등 모든 형태의 편견을 비난한다(비난하는 것은 오히려 사람들을 방어적으로 만들 뿐 아니라, 장기적으로 봤을 때 행동의 변화도 일어나지 않을 것이다).

10장

사내 정치꾼

"위로 올라가지 못하면 뒤처지는 거야."

오언은 동료 클라리사가 자기편이라고 생각했다. 작은 대학교 영어학과의 학과장이었던 오언은, 둘째 아이가 태어나자 한 학기 동안 육아휴직을 신청했고 클라리사가 임시로 그 자리를 맡기로 했다. 그런데 휴직한 지 몇 주 만에 동료 두 명이 클라리사가 회의에서 한 말을 전해준다며 연락을 해왔다. 클라리사는 오언이 '학과장을 그만둘 준비가 되었거나 돌아오지 않기로 하면' 자신이 그 자리를 이어받고 싶다는 의사를 밝혔다고 했다. 그 말을 듣고 오언은 약간 신경이 쓰였다(그는 휴직이 끝나면 당연히 자기 자리로 돌아갈 생각이었다). 하지만 한편으로는 그가 물러날 준비를 하거나 물러나야 할 때 그 자리를 채워줄 유능한 후계자가 있다는 사실이 기쁘기도 했다.

그리고 2주 뒤 클라리사에게서 연락이 왔다. 클라리사는 원래 미루기로 했던 대학평가위원회의 평가를 완료해야 한다고 말했다. "단단히 스트레스를 받았더군요."라고 말하며 오언은 그때 일을 회상했다. 그 평가는 학과 예산을 결정하는 매우 중요한 평가였고, 클라리사는 대학의 고위 인사들 앞에 서야 했다. 오언은 몇 시간에 걸쳐 그녀에게 해야 할 일을 설명하고, 보고서 작성을 도와주기로 약속했다. "전화로 얘기하면서 제가 그 일의 4분의 3을 맡기로 했습니다만, 바로 알겠더군요. 나중에 누구의 공인지를 두고 문제가 생길 것 같았습니다." 클라리사는 모든 것을 자신이 검토하기를 원했고, 이미 '내 보고서'라고 부르고 있었다. 그리고 이 모든 것이 '오언이 해야 했던 온갖 수고스러운 일들'이라며 푸념했다.

오언은 보고서 작업을 하는 사람들과 화상회의로 만나 보고서를 제출하기 전에 함께 검토하자고 제안했다. 그 회의에서 클라리사는 보고서 초안을 자기가 작성한 것처럼 말했다. 몇몇 동료가 보고서의 관점을 비판했을 때 클라리사는 '학과장으로서'라는 말로 시작하며 대답했다. 오언은 이 말이 거슬렸다. 클라리사는 자신이 '학과장 대행'이고 보고서 대부분을 작성한 사람이 오언이라는 사실을 인정하지 않았다.

오언은 더는 클라리사를 신뢰할 수 없었다. 그리고 자신을 발판 삼아 경력을 쌓으려는 정치 게임을 한다고 느꼈다. 물론 누구나 어느 정도는 직장 내 정치에 참여해야 한다. 우리는 승진, 임금 인상, 실속 있는 프로젝트, 경영진의 관심을 놓고 다른 사람들과 경쟁한다. 지원과 자금을 확보하기 위해 자신의 아이디어와 성과를 내세워야 한다. 하지만 동료가 승진이나 출세에 집착하고, 이를 위해 수단과 방법을 가리지 않는다면 어떻게 하겠는가?

다음은 출세주의자들을 상대할 때 겪을 수 있는 행동들이다.

- 자신의 성공을 자랑하고 업적을 부풀린다.
- 권력자나 자신의 경력에 도움이 될 만한 위치에 있는 사람들에게 아부한다.
- 권한이 없을 때도 마치 책임자인 것처럼 행동한다.
- 자기 앞길을 막는다고 생각하는 동료의 흠을 잡고 안 좋은 소문을 낸다.
- 팀이나 회사의 목표를 희생하면서까지 자신의 안건을 밀어붙인다.
- 영향력 있게 보이기 위해 정보를 쌓아둔다.
- 회의에 참석시키지 않거나 업무에 중요한 정보를 공유하지 않는 방식으로 상대를 의도적으로 방해하고 깎아내린다.

이 유형을 생각할 때마다 미국 드라마 〈오피스〉의 등장인물 '드와이트 슈르트'가 떠오른다. 드와이트는 동료 영업사원 짐과 쓸데없는 일로 끊임없이 경쟁한다. 그는 자신이 '지역 담당 매니저를 돕는 사람'이 아니라 '지역 담당 부매니저'라고 주장한다. 그리고 상사 마이클에게 아부한다. 작은 권한이라도 주어지면 그는 이 권한을 즐기고 동료들 위에 군림하듯 거만하게 굴었다. '드와이트'라는 캐릭터는 드라마의 재미를 위해 만들어졌지만, 현실에서는 그와 매일 함께 일하는 것을 좋아할 사람이 없을 듯하다.

그렇다면 경쟁심이 지나치게 강한 동료에게 어떻게 반응해야 할까? 동료가 일을 마치 승자독식 경쟁처럼 생각한다면 그 사람을 신뢰할 수 있을까? 그들의 게임에 휘말리지 않으려면 어떻게 해야 할까? 그리고 그들이 사용하는 방식에 배울 만한 교훈이 있을까?

이 유형은 다른 유형과 겹치는 부분이 있다. 특히 수동공격적인 동료(6장), 불안정한 상사(3장), 잘난 척하는 사람(7장)을 읽으면 사내 정치꾼을 다루는 방법에 대한 추가 배경과 조언을 참고할 수 있다. 그럼 이제, 출세주의자들이 계산적이고 가식적으로 행동하는 이유를 살펴보자.

정치 공작의 배경

먼저 밝혀두고 시작하겠다. 모든 직장에는 정치가 존재한다. 일은 인간을 상대하는 것이고, 인간은 논리보다 감정의 지배를 더 많이 받는다. 우리는 상충하는 욕구와 필요, 근본적인(종종 무의식적인) 편견과 불안감을 가지고 있다. 타인과 함께 일한다는 것은 충돌하는 동기를 협상하고 타협에 도달하는 것을 의미한다.[1] 더욱이 우리의 일은 점점 더 다른 사람들에게 의존하게 된다. 연구에 따르면, 2000년 이후 20년 동안 관리자와 직원이 협업 작업에 사용한 시간이 50퍼센트 이상 증가한 것

으로 나타난다.[2]

  대부분은 정치적 행동의 필요성을 인식하고 있다. 2016년 재무 회계 전문 글로벌 헤드헌팅 기업인 어카운템스Accountemps가 실시한 설문조사에 따르면, 응답자의 80퍼센트가 직장 내 사내 정치가 존재한다고 생각하며 55퍼센트는 직접 참여하고 있다고 대답했다. 또한 같은 응답자의 4분의 1 이상이 출세하기 위해서는 '정치 공작'이 필요하다고 느낀다고 응답했다.[3] 연구 결과도 이를 뒷받침한다. 수많은 연구가 정치적 능력과 경력의 성공 사이에 연관성이 있다는 사실을 보여준다.[4]

  이 책 전체에서 강조했듯, 동료의 마음을 움직이는 게 무엇인지 이해하는 것이 중요하다. 그리고 이런 지식을 활용하여 자신과 조직의 목표를 발전시키는 것이 정치적으로 현명한 일이다.[5] 마케팅 동료들이 중요하게 생각하는 것을 알면 이를 활용하여 당신의 프로젝트를 지지하도록 설득하거나, 상사의 상사가 승인할 가능성이 가장 높은 방식으로 아이디어를 제안할 수 있다. 개인적인 이익을 뛰어넘는 목적이 있다면, 누가 권력과 영향력을 가지고 있는지 이해하고 인맥을 활용하는 것은 꼭 필요한 기술이다. 하지만 당신의 동료가 모델로 삼는 사무실 정치는 이것이 아닐 수도 있다.

좋은 사내 정치와 나쁜 사내 정치

받아들일 만한 사내 정치와 해로운 사내 정치를 구분하기란 항상 쉽지만은 않다. 누군가에게는 상사의 승진을 축하하며 꽃을 보내는 것이 아부처럼 보일 수 있지만, 다른 누군가에게는 그저 친절한 행동일 뿐이다. 또한 상사와의 긍정적인 관계가 자신의 경력에 도움이 된다는 것을 아는 사람이라면 그런 행동이 현명한 정치적 행동이라고 생각할 수도 있다.

무엇이 적절하고 무엇이 적절하지 않은지 판단하기 위해 스스로에게 묻는 질문이 있다. 다른 사람을 희생시키면서까지 자신의 성공을 추구하는가? 만약 이에 대한 대답이 '아니오'라면, 그 행동은 자신의 경력에 도움이 될 만한 현명한 접근방식일 가능성이 높다. 예를 들어, 회의에서 팀 프로젝트의 진행 상황을 공유하는 것은 자신의 존재감을 드러내고 평판을 높이는 훌륭한 방법 중 하나다. 다른 사람을 방해하거나 다른 팀에 대해 나쁘게 말하지 않는 한, 이런 행동은 아무런 문제가 없다. 하지만 만약 동료가 의도적으로 회의에서 발언을 독차지하여 다른 사람들이 아이디어를 발표하지 못하게 방해한다면 이야기는 달라진다.

이 책을 준비하면서 인터뷰했던 한 사람은 '권모술수에 뛰어난' 자기 동료를 이렇게 묘사했다.

그의 안건은 항상 최우선입니다. 그는 목표 지향적이고 재정적 이득에 따라 움직입니다. 원하는 것은 어떻게든 손에 넣는 사람이기 때문에 내 편에 섰을 때는 가장 든든한 아군입니다. 하지만 반대편에 서게 되면 전쟁이 시작되죠. 그는 당신이 불안감을 느낄 만한 말과 다른 동료들이 당신에게 등 돌리게 하는 말을 할 겁니다. 언제나 자신의 필요에 맞게 이야기를 만들어냅니다. 그는 아마 이렇게 말할 겁니다. "당신을 좋아하고 아끼기 때문에 걱정돼서 하는 말이에요." 하지만 이는 당신이 아닌 자기 자신을 위한 말이며, 당신이 자기편에 필요하다는 뜻입니다.

도대체 무엇이 사람을 그토록 무자비하게 행동하도록 만드는 걸까?

희소성, 불안감, 권력

물론 사람마다 동기는 다르겠지만, 동료가 잔인한 정치 행동을 하는 데는 몇 가지 공통된 이유가 있다. 여기에는 자원이 한정되어 있어 이를 두고 다투어야 한다는 생각, 불안감이나 위협, 권력이나 지위를 향한 욕망 등이 포함된다.

지나친 경쟁을 유발하는 주요 요인 중 하나는 '희소성'이다. 자기에게 돌아올 몫이 충분하지 않다고 생각하는 것이다. 자신이 꿈꿔왔던 연봉, 원하는 프로젝트에 필요한 예산, 경영진의 끊임없는 관심 등 직장에서 원하는 것을 전부 얻을 수 있다면 정치에 뛰어들 필요가 없을 것이다. 하지만 자원은 유한하기에 우리는 종종 한정된 자원을 놓고 경쟁하곤 한다. 아마 동료는 자신의 안건을 발전시키고 지위를 굳건히 하기 위해 자원을 확보하려고 노력하는 것일 수 있다.

불안감이나 위협을 느껴서 사내 정치에 열성적으로 참여하는 경우도 있다. 미디어 회사에서 일하던 한 친구는, 자기 회사의 사내 정치꾼들은 대부분 업무 능력이 부족한 사람들이라고 말했다. 그들은 자신의 무능력이 드러날까 두려워서 상사가 제안하는 모든 제안에 동의하거나, 동료의 고객을 뺏어오는 등의 비열한 전략을 사용한다(허세가 어떻게 무능함을 은폐하는지에 대해서는 3장에서 자세히 살펴볼 수 있다).

마지막으로, 출세주의자들은 단순히 지위나 권력에 대한 욕망에 이끌려 행동하기도 한다. 켈로그경영대학원 존 매너Jon Maner 교수는 한 친구가 나쁜 상사에 대해 불평하는 것을 듣고 영감을 받아, 그들이 왜 동료를 방해하는지에 대해 연구했다. 그와 박사과정 학생들은 리더가 팀원들의 의사소통을 제한하거나, 협업이 잘 이루어지지 않는 사람들을 한 팀으로 묶어 팀원들을 깎아내린다는 사실을 발견했다. 이는 자신의 경쟁자들이 리더 역할을 대신할 수 없는 것처럼 보이게 하려는 의도였다. 그들은 모든 경쟁자를 제거하여 자신의 지위를 공고히 했다. 권력에 굶주린 리더들이 자신의 위치가 보장되어 있지 않고 위계질서가 안정적이지 않다고 생각하는 경우, 팀을 방해할 가능성이 훨씬 높았다.[6] 다시 말해, 사람들이 영향력을 행사하기 위해 경쟁하는 정치적인 업무 환경에서는 다른 사람들을 나쁘게 보이게 하려는 그들의 성향이 더욱 강해질 수 있다.

많은 사람이 이 같은 게임을 하는 이유는 효과가 있기 때문이다. 그들은 그런 식으로 높은 자리를 유지하고, 승진하고, 프로젝트에 필요한 자금을 얻는다. 하지만 사내 정치는 모든 사람에게 같은 방식으로 작동하지 않는다.

누가 참여하는가?

연구에 따르면, 여성은 남성보다 사내 정치에 참여하는 것을 싫어한다고 말할 가능성이 높으며, 연구자들이 '정치적 기술 부족political skill deficiency'이라고 부르는 것을 경험할 가능성 또한 높다.[7] 하지만 그렇다고 해서 여성이 정치적으로 순진하다는 뜻은 아니다. 다만, 그들은 사내 정치를 의도적으로 선택하지 않을 가능성이 크다. 정치 게임을 해도 같은 이득을 얻을 수 없기 때문이다. 여기에는 몇 가지 증거가 있다.[8] 예컨대 한 설문조사에 따르면 여성 응답자의 81퍼센트와 남성 응답자의 66퍼센트가 "여성이 사내 정치에 참여했을 때 남성보다 더 가혹한 평가를 받는다."라고 답했다.[9]

이런 이유로 수많은 여성과 소수인종이 딜레마에 빠진다. 한편으로 사내 정치에 전혀 관여하지 않으면서 업무를 효과적으로 수행하는 것은 불가능하다는 사실을 알고 있지만, 또 다른 한편으로는 사내 정치에 참여하는 것 자체를 불편해하기도 한다. 이는 자신과 비슷한 사람이 사내 정치에 참여했을 때 불이익이나 처벌을 받는 것을 봤기 때문이다.

기회주의적인 동료를 상대할 때는 이런 상황들을 염두에 두어야 한다. 그들은 자신의 성별이나 인종 때문에 정치를 할 수 있는 특권과 여유가 있을 수도 있고, 아니면 소외감을 느껴서 행동하는 것일 수도 있다.

원격근무 환경에서 일어나는 일

코로나19로 인해 원격근무로의 전환이 크게 가속화되면서 동료의 경쟁력이 악화될 수 있다. 모든 사람을 주시하거나 누가 누구와 상호작용하는지, 누가 고위 관리자들과 시간을 보내는지 관찰할 수 없게 되면 자기 위치에 대한 불안감이 심해질 수 있다. 또한 경제가 더 어려워지고 불확실성이 커지면서 모두가 경쟁해야 하는 자원이 비정상적으로 제한될 수 있다.

이메일과 줌으로 소통하고 일하게 되면서 사내 정치꾼들이 배후에서 무슨 일을 벌이는지 알기가 더 힘들어졌다. 팀 내 사내 정치의 건전성을 측정하는 도구를 개발한 리더십 컨설턴트 낸시 핼펀Nancy Halpern은 이렇게 말했다. "카메라 밖에서 이루어지는 대화가 너무 많아 그런 대화가 언제, 어떻게 일어나는지 알 방법이 없다. 심지어 가끔 회의 중에 동료가 불쑥 화면에 나타나면 누가 그 사람을 초대했는지, 그가 맡은 역할이 무엇인지 알 수 없는 경우도 있다."[10]

나도 회의 중에 한동안 보지 못한 동료에게 안부를 전하거나, 입고 있는 스웨터를 칭찬하려고 비공개 채팅으로 말을 건 적이 있었고, 그와 동시에 다른 동료들은 누구와 어떤 대화를 하고 있을지 궁금해했다. 하지만 모르는 게 약일 때도 있다. 동료가 상사에게 아부하거나 뒤에서 누군가에 대해 험담하는 모습을 보지 않으면 그 사람과 쉽게 잘 지낼 수 있기 때문이다.

소문에 대한 주의사항

소문은 출세주의자들이 가장 흔하게 사용하는 무기 중 하나다. 그들은 의도적으로 소문을 퍼트리고, 정보를 캐내며, 때로는 다른 사람들과 흥미로운 정보를 교환하면서 이 정보를 혼자 알고 있을지 아니면 널리 알릴지 전략적으로 결정한다. 그들의 표적이 되면, 최악의 경우 경력에 타격을 입을 수도 있다.

하지만 소문에 관해 이야기하는 것은 우리 모두 가끔씩 하는 행동 중 하나이며, 지나치게 정치적인 동료에게 불쾌감을 줄 수도 있지만, 그렇다고 해서 소문을 무조건 피하는 것이 현명한 방법은 아니다. 예컨대 스스로 다른 사람에 대해 이야기하지 않는 것을 원칙으로 삼고 있다면, 무언가를 놓치고 있을 수 있다. 사무실에서 주고받는 농담을 들으면 최근에 어떤 그룹이 큰 거래를 성사했는지, CEO가 승인할 만한 가능성이 있는 프로젝트는 무엇인지, 회사에서 무슨 일이 일어나고 있는지 등을 파악할 수 있다.[11]

하지만 소문이 누군가의 이혼처럼 사생활과 관계가 있거나 동료의 업무 능력을 의심하는 것과 같은 부정적인 내용일 때는 대가가 따른다. 연구에 따르면, 부정적인 소문은 생산성 저하, 신뢰 약화, 분열을 일으킬 수 있다. 감정을 다치게 하는 것은 말할 것도 없다.[12] 앞에서 다른 정치 행동에 대해 스스로 질문해본 것처럼, 소문에도 같은 질문을 해보길 바란다. 그 동료가 누군가에게 피해를 주면서 소문을 퍼트리고 있는가? 이 질문은 부정적인 소문에 동조할지를 결정하는 데 도움을 준다.

수단과 방법을 가리지 않고 경쟁하는 동료를 상대할 때, 그 방법을 결정하기 전 스스로 물어야 할 몇 가지 질문에 대해 더 살펴보자.

자신에게 물어봐야 할 질문

다른 유형들과 마찬가지로, 권력에 굶주린 동료의 어떤 행동이 문제를 일으키는지 파악하는 것부터 시작하는 게 중요하다.

어떤 행동이 문제가 되는가? 만약 문제가 된다면, 어느 정도인가?

야망을 부당하게 판단하거나 처벌하고 싶지는 않을 것이다. 누군가는 자신의 경력 개발에 열정적으로 몰입하는 데 반해 당신은 그렇지 않더라도 전혀 문제 되지 않는다. 무조건 나쁜 의도가 있다고 가정할 필요는 없다. 대신, 동료가 하는 행동 중 당신을 불편하게 만드는 행동이 무엇인지 생각해보자. 그저 그들의 도전적인 성향이 거슬리는 건가? 아니면 그 사람이 조직과 팀 그리고 나의 경력에 진짜 위협이 되는가? 그가 다른 사람의 공을 가로채고 있는가? 거짓말을 하고 있는가? 소문을 퍼트리는가? 자기 이익을 위해 다른 사람들을 비난하는가? 그들의 행동이 미치는 부정적인 영향은 무엇인가? 그들의 행동 때문에 나와 다른 사람들이 겪은 고통은 어떤 것인가?

정치 공작의 빈도도 중요하다. 핼편은 자신의 경험 법칙을 이렇게 설명한다. "만약 그들이 잘못을 한 번 저질렀다면 그냥 잊고 넘어가라. 두 번 하면 기억해둬라. 그리고 세 번 반복하면 패턴이 생긴다."[13] 예를 들어 동료의 사소한 거짓말을 알아챘지만 심각한 결과를 일으키지 않는다면 그 거짓말을 무시할 수 있다. 하지만 거짓말이 반복되거나 해를 끼친다면 조치를 취해야 한다.

권력을 가진 사람들은 무엇을 중요하게 생각할까?

조직문화는 직원들의 사내 정치 참여 여부와 그런 행동에 대한 보상을 받는지 여부에 큰 영향을 미친다. 경쟁이 치열한 환경에서 일하는 경우, 동료의 그런 행동이 비정상적이라고 간주되지 않을 수 있다. 특히 승진을 결정하는 사람들이 자존심에 민감하거나 본인이 사내 정치꾼이라면 더욱 그렇다. 그러니 누가 승진하고 인정받는지 잘 살펴보자. 편법을 쓰는 사람들이 인정받는가?

사내 정치에 더 많이 참여해야 할까?

오히려 반대로 생각해볼 것이 있다. 바로 더 적극적으로 사내 정치를 하면 이득을 얻을 수 있는가 하는 부분이다. 설득력을 높이거나 영향력 있는 리더와 새로운 인맥을 쌓는 것이 팀에 도움이 될까? 아니면 출세주의자들이 우쭐대는 모습이 나에게 합당한 승진을 요구하거나 더 큰 업무를 맡아 존재감을 높이는 데 도움이 되겠는가? 물론 성과만으로 모든 것을 증명하고 싶겠지만, 사내 정치는 그렇게 작동하지 않는다.

그러므로 동료에게 무엇을 배울 수 있을지 생각해보자. 윤리적 선을 넘거나 비열한 전술을 사용해서는 안 되지만, 그들이 어떻게 의사결정자들의 호감을 얻는지 관찰하고 어떤 전략이 모방할 가치가 있는지 판단해보면 좋다.

이 질문들에 대답했다면, 이제 어떤 전략이 관계를 개선하는 데 가장 도움이 될지 결정할 수 있다.

시도해볼 만한 전술

먼저 사내 정치꾼들에게 책임을 묻기가 어려울 수도 있다는 점을 명심하자. 그들은 직장에 중요한 인맥이 있고, 어떻게 행동해야 자신이 좋게 보이는지 잘 알고 있다. 또한 지나친 자신감에 대해 보상받아 왔기 때문에 자기 방식을 바꿀 생각도 없다(7장에서 살펴봤던 내용이다). 따라서 동료를 진정시키려는 비현실적인 방법 대신, 얽힌 관계에서 스스로 벗어나는 것부터 시작해야 한다.

휘말리지 않기

만약 승리욕이 조금이라도 있다면(나는 그런 면이 있다), 동료가 벌인 게임에서 이기고 싶은 유혹이 들 것이다. 예컨대 동료가 나에 대한 소문을 퍼트린다면 나도 똑같이 돌려주고 싶을 수도 있다. 하지만 그러지 말라. 동료에 대한 소문이 사실이더라도 건전하지 못한 경쟁에 뛰어들거나 그들을 험담하는 것은 당신에게 나쁜 영향을 미칠 것이다. 아마 당신은 옹졸해 보이거나 가치관에 어긋나는 행동을 하고 싶진 않을 것이다. 그렇지 않은가?

아키라 상사의 상사인 라지브는 조직에서 자신이 어떻게 인식되는지에 관심이 많고 종종 주목받는 행동을 하곤 했다. 라지브가 자신의 이미지 관리를 위해 지나치게 간섭하거나 비현실적인 목표를 달성하도록 팀을 압박할 때 아키라는 특히 불만스러웠다. 아키라는 반발하고 싶은 유혹에 굴복한 적도 있었다고 인정한다. "가끔은 홧김에 며칠씩 대답하지 않는 식으로 그에게 '복수'하려고 했어요. 하지만 역효과를 일으켜 오히려 무책임한 사람처럼 보이기도 했죠." 그리고 라지브가 회사 경영진과 한 약속을 지키지 못해서 이성을 잃었을 때, 아키라는 침착함을 유지하기 위해 무척이나 애썼다. "그가 고함을 지르면 저도 모르게 바로 해명하려고 했지만, 오히려 그를 더 화나게 만들 뿐이었죠." 그래서 아키라는 라지브와 감정적 거리를 두는 데 집중했다. "라지브가 저에게 무례하게 굴면 저는 조용한 곳으로 가서 눈물을 흘리거나 기도를 하면서 감정을 표출했습니다. 그렇게 한다고 상황이 바뀌지는 않았지만, 기분이 나아지는 데는 도움이 되었어요."

성과 알리기

아키라가 경험한 것처럼, 동료의 정치 공작은 나의 평판이나 경력에 부정적인 영향을 미칠 수 있다. 따라서 적절한 사람들에게 자신의 성과를 알릴 수 있는 효과적이고 윤리적인 방법을 찾아야 한다. 관리자에게 진행 중인 프로젝트의 상황을 업데이트하거나, 다른 팀의 일을 도와줄 수 있다. 그리고 전 직원이 참여하는 회의에서 자신이 주도하는 새로운 계획안에 관해 설명하고 공유할 수 있다.

과거 나는 공식적으로 배정받지 않은 프로젝트에서 비공식 조언자로서 도움을 준 적이 있었다. 그러면서 매니저에게 "사소하게나마 결정에 도움을 드릴 수 있어 다행입니다."라는 식으로 그 프로젝트에 대해 언급하곤 했다. 그리고 부서 회의에서 그 프로젝트를 맡은 팀이 발표할 때, 내가 그 프로젝트에 참여했다는 사실을 보여줄 수 있는 질문을 했다. 이렇게 미묘한 방법으로 나의 존재감을 드러내면서 일부 사내 정치꾼들로부터 내가 한 일에 대한 공을 지킬 수 있었다.

물론 자기를 드러내는 것이 항상 쉬운 일은 아니다. 연구에 따르면, 여성이 남성보다 자기 홍보를 덜 하는 경향이 있었다. 그런 행동을 했을 때 자주 비난을 받기 때문이다.[14] 따라서 회의나 대화에서 그 프로젝트가 언급될 때 내가 기여한 부분을 이해하고 대신 나서서 발언해줄 수 있는 동료를 찾아야 한다. 이렇게 말하며 접근할 수 있겠다. "이 보고서를 정말 열심히 작성했지만 가끔은 스스로 알리기가 어렵더라고요. 회의에서 제가 핵심 내용을 소개할 수 있도록 몇 가지 질문을 해주시면 감사하겠습니다." 이런 방식은 동료와 나, 모두에게 도움이 된다. 당신은 자신이 한 일에 대한 공을 인정받고, 동료는 호기심 많고 참여적이며 이타적이라는 평판을 얻을 수 있다.

출세주의자 동료가 당신의 성과를 가로채거나 당신이 참여한 프로젝트를 깎아내리려 하는 경우, 업무를 문서화하는 것도 도움이 된다. 상사에게 보내는 이메일이나 다른 형태의 확실한 증거를 문서 형태로 만들어두자. 기록으로 증거를 남기면 당신을 깎아내리거나 방해하려는 행동을 막을 수 있다.

도와주기

사내 정치를 하는 동료에게 도움을 주면 의외로 그들을 무장해제시킬 수 있다. 그들은 모든 사람을 경쟁 상대로 보는 데 익숙해져 있기 때문에 관대한 대우나 지원을 많이 받지 못할 수도 있다. 따라서 프로젝트를 함께 진행하자고 제안하거나, 그들이 주도하는 계획안에 아이디어를 보태거나, 가치 있는 정보나 통찰을 제공하면 그들의 호감을 얻을 수 있을 것이다. 사람들은 대부분 친절한 행동을 하면 친절한 반응이 돌아오는 '호혜성의 법칙'에 의해 자기를 도와준 사람을 돕는 경향이 있기 때문이다.

하지만 이 논리에는 한 가지 주의해야 할 점이 있다. 바로 다른 사람들이 그 동료를 어떻게 인식하느냐 하는 부분이다. 자칫 잘못하면 그 동료에게 도움을 주려는 노력이 다른 동료들에게는 사내 정치를 하는 것처럼 보일 수 있다. 하지만 평소 평판이 좋다면, 악명 높은 자기 자랑꾼을 협력자로 바꾸려는 당신의 노력을 높이 평가할 수도 있다.

조언 구하기

협상에 관한 연구에 따르면, 지나치게 경쟁적인 동료에게 조언을 구하는 것은 은밀하게 행할 수 있는 또 다른 전략이라고 한다. 까다로운 고객에게 보내는 이메일 작성 방법부터 경영진으로부터 최근 제안한 안건을 지원받기 위한 설득 방법까지, 모든 것에 대해 조언을 구하면 상대의 신뢰를 얻는 데 도움이 된다. 당신이 그들의 의견을 중요하게 생각한다는 사실을 알면 당신을 경쟁자가 아니라 같은 편으로 보기 시작할 것이다. 연구에 따르면 조언을 구하는 것은 당신을 경쟁적이기보다 협력적으로 보이게 하고, 누군가를 설득할 수 있으며, 심지어 상대방이 대변자가 되도록 부추길 수 있다. 따라서 당신이 그들의 조언을 받아들인다면, 그들은 당신의 성공에 투자한 기분이 들 것이다.[15]

또 다른 이점은 '당신이 제 입장이라면 어떻게 하시겠습니까?'와 같은 간단한 질문을 통해 동료가 당신의 관점에서 상황을 바라보도록 유도할 수 있다는 점이다. 아키라도 라지브에게 이 방법을 사용했다. 아키라는 진행 중인 프로젝트에 곤란한 일이 생길 것 같으면 즉시 라지브에게 알리고 그의 생각을 물었다. "그를 개입시키면 저를 아주 조금은 더 친절하게 대한다는 걸 깨달았어요. 이런 행동 덕분에 라지브는 제가 그의 '적'이 아니라고 느끼게 된 것 같아요."

직장생활 인간관계론

태도 반전 조심하기

출세주의자가 당신을 신뢰하기 시작했다면, 신중하게 행동해야 한다. 부딪치기보다 맞춰간다는 사실에 안도감이 들겠지만, 안테나는 계속 세워둬야 한다. 당신이 누군가에게 전하기를 바라는 마음으로 다른 사람에 대한 정보를 전달해주거나, 다른 사람에게 '잘 보이려고' 친절한 행동을 하는 등 자신의 이익을 위해 당신을 이용하는 것일 수 있다. 그러니 그들의 의도를 경계하고, 솔직하게 물어보자. "조금 당황스럽네요. 이 정보로 제가 어떻게 하길 바라시는 건가요?" "이 정보를 제게 알려주는 의도가 뭔가요?" 겸손한 태도로 정말 궁금하다는 듯 물어본다면 절대 비난처럼 들리지 않을 것이다.

직설적으로 이야기하기

권력에 굶주린 동료는 직설적으로 말하는 경우가 드물기 때문에 오히려 터놓고 이야기하면 경계심을 풀 수도 있다. 그리고 이들도 다른 유형과 마찬가지로 자신이 다른 사람들에게 어떤 영향을 미치는지 인식하지 못할 수도 있다. 그러니 거울로 그들의 모습을 비춰주면 자신이 어떻게 보이는지 인식할 수 있고, 스스로 느끼고 달라질 것이다. 이들과 대화할 때는 감정이나 판단은 배제한 채 중립적인 언어를 사용하자.

물론 그들이 다른 사람에게 피해를 주는 사내 정치에 참여하고 있다는 사실을 부정할 수도 있다. 그래도 괜찮다. 그들은 적어도 당신이 상황을 알고 있으며 쉬운 상대가 아니라는 사실을 알게 될 것이다. 만약 동료가 당신과의 이런 대화를 소문의 재료로 악용할까 걱정된다면, 이 전략은 건너뛰어도 괜찮다. 대신 다른 전략을 사용해보자.

군 보병부대 인사과에서 근무하던 커크는 부대원들의 자가평가서를 검토하던 중 동료 버나드가 자신이 제안한 아이디어를 가로챈 것을 알게 되었다. 그 아이디어는 업무를 문서화할 때 드는 시간을 절약할 수 있는 것으로, 중복 작업을 피할 수 있는 보고서 양식이었다. 하지만 버나드는 그 보고서를 자신의 성과 중 하나라고 기재했다.

커크는 버나드에게 직접 그렇게 행동한 이유를 물었다. 버나드는 약간 당황한 것 같았지만, 이내 대수로운 일이 아니라는 듯 행동하며 누구의 공이든 중요하지 않다는 태도를 보였다. 하지만 버나드는 '자기가 한 일을 빠르게 사람들에게 알리고, 노력을 인정받지 못하면 쉽게 화를 내고 불평하는 유형의 사람'이었기 때문에 커크는 그의 반응이 매우 이상하게 느껴졌다.

그때부터 커크는 버나드의 문의에 대답할 때 다른 사람들을 참조에 넣었다. "저 혼자 진행하는 것이 아니라 부대가 포함된 프로젝트를 진행할 땐 제가 아는 상관들을 숨은 참조에 넣었습니다. 제가 한 일을 지켜야 했기 때문이죠." 덕분에 같은 행동을 방지할 수 있었다. 다른 사람들이 더 잘 알고 있다면 공을 가로챌 수 없기 때문이다.

정치 전략에 맞게 접근방식 조정하기

사내 정치꾼들이 자주 사용하는 세 가지 전략이 있다. 바로 거짓말, 소문, 공 가로채기다. 각각의 수법에 대응하는 방법에 대해 살펴보자.

• 거짓말

수시로 거짓말을 하는 출세주의자에게 맞설 경우, 누가 진실을 말하는지 다투는 싸움으로 변질되기 쉽다. 만약 잘못된 사실을 부드럽게 지적하고 반대 증거를 제시할 수 있다면 그대로 밀고 가라.

처음에는 개인적으로 문제 해결을 시도해보자. 이를테면 "왜 새로운 기능 출시에 대해 모른다고 말했는지 모르겠네요. 주고받았던 이메일을 보면 아시겠지만, 저희는 9월에 이 내용을 논의한 적이 있습니다." 라는 내용의 이메일을 보낼 수 있다(이는 나중에 당신이 선의의 노력을 했다는 증거로도 사용할 수 있다). 이렇게 하면 속임수를 부드럽게 드러낼 뿐 아니라, 앞으로는 이런 식으로 빠져나갈 수 없음을 분명히 밝힐 수 있다. 하지만 만약 일대일 대화에서 긍정적인 반응이나 별다른 반응을 보이지 않는다면, 관리자에게 이 문제를 들고 가거나 다른 사람들 앞에서 그들의 거짓말을 바로잡을 수 있다.

• 소문

가급적이면 부정적인 소문을 들은 즉시 중단시켜라. 기회주의적인 동료가 다른 사람들의 감정이나 평판을 해치는 말을 한다면 목소리를 내

라. 물론 용기가 필요하겠지만, 이런 행동을 단 몇 번이라도 한다면 그들에게 주의를 줄 수 있다. 그들이 다른 팀원에 대해 불평하며 이야기하는 경우 이렇게 대응할 수 있다. "그렇게 생각하는 거, 그 사람에게 직접 말해봤나요?" 한 걸음 더 나아가, 반대 정보를 제시하여 그들이 이야기하는 소문을 무력화시키는 방법도 있다. 예컨대 출세주의자들이 다른 동료의 성과에 대해 안 좋게 이야기하거나 그 동료가 언급될 때 그에 대한 불만을 드러낸다면, 동료의 업무에 좋은 인상을 받았던 사례를 구체적으로 말하는 식으로 대응할 수 있다.

만약 그들이 당신에 대해 안 좋은 소문을 퍼트린다는 사실을 알게 되었다면, 직접 상대하라. 이때 중요한 건 구체적으로 말하되 비난하지 말아야 한다는 점이다. 이렇게 말할 수 있겠다. "제가 회의를 진행하는 방식에 불만이 있다는 이야기를 여러 번 들었습니다. 제게 하고 싶은 말이 있나요?" 그들이 모른 척하며 오리발을 내밀 수도 있지만, 적어도 당신이 그들의 행동을 그냥 내버려두는 사람이 아니라는 것을 보여줄 수는 있다.

・ 공 가로채기

만약 출세에 혈안이 된 동료가 거의 관여하지 않은 프로젝트를 전부 자기가 했다고 주장한다면, 먼저 이렇게 질문해보자. "그 프로젝트에 대해 이야기할 때 '우리' 대신 '나'라고 말하더군요. 왜 그런 식으로 이야기했나요? 혹시 의도한 건가요?" 이런 식의 질문을 받은 그 동료는 왜 자신의 공을 인정받는 것이 타당한지 설명해야 한다.

때로는 의도치 않게 공을 가로채는 경우도 있다. 이런 경우 동료가 실수를 깨닫고 인정할 기회를 주고, 만약 인정한다면 함께 일을 바로잡는 방법에 관해 이야기할 수 있다. 이를테면 그가 당신의 역할과 노력에 감사하는 이메일을 팀 전체에 보내거나, 두 사람이 함께 관리자에게 말하는 식으로 문제를 바로잡을 수 있다.

만약 동료가 공을 가로채는 것으로 악명이 높다면, 이를 예방하기 위해 적극적으로 대처해야 한다. 성과를 어떻게 나눌지 미리 합의하면 좋다. 누가 경영진에게 아이디어를 발표할지, 누가 질문을 할지, 누가 회사에 신제품 출시 발표를 알릴지 등의 합의사항을 문서로 작성하고, 이메일로 프로젝트 관련자 모두와 공유하자. 그래야 오해의 여지가 없다.

내가 먼저 관대하게 행동하기

타인에게 바라는 행동이 있다면 먼저 모범을 보이도록 하자. 회의에서 동료의 공을 인정하고 칭찬을 아끼지 말자. 그러면 팀에 신뢰가 생기고 긍정적인 분위기를 조성할 뿐 아니라 문제 동료와 다른 사람들도 따라 하도록 유도할 수 있다. 뒷말하는 경향이 있는 사람도 당신이 먼저 친절하게 대하면 마음이 풀릴 수 있다. 마음이 풀리지 않더라도 최소한 당신이 곤란한 일을 당할 때 편들어줄 사람을 얻을 수도 있다. 하지만 그렇다고 너무 과하게 행동하진 말아야 한다. 예컨대 프로젝트에서 아주 작은 부분을 담당한 사람들에게까지 고마움을 표한다면, 솔직하지 못한 사람으로 보일 수도 있다. 정말 인정받을 만한 자격이 있는 사람에게 집중하도록 하자.

💬 상황별 맞춤 멘트

어떤 대가를 치르더라도 앞서 나가려는 동료는 당신이 혀를 내두르게 만들 것이다. 상대방의 행동을 예상했다고 해도 당황하지 않는다는 보장은 없다. 따라서 전략을 시도할 때 사용할 수 있는 몇 가지 문구를 준비했으니 잘 활용해보길 바란다.

✦ **협력을 강조하고 도움을 제안하기**
"우린 같은 팀입니다."
"우리 서로와 팀(또는 회사)에 도움이 될 만한 방법을 함께 의논하고 싶습니다."
"당신이 회의에서 보이는 모습이 어떻게 비칠지 아시나요? 어떨 땐 오직 프로젝트와 당신 팀에만 관심이 있는 것처럼 보입니다."

✦ **거짓말에 대처하기**
"저는 이 상황을 다르게 기억합니다. 저희가 같은 내용을 이해하고 있는지 확인하기 위해 서로 주고받은 이메일(회의록 또는 메신저 내용)을 확인해보도록 해요."
"저희가 진행했던 프로젝트를 왜 그쪽 팀이 주도했다고 말했는지 궁금합니다. 아래 이메일에서 볼 수 있듯이 이 일은 저희 팀이 담당했습니다."

✦ **소문에 대처하기**

"그 말은 험담처럼 들립니다. 혹시 의도하신 건가요?"

"당신이 이렇게 느낀다는 걸 그 사람도 알고 있나요?"

"우리가 사용하는 접근방식에 대해 우려되는 부분이 있다고 들었습니다. 직접 의견을 듣고 싶네요."

"다음번엔 저에게 직접 와주세요."

✦ **공 가로채기에 대처하기**

"프레젠테이션에 제 이름이 없는 걸 봤습니다. 파일을 보내주세요. 다른 사람들과 공유하기 전에 제가 직접 추가하겠습니다."

"저희가 함께 진행했던 프로젝트에 관해 이야기할 때 '우리 프로젝트'가 아니라 '나의 프로젝트'라고 말씀하시는 걸 들었습니다. 왜 그런 식으로 말씀하셨죠? 혹시 의도하신 건가요?"

"우리 팀이 이 계획을 분담하고 달성하는 방법이 명확하지 않은 것 같습니다. 다음 회의 전에 누가 어떤 일을 담당하는지 논의할 수 있을까요?"

• ✦ •

오언은 육아휴직을 마치고 학교로 돌아왔고, 학과장 업무도 다시 시작했다. 클라리사는 그의 자리에 계속 눈독을 들였지만, 오언은 더 이상 클라리사의 눈치를 보지 않기로 마음먹었다. 그리고 현실적으로 클라리사는 최적의 후임자였기에, 그는 때가 되었을 때 클라리사가 준비되어 있을 수 있도록 신경 썼다. 클라리사를 대학 총장실 회의에 참여시켰고, 결정을 내릴 때 조언을 구하기도 했다. 클라리사를 같은 편으로 만든 것은 오언이 클라리사의 성공에 투자하고 있음을 보여주었고, 그로 인해 클라리사는 경쟁하려는 마음을 가라앉혔다.

나는 사내 정치꾼에게 가장 효과적인 접근방법을 생각할 때면, 미국 드라마 〈오피스〉에서 짐이 드와이트를 어떻게 대하는지를 떠올린다. 짐은 드와이트와 똑같은 수준으로 대하지 않고, 항상 유머와 장난기 가득한 태도로 접근한다. 물론 짐이 드와이트를 놀리기도 하고 골탕 먹이기도 하지만, 윤리적으로 행동하고 다른 사람에게 위로를 얻으며 자기 일까지 잘 해낸다. 그리고 드와이트의 엉뚱한 행동 뒤에 있는 인간적인 면모를 발견하기도 한다. 드와이트가 자기만 생각하면서 이기적으로 행동할 때도 있었지만, 짐은 그가 동료들을 진심으로 아낀다는 사실을 알았다. 자기만 생각하는 것처럼 보이는 사람을 상대하는 것은 까다로울 수 있지만, 그들도 인간이라는 사실을 기억한다면 그들을 대하는 데 도움이 될 것이다.

사내 정치꾼

👍 좋은 전술

- 보복이 아닌 협업을 선택한다.
- 사람들에게 나의 성과를 알릴 수 있는 생산적이면서도 윤리적인 방법을 찾는다.
- 동료가 부당하게 공을 가로채지 못하도록 프로젝트에서 누가 어떤 일을 했는지 기록으로 남긴다.
- 도움을 준다(프로젝트를 함께 진행하자고 제안하거나, 상대방이 주도하는 계획에 아이디어를 내거나, 그들이 가치 있다고 여길 만한 정보나 인사이트를 제공한다).

👎 나쁜 전술

- 동료가 나에 대한 안 좋은 소문을 퍼트리더라도 나의 성과가 다른 사람들에게 저절로 알려질 것으로 가정한다.
- 그들이 벌인 정치 게임에서 상대방과 똑같이 행동하며 그들을 이기려고 노력한다.
- 그들이 나에게 맞추려 할 때는 무조건 믿는다(신중하게 대해야 한다).

11장

원만한 관계를 위한 9가지 원칙

그 사람도 바뀔 수 있다!

나는 동료들과 어울릴 때 꽤 많은 실수를 저질렀다. 순간적으로 발끈해서 비꼬는 말을 내뱉기도 했고, 시간을 되돌리고 싶을 정도로 불친절한 이메일을 보낸 적도 있고, 부당하다고 생각하는 사람에게 눈을 치켜뜨기도 했다. 심지어 동료를 보고 웃으며 이렇게 생각한 적도 있다. "난 네가 정말 싫어. 이 일을 너와 함께 해야 한다니, 너무 끔찍해. 네가 제발 회사를 그만두면 좋겠어." 그리고 상황을 개선하려고 노력했지만 그에 상응하는 반응이 없을 때는 동료를 험담하기도 했다.

인간관계의 복잡성을 완벽하게 헤쳐나가는 사람은 없다. 하지만 나는 관계에서 내가 할 수 있는 부분을 정리하는 데 도움이 되는 몇 가지 핵심 개념이 있다는 것을 배웠다. 상대방이 8가지 유형 중 하나에 딱

맞아떨어지든 그 어떤 범주에도 속하지 않든 간에, 나는 이 개념들을 반복해서 떠올리게 된다.

이제부터 소개할 원칙들은 앞에서 다뤘던 내용이므로 낯설지 않을 것이다. 이 원칙들을 여기서 다시 한번 설명하는 이유는, 이 원칙들이 모여 내가 생각하는 대인관계 회복탄력성의 바탕이 형성되기 때문이다. 누구를 상대하든 이 원칙들이 당신의 결심을 튼튼히 하고 갈등에 직면했을 때 실질적인 도움이 되길 바란다.

상대하기 어려운 동료에 대한 계획을 실행하기 전에 이 장을 먼저 읽기를 추천한다. 예를 들어, 수동공격적인 동료와 갈등을 겪고 있다면 6장에서 설명한 전략을 참고하여 계획을 세울 수 있겠다. 하지만 행동으로 옮기기 전에 이 장에서 소개하는 조언들도 고려해보길 바란다(9가지 원칙에 익숙해졌다면, 이 장 끝에 있는 [표 11-1]을 참고하여 자신이 세운 전략의 타당성을 점검해보자).

2장에서 이야기했듯이 동료와 갈등을 겪을 때 뇌는 우리를 방해하곤 한다. 스트레스를 받을 때, 다시 말해 위협을 느낄 때면 경력 많은 베테랑들조차도 단기 목표에 휘둘린다. 이때 말하는 단기 목표란 '팀원들 앞에서 좋은 모습을 보여야 해.', '이 대화에서 날 꺼내줘!', '내가 이겨야 해.', '모든 사람이 날 좋아했으면 좋겠어.' 등이며, 이런 것에 치중하다 보면 어떻게 행동해야 하는지 잊어버리기 쉽다.

이런 순간에 9가지 원칙으로 돌아가면, '대인관계'라는 거친 바다를 항해하기 전에 철저하고 신중하게 자신을 준비하고 '관계 개선'이라는 장기 목표를 달성할 수 있을 것이다.

9가지 원칙

원칙 1. 통제할 수 있는 일에 집중하기

파올라는 부하직원인 프랑코와 관계가 껄끄러웠다. 프랑코는 믿기 힘들 정도로 고집이 셌다. 그는 자기가 맡은 기술적 업무에 도움이 될 만한 전문 지식이나 통찰력을 가진 사람이 팀에 없다고 생각했다(전형적으로 잘난 척하는 유형이었다). 파올라는 팀원들을 힘들게 하고 성과를 떨어뜨리는 프랑코의 행동(거들먹거리는 말투나 다른 사람의 말을 끊는 행동)을 지적하며 그만하라고 요청했지만, 그는 파올라의 피드백을 한 귀로 듣고 한 귀로 흘렸다.

짜증 나는 동료가 태도를 바꾸도록 설득하는 쉬운 방법이 있다면, 아마 이 책은 무척 얇았을 것이다. 하지만 현실적으로 말해서, 다른 사람이 원한다는 이유로 자기 행동을 단숨에 바꾸는 사람은 거의 없다. 사람들은 스스로 원할 때만 행동을 바꾼다.

나는 상대방에게 이 사실을 설명하기만 하면 이해해줄 거라고 생각한 적이 많았다. 우리는 완벽한 말이나 행동에 대한 환상을 가지고 있다. 경쟁자가 어떤 말이나 행동에 깨달음을 얻고 자기 잘못을 뉘우친 다음, 완전히 달라지겠다고 맹세하는 환상 말이다. 하지만 《싱크 어게

직장생활 인간관계론

인》의 저자이자 와튼경영대학원 애덤 그랜트Adam Grant 교수는 논리를 공유하는 것이 항상 효과적이지는 않다고 말한다. "나는 누군가의 마음을 바꾸는 것이 내 몫이라고 더는 생각하지 않는다. 내가 할 수 있는 일은 그들의 생각을 이해하려 노력하고, 그들에게 다시 생각해볼 의향이 있는지 묻는 것이다. 나머지는 그들에게 달렸다."[1] 맞는 말이다.

파올라는 프랑코의 상사였지만, 그를 변화시킬 만한 힘은 없었다. 그래서 자신이 할 수 있는 다른 일에 집중했다. 파올라는 프랑코에게 더 자주 피드백을 주기로 했다. 매주 5분씩 일대일로 만나 그의 행동이 팀과 그의 업무 효율에 어떤 영향을 미쳤는지 지적했다. 그런 다음, 달라진 접근방식이 그의 태도를 바꾸는 동기가 되길 바라며 기다렸다. 그리고 마침내 프랑코의 오만한 말투가 조금 누그러졌다. 비록 기대만큼 달라지지는 않았지만, 파올라는 이것이 올바른 방법이었다는 걸 알고 기분이 한결 나아졌다.

솔직히 말하면, 나는 흔히들 이야기하는 '우리는 다른 사람을 바꿀 수 없다.'라는 말에 전적으로 동의하지는 않는다. 나는 수동공격적인 사람을 더 솔직하게 말하도록 하고, 피해자인 척하는 사람이 자기 실패를 책임지도록 설득하는 데 성공한 전문가들을 많이 봤다. 하지만 동료와 잘 지내는 것이 오로지 상대가 바뀌도록 설득하는 능력에만 달렸다면, 우리는 큰 위험을 감수해야 한다. 상대방에게 변할 능력이 없을 수 있고, 어쩌면 변하고 싶지 않을 수도 있기 때문이다. 우리가 통제할 수 있는 것은 오직 나 자신뿐이다.

원칙 2. 나의 관점은 단지 하나의 관점일 뿐임을 명심하기

몇 년 전, 나는 카라라는 동료와 함께 일하고 있었다. 카라와 나는 프로젝트가 얼마나 걸릴지를 놓고 머리를 맞대고 있었다. 예상 기간을 물으니 카라는 내 짐작보다 네 배나 더 오래 걸릴 거라고 생각하고 있었다. 나는 깜짝 놀랐다. '와, 서로 정말 다르게 생각하는구나.'라는 생각 대신 '제정신이 아니네!'라는 생각이 들었다. 나는 카라의 말이 맞을 리 없다고 확신하며 대화를 이어나갔고, 카라도 나에게 같은 감정을 느끼고 있었다. 우리는 서로의 관점이 확연히 다르다는 것을 알았고, 점점 긴장감이 감돌았다.

우리는 대화가 어려운 현실 중 하나인 '객관적인 진실이 거의 없다'는 사실에 직면하고 있었다. 사람들은 저마다 다른 관점과 가치관을 가지고 직장에 온다. 회의에 5분 정도 늦는 것이 괜찮은지, 같은 말을 계속하는 사람을 저지하는 것이 옳은지, 실수에 대한 적절한 책임은 무엇인지 등 모든 상황에 대한 의견이 제각기 다르다. 현실적으로 항상 나와 생각이 같은 사람하고만 일할 수는 없다.

사회심리학에는 우리의 관점이 얼마나 다를 수 있는지 설명하는 **소박한 실재론**naive realism이라는 개념이 있다. 소박한 실재론이란 우리가 세상을 객관적으로 보고 있다고 믿는 경향을 말하며, 누군가가 나와 다르게 세상을 본다면 그들이 정보가 부족하거나, 비합리적이거나, 편견을 가졌다고 간주하는 것을 뜻한다.[2]

이 분야의 흥미로운 연구가 있다. 참가자가 생일 축하 노래처럼 잘

직장생활 인간관계론

알려진 노래의 리듬을 손가락으로 두드리면, 다른 참가자가 그 노래를 추측하는 동안 무슨 일이 일어나는지 관찰하는 연구였다. 두드리는 역할을 맡은 참가자들은 듣는 사람의 절반 정도가 이 곡을 알 것이라고 짐작했지만, 실제로는 고작 2.5퍼센트의 사람들만 노래를 맞췄다. 이는 과대평가의 결과였다.[3] 이렇듯 노래의 선율이든 이번 분기의 예산 부족에 대한 완벽한 해결책이든, 우리는 자신이 무언가를 알고 있다면 다른 사람들도 똑같이 알고 있다고 가정하곤 한다.

소박한 실재론은 또 다른 인지 편향인 **기본적 귀인 오류**fundamental attribution error와도 관련이 있는데, 이는 다른 사람의 행동을 관찰하고 그 사람이 처한 상황보다 성격과 더 관련이 있다고 가정하는 경향이다. 예를 들어, 동료가 회의에 늦는다면 교통 체증에 걸렸거나 다른 회의가 늦게 끝났다고 생각하는 게 아니라 그 사람이 체계적이지 못하거나 무례하다고 판단하는 것이다. 하지만 자신에 대해서는 정반대로 생각한다. 만약 자신이 지각한 상황이라면, 스스로에게 중대한 결함이 있다고 생각하는 게 아니라 지각하게 만든 온갖 상황에 집중하는 것이다.

동료를 대할 때는 이 두 가지 개념을 기억하는 것이 중요하다.

먼저, 나는 사실이 아닌 가정을 하고 있을 수도 있다. 특히 무슨 일이 일어났고 누구에게 책임이 있는지를 놓고 단 하나의 의견만 주장한다면, 나의 관점과 상대방의 관점 사이에 극복할 수 없는 차이가 있다고 느낄 수 있다. 누구의 해석이 옳은지에 대해 몇 시간이고 토론할 수 있겠지만, '사실'에 대한 합의에 도달할 가능성은 희박하다. 그러니 악감정이나 교착 상태로 이어질 뿐인 과거를 되풀이하는 전략 대신, 앞으로 일어날 일에 초점을 맞추도록 하자.

또한, 동료와 사이좋게 지내기 위해 그의 의견에 반드시 동의할 필요는 없다. 앞으로 나아갈 길을 결정할 수 있을 만큼만 서로의 관점을 존중하면 된다. 나는 카라에게 틀렸다고 말하며 설득하는 대신, 자신만의 경험을 바탕으로 판단한 카라의 관점도 똑같이 타당하다는 것을 인정했다. 함께 대화하는 과정에서 카라는 나에게 생각을 전환하는 몇 가지 요점을 제시했다. 그리고 내가 기꺼이 생각을 바꾸겠다는 태도를 보이자 카라도 같은 태도를 보였다. 그렇게 우리는 타협점을 찾았다. 카라가 생각한 일정은 조금 과한 면이 있었고, 내가 생각한 일정은 조금 의욕적인 면이 있었다. 하지만 우리에게 필요한 것은 가치관 공유가 아니라 앞으로 함께 나아가는 것이었기에, 우리는 서로의 의견을 받아들일 수 있었다.

나는 동료가 내 방식대로 상황을 보도록 설득하거나 무엇이 옳고 무엇이 '진실'인지를 따지느라 에너지를 낭비하지 않기 위해, 이제는 내 관점에 의문을 제기하고 스스로 점검하는 시간을 갖는다.

- 만약 내가 틀렸다면? 어떻게 다르게 행동할 수 있을까?
- 내가 믿는 게 사실인지 아닌지 어떻게 알 수 있을까? 나는 어떤 가정을 바탕에 두고 있는가?
- 나와 다른 가치관과 경험을 가진 사람은 이 상황을 어떻게 볼까?

질문에 답하는 것보다 중요한 것은 질문하는 행동 그 자체다. 질문은 나의 관점이 단지 내 생각일 뿐이라는 것을 스스로 상기시키는 좋은 방법이다. 사람들은 같은 상황일지라도 나와 다르게 볼 수 있으며, 이는 잘못된 게 아니다.

원칙 3. 편견 주의하기

동료와의 상호작용은 우리의 가치관과 경험뿐 아니라 편견에도 영향을 받는다. '대하기 어려운 행동'의 정의도 우리가 직장에 갖는 편견에 의해 형성될 수 있다.

조금 부끄러운 내 이야기를 꺼내보려 한다. 컨설턴트로 일했을 당시 고객으로 만난 흑인 여성이 한 명 있었다. 당시 나는 반대의견을 내면 고객이 화를 낼까 걱정이 돼서 의견 내기를 주저했다. 그 고객의 부하직원 중에는 백인 여성이 한 명 있었는데, 어느 날 사무실 복도에서 나를 멈춰 세우더니 내가 자기 상사를 대할 때 말을 아끼는 것 같다고 이야기했다. 그 직원은 친절한 태도로 이야기했고, 왜 내가 지난번 회의와 다르게 행동하는지를 진심으로 궁금해하는 것 같았다. 내가 정확히 뭐라고 말했는지는 기억나지 않는다. 아마 고객의 행복을 지키고 싶었다는 식으로 대답했던 것 같다. 하지만 그녀의 반응은 확실히 기억난다. "제 상사는 무턱대고 화내는 사람이 아니에요."

돌이켜 생각해보면 그 고객은 부하직원이 자신과 반대되는 의견을 내도 잘 받아주었다. 물론 자신도 자기 생각을 말하고 어려운 질문도 거침없이 하긴 했지만, 화를 내거나 짜증을 내진 않았다. 나는 '성난 흑인 여성'이라는 고정관념의 영향을 받고 있었던 것이다. 겉모습만 보고 판단하는 몹쓸 짓을 했을 뿐 아니라, 컨설턴트로서 새로운 아이디어를 제시하고 현 상태에 문제를 제기해야 하는 역할도 제대로 해내지 못하고 있었다. 머릿속으로 일어나지도 않은 괜한 반발을 상상했기 때문이었다. 결국, 내가 의견 제안을 주저한 것은 고객 때문이 아니었다. 나와 내 편견에서 비롯된 문제였다.

편견이 까다로운 이유는 우리가 잘 인식하지 못하기 때문이다. 2장에서 설명했듯이, 우리 뇌는 자원을 되도록 아끼도록 설계되어 있다. 그래서 지름길을 선택하여 빠르게 사람이나 사물을 범주화해 사회적, 사회학적, 역사적 맥락에 따라 인종, 성별, 성적 지향, 계급 같은 단위로 나누어 판단한다. 어떤 집단은 느긋하고, 어떤 집단은 똑똑하며, 어떤 집단은 여전히 위협적이라는 꼬리표를 붙인다.

어려운 관계를 탐색할 때 이해하면 도움이 되는 두 가지 편향이 있다. 바로 **호감 편향**affinity bias과 **확증 편향**이다.

호감 편향은 나와 비슷한 사람과 어울리려는 무의식적인 경향을 말한다. 쉽게 말해, 자신과 비슷한 외모, 신념, 배경을 가진 사람들에게 끌리게 되는 것이다. 이로 인해 성별, 인종, 민족, 교육 수준, 신체 능력, 직장 내 지위가 나와 비슷하지 않은 동료와는 함께 일하고 싶지 않을 수 있다. 따라서 동료와 관계가 껄끄러울 때는 스스로에게 이렇게 물어보는 게 중요하다. "여기서 편견이 어떤 역할을 하고 있을까? 우리가 서로 달라서 내가 상황을 명확하게 보지 못하는 것은 아닐까?"

직장 내 관계에 자주 스며드는 또 다른 형태의 편견은 확증 편향이다. 이는 사건이나 증거를 기존의 신념을 확인하는 방향으로 해석하려는 경향을 말하며, 성가신 동료와의 관계에서는 두 가지 방식으로 나타난다. 첫째, 동료에 대한 시각이 부정적일 경우 그들의 행동을 자신이 가지고 있는 믿음을 더 강화하는 증거로 해석하기 쉽다. 예를 들어, 그들은 능력이 부족하다거나, 불친절하다거나, 자기 자신만 생각한다고 말이다. 둘째, 만약 그 동료가 8가지 유형 중 하나 또는 하나 이상에 해당한다고 믿기 시작하면, 그 사람이 당신의 그런 생각이 틀렸음을 증명하는 것은 점점 더 어려워진다. 이미 그 사람을 '무례한 사람'이라고 생각하고 있다면, 그 사람의 행동에서 무례함을 발견할 수밖에 없는 방향으로 해석하게 된다.

그렇다면 이 같은 편견을 차단하려면 어떻게 해야 할까? 시도해볼 수 있는 몇 가지 행동을 알려주겠다.

• 자신의 편견 파악하기

온라인 테스트를 통해 숨겨진 편견에 대한 자신의 취약성(민감도)을 파악하는 것은 좋은 출발점이 될 수 있다. 선택할 수 있는 테스트는 아주 많지만, 개인적으로는 하버드대학교, 워싱턴대학교, 버지니아대학교의 연구자들이 시작한 비영리단체인 프로젝트 임플리시트Project Implicit의 테스트를 추천한다.

· 다양한 관점 탐색하기

암묵적인 가정을 설명하는 데 도움이 되는 방법은 많다. 팟캐스트를 듣거나 나와 다른 사람들이 쓴 기사나 책을 읽어보고, 자료를 직접 찾아보거나 지역에서 열리는 교육 행사에 참여하여 다양한 문화에 대해 배워보자. 이 같은 활동은 자신의 특권이나 성별, 인종, 성적 취향, 종교 등으로 인해 어떤 이점을 누리는지 이해하는 데도 도움이 된다.

· 도움 요청하기

동료와 갈등이 생겼을 때는 믿을 수 있는 사람과 상의하여 내가 상황을 불공정하게 보고 있는 것은 아닌지 확인해보라. 이때는 나를 밀어주면서도 반대의견을 제시할 수 있는 사람에게 상의하는 게 좋겠다. "제가 가진 편견이 여기서 어떻게 작용하고 있을까요?"와 같이 솔직하게 물어볼 수도 있다.

· 자신의 해석에 의문 제기하기

스스로 악마의 변호인이 되어보자. 논쟁이 있을 만한 상황을 편견 없이 공정하게 보고 있는지 스스로 반복해서 질문해보라. 7장과 8장에서 이야기한 '뒤집어 생각하기' 기법을 사용해보자. 만약 동료의 성별, 인종, 성적 지향이 지금과 다르다면 같은 가정을 했을까? 같은 말을 하고 같은 태도로 그들을 대했을까?

나는 내가 고객에게 보인 반응을 분석할 때 자신의 해석을 의심해보는 마지막 방법을 사용했다. 만약 상대방이 흑인 여성이 아니었다면, 나는 그 사람이 '화를 낼 것'이라고 가정했을까? 이에 대한 대답은 분명하다. 아니다. 만약 고객이 남성이었다면 같은 행동을 '열정적', '헌신적'이라고 해석했을 것이고, 최악의 경우라도 '퉁명스럽다' 정도로 해석할 뿐 '화'가 떠오르지는 않았을 것 같다. 나의 잘못된 논리를 인식하고 넘어서는 데 이 분석이 중요한 역할을 했다. 편견이 전부 사라진 것은 아니지만 나의 편견을 조금 더 신중하게 바라볼 수 있게 되었다.

원칙 4. 대립 구도로 생각하지 않기

나와 의견이 다르면 편을 나누거나 상대를 적이라고 생각하기 쉽다. 분쟁을 해결하는 방법에 대한 수많은 조언에서 '상대편'이라는 단어를 자주 사용하는데, 이 단어에는 나를 반대하거나 나에게 불리한 행동을 하는 사람이 있다는 의미가 내포되어 있다. 나도 갈등에 관한 책을 쓰면서 이 단어를 사용했지만, 이제는 이런 사고방식이 해롭다고 생각하게 되었다.

'대립 구도'는 상황을 양극으로 나눈다. 대하기 어려운 사람과 그렇지 않은 사람이 있고, 옳은 사람과 틀린 사람이 있다. 2장에서 설명했듯이 이런 유형의 스토리텔링은 우리 뇌가 분노, 두려움, 고통, 방어적 자세 같은 부정적인 감정에 반응하는 자연스러운 부분이다. '피해자 대 가해자' 구도가 위안을 줄 수는 있지만, 우리에게 잘못이 전혀 없는 경우는 드물다.

동료와 잘 지내려면 다른 정신모델이 필요하다. 상황을 반대되는 두 세력의 다툼으로 보는 대신, 세 가지의 주체가 있다고 상상해보는 것이다. 세 가지 주체란 나와 동료 그리고 둘 사이의 역학 관계다.

'둘 사이의 역학 관계'라는 세 번째 주체는 함께해야 할 결정이나 완료해야 하는 프로젝트처럼 구체적인 것일 수도 있고, 지속적인 긴장 관계나 프로젝트 실패로 인한 악감정처럼 일반적인 것일 수도 있다. 어느 쪽이건 간에 이런 접근방식은 문제에서 사람을 분리한다. 이 접근방식은 어려운 대화를 다루는 하버드협상프로젝트_{Harvard Negotiation Project}[*]의 핵심 원칙 중 하나다.[4]

안드레는 비관적인 동료 에밀리와 사이가 좋지 않았다. 안드레가 새로운 아이디어를 제안할 때마다 에밀리는 그 계획이 성공할 수 없는 이유를 수십 가지는 가지고 있는 것 같았다. 안드레는 오랫동안 자신과 에밀리가 서로 반대편에 있다고 생각했고, 상대의 머리 위에는 먹구름이 가득하고 자기 머리 위에는 밝은 태양이 빛난다고 가정했다. 이렇게 생각을 이미지로 나타내자 그의 관점은 강화되었고, 이는 에밀리와 좋은 관계를 유지하는 데 방해가 될 뿐이었다. 특히 그는 모든 대화를 전투에 대비하는 사람처럼 임했다. 그래서 이미지를 바꿔보기로 했다.

---

* 협상 및 갈등 문제 연구 교육을 위해 설립되었으며, 이론 구축이나 교육 및 훈련뿐만 아니라 주요 거래나 분쟁 개입, 새로운 아이디어 개발과 전파를 통한 갈등 해결 및 협상의 이론과 실무를 개선하는 데도 중점을 두고 있다.

안드레는 둘의 관계를 시소로 그렸다. 서로 의견이 부딪칠 때마다 각자 시소에 타서 균형을 맞추는 것을 상상하며 이미지를 바꾸려고 노력했다. 이는 자신의 태도를 바꾸는 데 도움이 되었고, 에밀리를 반대자로 보지 않고 협력자로 생각하게 되었다.

자신과 동료 사이의 어려운 역학 관계를 나타내는 이미지를 직접 선택해보자. 이를테면 두 사람이 같은 편 책상에 앉아 문제(건강하지 못한 관계)를 해결하는 그림을 떠올릴 수 있다. 직장에 천적이 있기를 원하는 사람은 없다. 그러니 그런 생각은 잠시 접어두고, 어떻게 하면 동료가 본질적인 문제 해결에 협조하게 만들지 고민해보자.

원칙 5. 공감을 통해 상황 다르게 보기

"상대방의 입장에서 생각해보세요." 아마 한 번쯤은 들어본 조언일 것이다. 당신은 어떤지 모르겠지만, 나의 경우 불안정한 상사나 지나치게 정치적인 동료를 상대할 때 가장 하고 싶지 않은 일은 상대의 감정을 생각하는 것이다. 상대가 수동공격적인 태도를 보이고 음모를 꾸미고 못되게 구는데 우리는 왜 그 사람의 감정을 신경 써야 할까?

우선, 우리는 모욕이나 무시를 상대방이 의도한 것보다 더 나쁘게 인식할 때가 많다. 이는 버지니아대학교 가브리엘 애덤스 교수가 연구에서 밝힌 내용이다. 동료에게 부당한 대우를 받는다고 느끼는 사람은 상대방이 끼치려 한 의도와 피해를 과대평가한다.[5] 애덤스는 "우리는 다른 사람의 행동에 실제보다 훨씬 큰 의도가 있는 것처럼 부풀려 생각한

다.''라고 설명한다.[6]

이런 일은 양방향으로 일어난다. 또 다른 연구에서 애덤스는 '가해자'와 '피해자' 모두 서로에 대해 최악의 상황을 가정하기 쉽다고 밝혔다. "우리는 서로에게 해를 입히려는 의도와 피해가 얼마나 큰지, 문제가 얼마나 심각한지, 상대방이 얼마나 죄책감을 느끼는지 등에 대해 잘못된 분석을 한다."[7] 정치적으로 행동하는 동료가 내 성과를 가로채려했다고 단정 짓고 그에게 공감할 필요가 없다고 여기는 것은, 동료에게불공평할 뿐만 아니라 상황을 잘 풀어나가기보다는 불필요한 감정 소모나 복수심 같은 비생산적인 반응을 유도하게 된다.

따라서 동료에게 그럴 의도가 없었다고 가정하는 편이 훨씬 낫다. 그들의 행동에 동의하지는 않더라도 그 행동 뒤에 그럴 만한 이유가 있다고 한번 가정해보자. 동료가 어떤 생각을 하고 있었는지, 무엇을 성취하려 하는지, 어떤 압력을 받고 있는지, 직장이나 가정에서 다른 일을겪고 있는지 등을 생각해보자. 상처 주는 행동의 이유를 찾는다면, 감정을 가라앉히고 신중하게 반응할 여유가 생길 것이다. 그 이유가 100퍼센트 진실이 아닐지라도 말이다.

이는 내가 딸로부터 배운 교훈이다. 딸아이가 9살이었을 때 집에서멀지 않은 고속도로를 달리고 있었다. 앞에 밀린 차들 때문에 속도를줄이고 있을 때 오토바이 두 대가 차선 사이를 순식간에 비집고 들어왔다. 시속 140킬로미터는 족히 넘어 보였다. 아마 시속 160킬로미터 이상으로 달리고 있었던 것 같다. 게다가 둘 다 헬멧을 쓰고 있지 않았다.

직장생활 인간관계론

딸에게 교훈을 줄 수 있는 순간이라고 생각한 나는 오토바이 운전자들을 나무라기 시작했다. "얼마나 빨리 지나갔는지 눈으로 보고도 믿기지 않네. 헬멧도 없이 말이야. 너무 위험해!" 내 말을 듣고는 딸도 화가 난 것처럼 거들었다. "어른이니까 더 잘 알 텐데!" 나는 딸이 안전에 대해 뭔가 배웠다는 사실이 만족스러워 흐뭇하게 웃었다. 그리고 잠시 침묵이 흐른 다음 딸아이가 입을 열었다. "근데 엄마, 아까 그 사람들 헬멧 사러 가는 길이었을지도 몰라."

물론 그 오토바이 운전자들이 헬멧을 사러 가는 길이 아니었다고 99퍼센트 확신하지만, 딸의 말을 들은 다음부터는 긴장된 상황을 다른 사람의 입장에서 너그러운 마음으로 바라보려고 노력한다. 사실이든 아니든, 딸아이의 말 덕분에 그들에 대한 우리의 태도와 대화는 부드러워졌다.

하지만 한 가지 주의할 점이 있다. 적대적인 상황에서 동료의 입장을 이해하려고 하다 보면 정신적 에너지가 소모될 수 있다. 남의 입장에서만 너무 생각하다가 정작 자신의 필요를 간과하지 않도록 주의하라. 동료에게 관심을 돌리기 전에, 자신이 겪고 있는 일에 자기 연민을 기울이는 것부터 시작하자(갈등을 겪는 중에 자기 돌봄이 중요한 이유에 대해서는 이후 14장에서 자세히 다룰 것이다).

원칙 6. 목표 파악하기

건강하지 않은 동료와의 관계를 해결하려 할 때는 자신이 원하는 것이 무엇인지 분명히 아는 게 중요하다. 목표를 정확히 알면 예상치 못한 상황에 빠지지 않고 효과적인 전술에 집중하는 데 도움이 될 것이다.

이러지도 저러지도 못한 채 멈춰 있는 프로젝트를 진행하고 싶은가? 함께 작업한 계획안을 완성하고 추진하고 싶은가? 건전한 업무 관계를 맺고 유지하고 싶은가? 동료와 소통한 후 분노나 짜증을 덜 느끼고 싶은가? 동료가 나의 성공에 방해가 되는 행동을 그만두길 바라는가?

먼저 달성하고 싶은 크고 작은 목표를 목록으로 작성한 다음, 가장 중요한 세 가지 항목에 동그라미를 쳐보길 추천한다. 앞으로 어떻게 행동할지 결정될 것이다. 만약 당신의 목표가 비관적인 동료와 길게 대화하지 않는 것이라면, 그 사람의 부정적인 말이 팀을 어떻게 해치는지 직접적으로 알려주는 것과는 다른 결정을 내리게 될 것이다.

눈을 좀 낮춰도 괜찮다. 기능적 관계에 집중하는 것만으로도 충분할 때가 많다. 받은 편지함에 그 사람 이름이 떠도 놀라지 않고, 그 사람 때문에 머릿속이 복잡해도 밤잠을 설치지 않는다면, 그것만으로도 큰 성과를 거둔 것이다. '가족과 저녁 식사를 하는 동안은 그 사람을 생각하지 않는다.'처럼 아주 단순한 목표도 좋다.

목표가 여러 개일 수도 있다. 만약 경영진에게 어떤 지표를 보고할지를 놓고 불안정한 상사와 다투고 있고, 상사가 나의 능력을 지적하는 이메일을 보낸 경우라면 목표는 다음과 같을 수 있다. 일단 둘 다 납득할 수 있는 통계 자료를 제시하고, 경영진이 나의 전문성을 확실히 알수 있도록 하는 것이다. 아니면 중요한 회의를 앞두고 열띤 논쟁을 벌이지 않는 것을 목표로 삼을 수도 있다.

숨겨진 의도 때문에 본질을 벗어나지 않도록 주의하자. 지나치게 정치적인 동료를 상대할 때, 그들이 나를 방해할지도 모른다는 걱정을 그만두는 것을 목표로 잡을 수 있다. 하지만 정말 원하는 건 회사에서 해고되거나, 내가 느낀 만큼 비참함을 느끼거나, 조직 내 모든 사람에게 교활한 모사꾼으로 인식되는 등 그들이 대가를 치르는 것이다. 숨은 동기는 당신의 행동에 자주 영향을 미친다. 지나치게 비판적이거나 잘난척하거나 목표 달성을 해치는 말이나 태도를 불러올 수 있다. 따라서 당신의 비밀 동기를 파악하는 것이 중요하다. 그렇게까지 비밀이 아닐수도 있다. 다른 목표와 함께 소리 내어 말하거나 기록해두라. 그리고 나쁜 의도는 아무리 정당해 보여도 한쪽에 밀어두자.

목표를 정했다면, 이제 종이에 적어보자. 연구에 따르면, 목표를 구체적으로 설명하거나 그림으로 그리는 사람은 목표를 달성할 가능성이 1.2~1.4배 높으며, 목표를 손으로 직접 쓴 사람은 그 확률이 더 높다고 한다.[8] 따라서 그 동료와 상호작용하기 전에 목표를 먼저 떠올린다면, 도달하려는 목적지에 집중할 수 있을 것이다.

원칙 7. 험담은 되도록 피하기

"나 때문이에요? 아니면 그레타가 이번 주에 유난히 까칠한 거예요?"

직장에서 무언가 잘못되었을 때 다른 사람에게 기대는 데는 여러 가지 이유가 있다. 모호한 이메일을 잘못 해석하지 않았는지 확인하기 위함일 수도 있고, 지지부진한 부서 간 계획안을 진행하려면 누구의 도움이 필요한지 결정하기 위함일 수도 있다. 아니면 위안이 필요해서일 수도 있다. 동료가 "그레타가 조금 까칠해 보이긴 했어요. 무슨 일 있어요?"라고 말하면 '나만 그런 게 아니었어.'라고 생각하며 조금 안도하게 된다.

대면으로 하든 비대면으로 하든, 이렇게 한쪽에서 하는 대화는 껄끄러운 동료를 대할 때 특히 복잡할 수 있다. 이런 유형의 대화를 '험담' 또는 '뒷말'이라고 부르겠다.

앞서 10장에서 출세주의자 동료가 나를 험담할 때 대처하는 방법에 대해 이야기하면서 소문에 휘말리는 것에는 긍정적 측면도 있다는 점을 지적한 바 있다. 직장 내 소문은 동료와의 유대감과 정보 공유에 중요한 역할을 할 수 있다. 예컨대 마리나도 재무팀에서 온 마이클과 함께 일하기 어려워한다는 사실을 알면 유대감이 강해진다. 마이클이 팀에 더 협력하든지 그렇지 않을 거라면 다른 일을 찾길 바라는 사람이 둘뿐만 아니라 많다는 사실을 알게 되면 동료들 사이의 유대감은 더욱 깊어질 것이다. 이로써 다른 사람들, 특히 마이클에게 없는 정보를 가진 내집단을 형성한 것이다. 자신의 관점이 검증되었기 때문에 '내가 옳다'는 감정에서 오는 아드레날린과 도파민이 솟구친다.

여기에 뒷말의 비밀이 있다. 연구에 따르면, 험담에는 실제로 사람들이 이기적으로 행동하지 못하게 하는 힘이 있는 것으로 밝혀졌다. 만약다른 팀원들이 비협조적이거나 무례한 사람에 대해 나쁘게 말하는 것을 알고 있다면, 처음부터 잘못된 행동을 하지 않도록 방지할 수 있다.[9] 누군가가 어떤 행동을 하고 있고 누구에게 상처를 주고 있는지 직접 이야기하는 게 더 나은 접근방식이라고 주장하지만, 실제로 연구에 따르면 사람에 대한 험담에는 간접적으로 그 사람을 처벌하고 그 사람과 함께 일하는 것의 위험성에 대해 다른 사람들에게 경고하는 역할을 하는것으로 나타났다.[10]

하지만 그렇다고 동료들 몰래 뒤에서 험담해야 한다는 뜻은 아니다. 당연하지만 뒷말에는 위험도 있다. 첫째, 확증 편향에 더 취약해질 수있다. 물론 마이클이 종종 정말 짜증 나는 행동을 할 수도 있지만, 그행동에 대해 동료들과 함께 이야기하기 시작하면 앞으로 마이클이 하는 모든 행동을 부정적으로 해석할 가능성이 커진다. 어쩌다 하는 실수가 타고난 특성처럼 보이기 시작하고, '마이클은 정말 골치 아픈 사람'이라는 이미지가 자기충족적인 예언이 되어버린다. 다른 사람들이 동료에 대한 특정한 이야기에 몰두하면 그 이야기를 바꾸기가 더욱 힘들어진다. 또한, 험담은 험담을 퍼트리는 사람에게도 좋지 않다. 자신이바라는 인정을 즉시 얻을 수 있을지는 몰라도 프로답지 못하다는 평판도 얻을 수 있다. 아니면 나에게도 '어려운 사람'이라는 꼬리표가 붙을 수도 있다.

그러므로 상사가 얼마나 무능한지, 부서를 이끄는 '괴롭히는 사람'과 일하기가 얼마나 힘든지 소문을 퍼트리기 전에 목표를 먼저 생각해보라. 그 목표가 관계 개선이든 기분 개선이든 일을 완수하는 것이든 간에, 험담이 상황에 득이 될지 실이 될지 스스로 질문해보라.

자신의 감정을 정리하거나 상황을 제대로 보고 있는지 확인하기 위해 다른 사람에게 도움을 구하는 것은 지극히 정상적이며 잘못된 행동이 아니다. 하지만 누구에게 무슨 이야기를 할지는 신중하게 결정해야한다. 건설적으로 생각하고, 당신의 이익을 진심으로 위하며, 당신의 관점에 이의를 제기할 수 있고, 재량을 행사할 수 있는 사람을 찾아야한다.

원칙 8. 실험을 통해 효과적인 방법 찾기

잘난 척하는 동료의 오만한 행동을 멈추거나, 수동공격적인 동료를 직설적으로 바꿀 수 있는 정답이나 검증된 방법은 없다. 지금까지 여러 가지 전략을 공유했지만, 어떤 전략을 선택하고 어떻게 적용할지는 맥락에 따라 다르다. 내가 누구인지, 상대방이 누구인지, 관계의 성격, 직장 규범, 문화 등이 영향을 미치기 때문이다.

관계를 개선하는 것은 절대 쉬운 일이 아니다. 하지만 실험해보고 싶은 두세 가지 아이디어를 생각해내는 것부터 시작한다면 훨씬 해볼 만할 것이다. 때로는 작은 행동이 큰 영향을 미치기도 한다. 실험을 설계해보라. 무엇을 변수로 할지 선택하고, 실험 기간을 정한 다음, 어떻게 작동하는지 관찰하라. 예를 들어 수동공격적인 동료와의 의사소통을 개선하고 싶다면, 2주 동안 동료의 말투는 신경 쓰지 말고 속에 있는 메시지에 집중하는 것이다. 모든 문제를 해결할 수 있다고 가정하기보다는, 이것은 단지 실험일 뿐이고 전술이 통하지 않더라도 그 속에서 무언가 배울 수 있다는 가능성에 무게를 두라. 그런 다음, 다른 실험을 설계하고 시간이 지날수록 접근방식도 조금씩 수정해보라.

시도하는 접근방법을 계속해서 새로 고치고, 성과가 없었던 방법은 과감히 버려라. 만약 업무 마무리가 부족한 동료를 바꾸고 싶다면, 회의 후에 각자 실행하기로 한 사항을 이메일로 보내 확인할 수 있다. 하지만 회의에서 한 말과 이후 행동이 다른 동료가 바뀌지 않는다면, 다른 결과를 기대하면서 같은 실험을 반복할 필요가 없다. 이런 상황에는 갈등 전문가 제니퍼 골드먼 웨츨러Jennifer Goldman-Wetzler가 '건설적이고 패턴을 깨는 행동constructive, pattern-breaking action'이라고 부르는 과거의 갈등 패턴을 차단하기 위해 고안된 간단한 행동이 필요하다.[11] 다시 말해 이전에 시도해보지 않은 것, 심지어 상대방이 예상하지 못할 만한 일을 시도해보라.

원칙 9. 계속해서 호기심 가지기

동료와의 부정적인 관계에 직면할 때면 혼자 이렇게 생각하기 쉽다. '항상 이런 식이지.' '저 사람이 바뀌겠어? 내가 왜 저 사람이 바뀌길 기대해야 하지?' '우린 그냥 안 맞아.' 어긋난 관계를 회복하기 위해 해야 하는 일이 재미있거나 즐거울 거라고 말할 생각은 없다. 하지만 안일한 태도와 비관적인 생각은 전혀 도움이 되지 않는다. 대신 호기심 어린 마음가짐을 가져보자.

직장에서 호기심을 가지면 갈등을 더 쉽게 해결하는 등 여러 이점이 있다는 연구 결과가 있다. 호기심은 확증 편향에 빠지는 것을 피하고, 사람들을 고정관념으로 판단하지 않는 데 도움이 된다. 또한 어려운 상황에 창의적으로 접근하고, 방어적이고 공격적인 태도를 덜 취하게 되므로 편도체 납치에서 벗어나는 데도 효과적이다.[12]

호기심이 많으면 혼자 이야기를 지어내는 것도 줄일 수 있다. 특히 호의적이지 않은 결론을 도출하는 대신, 진짜 필요한 질문을 하도록 생각을 전환할 수 있다. 가령 동료 이사벨이 다른 동료의 제안서를 조목조목 따지기 시작한다면 '이사벨의 트집 잡기가 또 시작됐군. 저 일 말고 다른 일은 할 줄 모르는 건가?'라고 생각하는 대신 스스로에게 이렇게 질문해보자. '이사벨에게 무슨 일이 있나? 이전에 분명 비슷한 일이 있었는데, 그때는 내가 뭘 놓쳤었지? 이렇게 행동하는 이유가 뭘까?'

어떤 일이든 배울 점이 있다고 가정하는 것과 부정적인 관계가 바뀔 수 있다고 믿는 것, 이 두 가지 모두 성장 마인드셋을 형성하는 데 필요한 측면이다. 물론 불만과 좌절을 느낄 때 이런 마음가짐을 갖거나 유지하기가 쉽지는 않지만, 비생산적인 사고방식에 갇혀 있기를 멈추고 한 발 물러나 사고의 틀을 바꿔보자. '이사벨은 …하다.'라고 단정 짓는 대신 '이사벨이 꽤 부정적일 수 있다는 견해가 일반적인데, 혹시 다른 의견이 있을까?'라고 생각해보는 것이다. 이사벨과 함께 일하는 다른 동료들에 대해 생각해보자. 이사벨과 일하는 것을 즐기는 사람이 있는가? 그동료의 입장이 되어보자. 긍정적이거나 중립적인 태도를 취하는 등 이사벨이 당신이 기대하는 것과 반대되는 행동을 하는 증거나 사례를 찾아보자.

성장 마인드셋을 기르는 또 다른 방법은 자신이나 다른 사람들이 변화했던 때를 떠올려보는 것이다. 직장이나 다른 곳에서 처음에는 잘 적응하지 못하거나 힘든 시기를 겪었지만 결국 극복했던 사례를 생각해보자. 그리고 이런 경험을 바탕으로 사람은 변하지 않는다는 선입견에 도전해보자. 어떻게 인내할 수 있었는가? 무엇이 해결책을 얻는 데 도움이 되었는가?

관계 개선을 위한 목표를 달성하면 얻을 수 있는 것에도 초점을 맞추자. 미래를 예측해보는 것이다. 목표를 달성하면 무엇이 달라질까? 직장생활은 어떻게 개선될까? 또 앞서 기록해둔 의도나 목적을 보이는 곳에 붙여두는 것도 괜찮다. 성공의 느낌과 모습을 상기시켜줄 것이다. 현재의 곤경을 해결할 뿐 아니라 직장에서 마주치는 까다로운 관계를 헤쳐나가는 능력도 향상될 수 있다.

갈등을 해결하면서 우여곡절을 겪을 수도 있고, 일부 실험은 처참하게 실패할 수도 있으며, 상황이 더 나빠진다고 느낄 수도 있다. 하지만 희망을 잃지 않길 바란다. 변화는 일어날 수 있고, 관계는 고정된 것이 아니다. 아르헨티나의 저명한 가족치료사 살바도르 미누친Salvador Minuchin의 말처럼, "확신은 변화의 적이다."[13] 나와 동료의 미래가 어떻게 될지는 장담할 수 없다. 그러니 호기심을 가져라. 호기심은 문제의 해결책을 발견하지 못하게 방해하는 고정된 사고방식에서 벗어나게 해줄 것이다.

어떤 유형의 어려운 동료를 상대하든, 어떻게 대응하기로 결정하든 상관없다. 이 9가지 원칙을 염두에 둔다면 직장에서 더 튼튼하고 만족스러운 관계를 쌓을 수 있을 것이다.

9가지 원칙 요약

상대하기 어려운 동료와 잘 지내기 위해 행동할 준비가 되었다면 [표 11-1]을 확인해보라. 올바른 마음가짐으로 임하고 있는지, 성공할 수 있는 전략을 선택했는지 다시 한번 점검할 수 있다.

[표 11-1] 원만한 관계를 위한 9가지 원칙	
원칙 1. **통제할 수 있는 일에 집중하기**	• 동료를 변화시키려고 시간 낭비하지 않는다. 사람은 자기가 변하고 싶을 때 변한다. • 대신 내가 할 수 있는 일에 집중한다.
원칙 2. **나의 관점은 단지 하나의 관점일 뿐임을 명심하기**	• 나와 동료의 의견이 항상 같을 수 없다는 사실을 인정한다. • 서로 비난하거나 책임을 전가하지 않는다. 앞길을 찾기 위해 힘을 합친다. • "만약 내가 잘못했다면?", "내가 추측하거나 가정하는 것이 있는가?"라고 스스로 질문한다.
원칙 3. **편견 주의하기**	• 나에게 있는 편견을 알아야 편견이 행동에 영향을 미칠 때 그걸 파악할 수 있다. 그렇지 않으면 동료의 행동을 의도와 다르게 해석하거나 오해할 수 있다. • 호감 편향에 주의한다. 우리는 외모, 신념, 배경이 비슷한 사람에게 끌리는 경향이 있다. • 확증 편향을 피한다. 사건이나 증거를 자신이 믿는 대로 해석하려는 경향이다.
원칙 4. **대립 구도로 생각하지 않기**	• 갈등에는 세 주체, 즉 나, 동료, 그리고 그사이의 역학관계가 있다고 생각한다. • 전투적인 모습 대신 긍정적이고 협력하는 모습을 떠올린다(동료와 같은 편에 앉아 있는 모습을 그려보라). 건강하지 못한 관계가 뒤바뀔 가능성이 커진다.

원칙 5. 공감을 통해 상황 다르게 보기	• 동료에게 무죄 추정의 원칙을 적용하고 "그 행동을 상대에게 최대한 유리하게 해석하면 어떻게 될까?"라고 자문한다. • 그들의 행동에 동의하지 않더라도 그럴 만한 이유가 있다고 가정한다.
원칙 6. 목표 파악하기	• 동료와의 관계에서 자신이 목표하는 바를 명확히 파악한다. • 목표를 적어두고 자주 참고한다. • 동료와 잘 지낼 기회를 망치는 숨은 동기를 살핀다.
원칙 7. 험담은 되도록 피하기	• 동료를 헐뜯고 싶은 충동을 참는다. • 이 상황에 대해 상담할 사람을 신중히 결정한다. 건설적으로 생각하고, 나를 진심으로 위하며, 나의 관점에 이의를 제기할 수 있고, 재량을 행사할 수 있는 사람을 찾는다.
원칙 8. 실험을 통해 효과적인 방법 찾기	• 실험하고 싶은 두세 가지 아이디어를 생각한다(작은 행동이 큰 영향을 불러올 수 있다). • 이 과정에서 배운 내용을 바탕으로 접근방식을 계속 업데이트하고, 효과 없는 방식은 과감히 버린다. • 전에 시도하지 않은 것, 상대가 예상조차 하지 못할 방법을 시도한다.
원칙 9. 계속해서 호기심 가지기	• 성장 마인드셋을 갖는다. 어떤 일에든 배울 것이 있고 관계를 바꿀 수 있다고 믿는다. • 관계 개선을 위한 목표를 달성한 뒤에 얻을 수 있는 것에 초점을 맞춘다.

직장생활 인간관계론

3부

자신을
보호하기

12장

모든 방법이 실패했을 때

아직 포기하긴 이르다

솔직히 털어놓아야겠다. 이 책에서 제시한 전략이 통하지 않을 때도 있을 것이다. 잘난 척하는 동료가 자신의 오만한 태도를 깨닫고 달라질지는 100퍼센트 확신할 수 없다. 당신의 상사는 넘치는 자신감을 가치 있게 생각할 수도 있다. 편향된 동료는 편견을 일깨워주려는 당신의 노력에도 아랑곳하지 않고 자기가 하는 말이 얼마나 모욕적이고 공격적인지 인정하려 들지 않는다. 팀 내 비관론자는 부정적인 생각에 사로잡혀 있다. 이들에게 변화란 불가능하다. 확실하다.

동료와 좋은 관계를 유지하려고 끊임없이 노력했지만 별다른 진전이 보이지 않는다면, 실패를 인정하기 전에 당신이 할 수 있는 몇 가지 일이 있다. 상황을 반전시킬 만한 놀라운 전략은 아니지만, 마음을 다치지 않도록 보호하면서 경력, 평판, 능력을 지키는 데 도움이 될 것이다. 13장에서는 흔히 저지르는 실수를 피하는 방법에 관해 이야기한다. 이 방법을 활용하면 상황이 악화되는 건 피할 수 있을 것이다. 14장에서는 갈등 속에서도 행복을 유지하고 번영할 방법을 찾는 데 도움이 될 만한 조언을 공유한다.

앞서 제시한 전략들을 전부 시도해봤지만 아무런 진전이 없다면 다음 중 하나 이상을 시도해볼 때다. 첫째, 경계를 설정하고 접촉을 제한한다. 둘째, 동료의 위반행위와 나의 성공을 기록한다. 셋째, 권한 있는 사람에게 문제를 보고한다. 넷째, 아무것도 효과가 없으면 미련을 버리고 떠난다.

가장 먼저, 그들과 우리를 분리하는 방법에 관해 이야기해 보자.

경계 설정하기

이런 농담을 들어본 적 있을 것이다. 한 남자가 의사를 찾아가 팔꿈치가 아프다고 투덜댄다. 의사가 어떻게 아픈지 묻자, 남자는 "이렇게 굽혔을 때요."라고 대답한다. 그러자 의사는 이렇게 말한다. "그러면 그렇게 굽히지 마세요."

문제가 있는 동료와 소통하는 것이 스트레스라면 그와 소통할 일을 줄이면 된다. 매일 함께 일해야 하는 사람과 명확한 경계를 설정하는

직장생활 인간관계론

것이 쉬운 일은 아니며, 특히 업무 간에 상호의존성이 큰 경우라는 더욱 그렇다. 하지만 결코 불가능한 일은 아니다.

작가이자 치료사인 네드라 타와브Nedra Tawwab는 자신의 저서 《경계 설정, 평화 찾기Set Boundaries, Find Peace》에서 "사람들은 당신이 만든 경계에 따라 당신을 대한다."라고 말한다. 그리고 경계를 "당신이 맺는 관계를 안전하고 편안하게 느낄 수 있도록 돕는 기대와 요구"라고 정의한다.[1] 까다로운 동료를 대할 때 설정할 수 있는 바람직한 경계란 무엇일까?

먼저, 그 사람에 대한 의존도를 최소화하는 방법을 찾아야 한다. 만약 고객과 계속해서 갈등을 겪는다면 상사에게 상황을 설명하고 동등한 자격을 갖춘 동료로 교체할 수 있고, 재무팀의 누군가와 문제가 있다면 그 팀에서 새로운 담당자를 찾을 수 있다. 또한 상사가 문제라면 다른 부서에 지원할 수 있다. 그러니 조직에서 네트워크를 넓히고 합류하고 싶은 팀의 구성원들과 교류하는 것부터 시작하자.

행복 연구자 미셸 길란Michelle Gielan은 상호작용을 제한하는 전술인 '2분 훈련two-minute drill'을 설명한다. 먼저 스스로에게 다음과 같이 질문해볼 것을 제안한다. 비협조적인 동료에게 필요한 것이 정확히 무엇인가? 정보인가? 프로젝트 계획에 대한 합의인가? 그들에게 원하는 것을 얻는 데 걸리는 최소한의 시간은 어느 정도인가? 당신을 귀찮게 하는 행동(동료나 상사를 험담하는 행동 등)이 예상된다면, 준비된 대답이 있는가? 어떻게 하면 상호작용을 가능한 한 짧고 긍정적으로 유지할 수 있는가?[2]

예를 들어 비관적인 동료가 불평을 늘어놓으려 자리에 자주 들르거나 전화를 끊지 않는다면, 대화를 빠져나갈 때 바로 사용할 수 있는 문구를 몇 개 준비해둬야 한다. "이제 다음 회의 준비를 해야 해요." "최대한 빨리 답장하기로 약속한 이메일이 있어요."

기술 회사에서 엔지니어로 일하는 세바스찬도 동료 가브리엘이 계속 귀찮게 할 때 이 방법을 썼다. 휴게실에 단둘이 있을 때마다 가브리엘은 다른 엔지니어들을 험담했다. 가브리엘에 따르면 회사의 엔지니어들은 '완전히 무능한 직원(95퍼센트)'과 '정말 뛰어난 동료(5퍼센트)' 딱 두 부류뿐이었다. 이런 말도 했다. "이 일은 절대 안 될 거예요. 다들 멍청하잖아요." 세바스찬은 가브리엘이 회의 도중에 부정적인 말을 해서 전체 팀 분위기를 끌어내리는 것도 자주 목격했다.

세바스찬은 가브리엘이 긍정적으로 생각하도록 돕고 싶었다. 그래서 "이번엔 성공할 수 있을 거예요.", "상황만 괜찮으면 로리가 확실히 해낼 거라고 믿어요."라고 말하며 좀 더 건설적인 태도를 취하도록 돕기 위해 노력했다. 하지만 가브리엘의 대답은 언제나 같았다. "참 긍정적이시네요. 곧 그 사람들이 어떤 사람들인지 알게 될 텐데, 그때 돼서 제가 경고하지 않았다고 탓하지나 마세요." 결국 세바스찬은 가브리엘과 같이 보내는 시간을 줄이기로 했다. 가능하면 가브리엘과 같은 프로젝트에서 일하는 것을 피했다. "가끔 가브리엘에게 조언을 구하기도 했어요. 그에게는 통찰력이 있었고, 그가 저를 공격하지 않도록 소속

직장생활 인간관계론

감을 느끼게 할 필요가 있었거든요. 하지만 그에게 도움을 요청할 때는 다른 사람과의 협업이 필요하지 않도록 최대한 노력해야 했죠."

여기서 세바스찬이 사용한 전략은 '잡 크래프팅job crafting'이다. 잡 크 래프팅이란 자신의 역할을 더 의미 있고 덜 소모적으로 만들기 위해 능동적이고 적극적으로 재설계하는 과정으로, 연구에 따르면 직업 만족도와 행복을 크게 높이는 것으로 나타났다.[3] 이 전략은 여러 형태를 취할 수 있다. 과업 크래프팅task crafting은 자신이 맡은 업무의 유형, 범위, 수를 변경하는 것이다. 인지 크래프팅cognitive crafting은 업무를 생각하거나 해석하는 방식을 바꾸는 것이다. 관계 크래프팅relational crafting은 업무를 할 때 상호작용하는 사람들과의 관계를 바꾸는 것이다.[4] 성가신 동료를 상대할 때는 관계 크래프팅이 가장 적합하지만, 세 가지 접근방식 모두 골치 아픈 동료에게서 일과 관심을 전환하는 데 도움이 될 수 있다.

우선, 그 동료와 보내는 시간을 최소화하고, 활력과 영감과 도움을 주는 사람들과 협업하는 모든 방법을 고려해보라. 또한, 자신을 움츠러들게 하는 사람과 효과적으로 소통하는 방법에 대해서도 생각해보라. 이메일로 상대하는 편이 더 쉬운가? 짧게 전화 통화할 때 일이 덜 복잡해지는가? 스트레스를 가장 적게 받을 만한 방법이 무엇인지 파악하고, 경계를 명확히 하자. 때로는 간단히 "이 문제는 전화로 해결하면 좋겠습니다."라고 말하는 편이 효과적일 수 있다.

만약 상대하기 어려운 동료와의 접촉을 줄일 수 없다면, 관계의 성격을 가볍게 설정해보라. 혼자 게임하듯이 바꿔볼 수 있다. 예컨대 가브리엘 같은 냉정한 비관론자가 긍정적인 말을 하거나 미소 짓도록 자신이 몇 번이나 유도했는지 관찰해보는 것이다. 만약 성공하면 작은 승리를 거뒀다고 생각하자. 이는 감정적 거리를 유지하는 동시에 통제력을 갖는 작은 방법이 될 것이다.

그들의 위법행위와 나의 성공사례 기록하기

동료가 해를 끼치고 있다는 사실을 권한 있는 사람에게 주장해야 하는 경우, 나쁜 행동에 대한 기록을 남겨두는 게 좋다. 그 행동이 발생한 시간, 장소, 그때 한 말이나 행동, 대상, 함께 있었던 사람 등 최대한 상세히 기록해두자. 동료의 행동뿐 아니라 자신이 한 말과 행동까지 기록해 남겨두자. 문제의 그 행동이 반복되거나 이미 다른 사람이 그 문제를 해결하려고 노력했다는 사실을 알면 윗사람이 개입할 가능성이 크다. 시간이 오래 걸리는 수고로운 작업일 수 있지만, 이 기록을 장기간 보관하면 괴롭힘이 일관성이 있고 피해를 일으키며 지속적이라는 것을 증명할 수 있다.

동료와의 긴장 관계로 자신이 이룬 성공의 의미가 퇴색되지 않도록 성공사례도 기록하여 문서화해야 한다. 작업 중인 업무 목록과 제안하려고 준비하고 있는 아이디어나 계획안을 정리해둬라. 그리고 매주 짧

직장생활 인간관계론

은 이메일을 통해서라도 자신이 거둔 성과를 상사와 정기적으로 공유하라. 자기 자랑이라고 생각하지 마라. 회사에서 자신의 가치를 입증하는 과정일 뿐이다. 이는 동료가 성과를 가로채려고 하는 잘난 척하는 사람일 때 특히 중요한 전략이다.

그리고 조직의 다른 사람들에게 자신의 성과를 알릴 방법을 찾아보자. 여러 부서가 협력하는 계획이나 회사에서 주목하는 프로젝트에 참여하면 다른 부서 사람들이나 경영진에게 자신을 소개할 수 있다. 새로운 인맥을 쌓으면 자신의 재능을 널리 알릴 수 있고, 동료가 퍼트린 자신에 대한 잘못된 정보를 반증할 기회까지 얻을 수 있다.

내 친구 한 명은 자신이 진행 중인 업무와 중요한 성과를 기록하는 일기를 쓴다. 처음엔 비관주의적인 동료의 부정적인 태도에 맞서 자신을 지키기 위해 시작한 일이었지만, 평가 기간에 개인 성과를 입력하거나 고위 임원을 만나거나 자신이 이룬 성취를 이야기해야 할 때 유용하게 사용한다고 한다.

권한 있는 사람에게 보고하기

조직의 높은 사람을 찾아가는 것도 하나의 방법이다. 이들은 상사나 다른 관리자로 당신에게 조언하거나 동료에게 직접 피드백을 주거나 잘못된 행동을 징계할 수 있는 사람이다.

어떤 경우에는 실천하기 까다로울 수 있다. 특히 문제의 그 동료가 상사라면 더욱 신중하게 득실을 따져봐야 한다. 이 문제를 위에 보고했을 때 오히려 내 이미지가 나빠지지는 않는가? 뒤로 몰래 지원군을 데려온 사실을 알면 동료와의 관계가 더 나빠질 위험이 있는가? 내가 도움을 청한 사람은 내 말을 믿고 편을 들어줄 만한 사람인가?

누군가에게 동료의 행동에 관해 이야기할 때는 그저 불평불만을 늘어놓는 것처럼 보이지 않도록 주의해야 한다. 질투나 보복에서 비롯한 행동이 아니라는 점을 분명히 밝혀라. 그들을 곤란하게 하려는 의도가 아니라, 동료와 좋은 업무 관계를 만들기 위함이라는 것을 밝히고 대화에 접근하라. 특히 사내 정치꾼을 상대한다면 더욱 주의해야 한다. 그들은 상사와 좋은 관계를 맺는 데 능숙하기 때문에 이미 강력한 동맹군이 있을 수 있다. 또한 지금까지 이 문제를 해결하기 위해 자신이 한 일을 설명할 준비가 되어 있어야 한다.

그리고 동료와의 문제를 구체적인 비즈니스 결과와 연관시킬 수 있다면 도움이 된다. 리더가 관심을 가질 만한 방식으로 그 동료가 팀 성과에 어떤 피해를 주고 있는지 설명하고, 주장을 뒷받침할 수 있는 증거를 준비하라(이때 꼼꼼하게 기록한 문서가 진가를 발휘할 것이다). 사건에 대한 설명을 입증할 수 있다면 더욱 설득력이 있다. 그러므로 다른 동료들이 그의 잘못된 행동을 목격했는지, 그리고 필요한 경우 기꺼이 내편에 설 의향이 있는지 확인해보라.

또한 누구에게 보고할 것인지, 그 사람에게 일을 처리할 권한이나 동기가 있는지도 고려해야 한다. 이 일을 이야기할 적임자나 담당 부서는 어디인가? 그들에게 나를 도와줄 의향이 있는가? 아니면 신중하고 조심스러운 태도를 보이는가? 그 동료에게 피드백을 줄 능력이나 권한이 있는가? 행동을 취할 충분한 동기가 있는가? 다른 사람에게 의지하는 것이 항상 효과적인 것은 아니다. 특히 동료의 행동에 대처할 준비가 되어 있지 않거나 의지가 부족할 때는 더욱 그렇다. 설령 다른 사람이 대신 문제를 해결해준다고 하더라도 비공개로 진행될 가능성이 크기 때문에, 향후 비슷한 문제를 처리할 때 필요한 기술을 배우지 못할수 있다.

그렇다면 인사팀으로 문제를 가져가는 것은 어떨까? 《또라이 제로 조직》의 저자 로버트 서튼Robert Sutton은 인사팀이나 법무팀이 신속한 조처를 하길 바라는 것은 잘못된 생각이라고 경고한다. 현실적으로 생각해보자. 동료와의 불편한 관계를 해결하려고 인사팀에 도움을 요청해서 의미 있는 도움을 받았다는 이야기는 거의 들어보지 못했다. 서튼은 "대부분 회사에서 인사팀은 여러분의 친구가 아니다. 그들은 조직을 보호하기 위해 존재한다."라고 말한다.[5] 따라서 인사팀이 비슷한 상황을 이전에 어떻게 처리했는지 미리 조사할 필요가 있다. 만약 과거에 도움이 되지 않았다면, 자신과 그 동료에 대해 잘 아는 사람을 찾아가는 편이 더 효과적일 것이다.

상사, 상사의 상사, 인사 담당자 등 잠재적 협력자에게 다가가기 전에 그들이 과거 비슷한 상황에서 어떻게 대응했는지 떠올려보자. 좋은 조언을 해주었는가? 만약 도움을 주었다면 끝까지 함께 일을 마무리했는가? 상황이 나아졌는가? 아니면 오히려 나빠졌는가? 이런 질문에 대한 대답은 문제를 위로 보고하는 것이 좋은 생각인지 아닌지를 결정하는 데 중요한 역할을 할 것이다.

그만둬야 할까?

누군가와 겪는 갈등 때문에 회사를 그만두는 것은 극단적인 대응이며, 가볍게 권하지 않는 전략이다. 하지만 필요할 때도 있다.

부당한 대우를 받는다고 답한 8명 중 한 명은 무례한 행동 때문에 직장을 떠난다고 한다.[6] 나는 직장을 그만두는 것에 대해 두 가지 생각이 있다. 먼저, 모두에게 가능한 선택지는 아니라는 것이다. 동료와의 관계가 얼마나 안 좋은지와 상관없이 재정적인 이유나 다른 계획 때문에 퇴사하는 게 불가능할 수도 있다. 상환할 대출금이 있거나, 회사에서 제공하는 복지 혜택이 필요하거나, 나의 수입에 의지하는 가족 구성원이 있을 수도 있다. 아니면 다른 일자리나 이직 기회가 거의 없는 산업에서 일할 수도 있다.

비참한 기분이 들겠지만, 현실적으로 당장 그만둘 수 없다면 얼마나 더 다닐지를 판단할 몇 가지 조건을 설정할 수는 있다. 터널 끝에 빛이 보이면 퇴사 전까지 견딜 힘이 생길 것이다. 이렇게 다짐할 수 있다. "4

개월만 버티자. 그동안 이 세 가지가 변하지 않는다면 다른 곳에 이력서를 보내는 거야." 여기서 핵심은 어쩔 수 없는 상황에 갇혔다고 생각하지 않는 것이다. 선택의 여지가 없다는 생각은 비참한 기분만 더 악화시킬 뿐이다.

그러나 윗선에 도움을 요청하거나 회사 내 이동을 알아보는 등 다른 선택지를 이미 사용했다면, 참고 견딜 만한 가치가 있는지 스스로에게 물어보자. 내가 인터뷰했던 한 사람은 이렇게 말했다. "회사를 그만둘 수밖에 없었습니다. 정신적인 스트레스 때문에 건강이 나빠졌어요." 그 누구도 직장에서 이런 고통을 겪어서는 안 된다.

어려운 관계의 무게에 짓눌려 질식할 것 같을 때 직장을 그만두는 것에 대해 서튼에게 의견을 물어본 적이 있다. 그는 이 선택이 과소평가되었다고 말했다. "저는 퇴사나 이직을 지지하는 사람입니다. 유해한 사람과 일하는 문제에서 노력과 끈기를 강조하는 집념이 과대평가되고 있어요. 평균적으로 퇴사를 너무 늦게 결정합니다. 사람들은 이미 고통을 겪은 다음에 퇴사를 결정하곤 해요."

서튼은 직장을 그만두면 다른 일을 시도할 수 있다는 점이 장점이라고 말한다. 특히 스스로 불행하다고 생각할 때 남의 집 잔디가 더 파랗게 보이는 법이라고 덧붙였다. 몇 년 전, 서튼은 스탠퍼드대학교를 떠나 캘리포니아대학교 하스경영대학원으로 자리를 옮겼다. 그는 새로운 곳에서 더 많은 기회를 얻고, 건강하지 못한 관계에서 해방될 것을 기대했다. 하지만 그는 1년 만에 다시 스탠퍼드대학교로 돌아갔다. 공과대학에서 가르치는 자리였고, 급여도 30퍼센트 삭감되었다. "저는 지금 '남의 집 잔디를 부러워했던 부류'에 속한다고 봐요. 직장을 떠났다가 다시 돌아오는 수많은 사람 중 한 명이죠. 새로운 경험 덕분에 이전 상황이 별로 나쁘지 않았다는 걸 알게 되었어요." 때로는 먼저 상황을 살피고 다른 환경에서 정말 더 행복해질 수 있는지 확인해보는 것이 좋다(서튼의 경험을 참고하여 가능하면 지금 다니는 직장에도 기회의 문을 열어두자. 선택의 폭이 넓다는 것은 좋은 일이다).

만약 직장을 그만둘 수 있는 상황이라면, 이직하기 전에 자신이 정말 하고 싶은 게 무엇인지 깊게 고민해보자. 가능하면 나쁜 상황에서 도망치는 것보다 더 긍정적인 가치나 목표를 찾아 떠나는 편이 좋다. 하버드 경영대학원 보리스 그로이스버그Boris Groysberg와 로빈 에이브러햄스Robin Abrahams의 연구에 따르면, 성급한 퇴사는 사람들이 이직할 때 가장 흔하게 저지르는 실수 중 하나라고 한다. 그들은 이렇게 말한다. "구직자들은 현재 위치에 만족하지 못한 나머지 필사적으로 그곳을 빠져나오려 한다. 앞으로의 경력을 계획하는 대신, 한 곳에서 다른 곳으로 서둘러 옮겨간다. 적합한 제안을 기다리기보다는 구직 활동에 인위적인 긴박감을 부여한다."[7]

이직을 결심하기 전에 스스로 몇 가지 질문을 해보자.

- 퇴사하면 정확히 얼마나 더 나아질 수 있는가? (구체적으로 대답해야 한다)
- 퇴사 후 시간과 에너지를 어떻게 사용할 것인가? (다른 직장이나 직업을

직장생활 인간관계론

고려하지 않았다면 이 질문은 특히 중요하다)

• 새로운 환경에서 사람들과 어떤 관계를 맺기를 원하는가?

퇴사는 즉각적인 해결책이 아닐뿐더러, 충동적으로 결정해서는 안 된다는 점을 명심하자. 이력서를 다시 손보고, 인맥을 넓히고, 새로운 행보에 도움을 줄 수 있는 사람들과 대화하는 시간을 갖자. 물론 갈등이 너무 심각해서 관계를 빨리 단절하는 게 최선일 때도 있다. 바로 정신적·신체적 건강이 나빠지거나, 좋은 평판을 잃을 가치가 없는 경우다. 언제 그만둘 것인지는 오직 본인만이 결정할 수 있다.

이 장에 소개된 모든 전략은 최후의 수단임을 잊지 말자. 좋은 의도로 동료와의 업무 관계를 개선하려 노력했지만, 상황이 달라지지 않았을 때만 사용해야 한다. 그러나 어떻게 해서든지 피해야 할 전략도 있다. 오직 상황을 악화할 뿐인 이 전략은 다음 장에서 다루겠다.

효과가 거의 없는 접근방식

이 방법은 상황을 악화시킬 뿐이다

동료와 어려움을 겪는 사람들에게 물어보는 질문 가운데 개인적으로 좋아하는 질문이 하나 있다. "만약 당신이 원하는 걸 모두 할 수 있다면, 이 상황을 어떻게 하시겠습니까?"

재정적 고민도 사회적 규범도 아무것도 신경 쓰지 말라고 말한다. 대답은 실용적인 것부터 재미있거나 약간 무서운 것까지 다양하다(짜증 나는 동료 얼굴에 주먹을 날리고 싶은 사람들이 특히 많다). 드라마처럼 회사를 그만두는 환상을 가진 사람도 있다. 짜증 나는 동료에게 속마음을 있는 그대로 말하고 싶은 사람도 있었다. 나도 개를 산책시키면서 얼마나 고약한 생각들을 했는지 오직 신만이 아신다.

내가 이 질문을 하는 이유는 두 가지다.

첫째, 사람들이 대응 방법을 폭넓게 생각해보길 바라기 때문이다. 실제로 아무런 제약이 없을 때 효과가 있을 만한 전략을 찾을 때가 많다(물론 얼굴에 주먹을 날리는 것은 효과적인 전략이 아니다).

둘째, 불만을 분출하는 유용한 연습이 될 수 있다. 몇 년 전, 어머니를 차에 태운 채 운전하고 있을 때였다. 고통스러운 듯 손을 이상하게 움직이며 쳐다보고 있는 어머니를 보고 나는 무슨 일인지 물었다. 당시 어머니는 코네티컷주 총회에서 30개가 넘는 비영리단체를 대표하는 로비스트로 활동하고 계셨다. 어머니는 늘 도전적인 대화 속에 사셨고, 동료 로비스트와 고객, 이 책에 등장하는 유형들에 꼭 맞는 입법자들에 대해 끝도 없이 이야기할 수 있었다. 내 질문에 어머니는 손을 들어 올리더니 웃으면서 말씀하셨다. "이 손은 입법자야." 손을 입법자라고 생각하고 소리를 지르며 싸우는 중이었다고 어머니는 설명하셨다. 직접 만나서는 절대 할 수 없는 행동이었다. 이것이 어머니가 화를 푸는 방법이었다(이와 같은 긍정적인 해소 방법에 대해서는 14장에서 좀 더 자세히 이야기할 예정이다).

이 장에서는 덜 생산적인 접근방식을 살펴보려 한다. 제대로 작동하지도 않고 오히려 역효과를 일으킬 수 있다는 것을 알면서도 우리는 이런 방법에 쉽게 끌려가곤 한다. 하지만 몇 가지만 피해도 상황이 더 나빠지는 것을 막을 수 있다. 이제부터 설명할 방식들은 지금 당장은 고통을 덜어줄지 몰라도 결국 자신과 다른 사람들과 조직에 좋지 않은 방법이다.

감정 억누르기

상대하기 어려운 동료 때문에 정신적 한계에 부딪힐 때면, 마치 모든 것을 다 겪은 기분이 든다. 친구들과 동료들은 좋은 뜻으로 "그냥 무시해."라거나 "참고 견뎌봐."라고 말하지만, 이런 말들은 내가 정말로 무시하고 넘길 수 있을 때만 좋은 조언이 될 수 있다. 하지만 아무것도 하지 않기로 마음먹고 나서도 실제로는 상황을 곱씹어 생각하고, 배우자에게 지겹도록 이야기하고, 수동공격적인 태도로 변하는 등 온갖 행동을 할 때가 있다. 감정을 억누르는 것은 별로 도움이 되지 않는다.

《감정이라는 무기》의 저자 수전 데이비드Susan David는 "화났을 때 아무 말도 하지 않는 것처럼 감정을 억누르면 나쁜 결과로 이어질 수 있다."라고 말한다.[1] 감정을 표현하지 않으면 예상치 못한 곳에서 드러날 가능성이 높다고 데이비드는 설명한다. 심리학자들은 이를 **감정적 유출**emotional leakage이라고 부른다. 데이비드는 이렇게 설명한다. "직장에서 짜증 나는 하루를 보내고 집에 와서 아무 상관도 없는 배우자나 자녀에게 소리를 지른 적이 있는가? 감정을 억누르면 은근히 비꼬거나 전혀 다른 맥락에서 의도치 않은 방식으로 감정을 표현하게 될 가능성이 높다. 감정을 억누르는 것은 기억력 저하, 인간관계의 어려움, 심혈관 문제 같은 건강과도 관련이 있다."[2] 즉 참고 견딘다고 해서 스트레스 수준이 낮아지지 않는다는 말이다. 이는 오히려 스트레스를 증가시킨다.

아무 잘못 없는 주변 사람들에게 부정적인 감정을 표출할 위험이 있다는 것이 이 전략을 피해야 하는 유일한 이유는 아니다. 《무엇이 평범한 그들을 최고로 만들었을까》의 저자 캐럴라인 웹Caroline Webb은 그 동료에게 화난 티를 안 내는 의도가 좋을 수 있지만(관계를 유지하고 싶을 수도 있다), 당신의 감정은 어떻게든 그 사람에게 전달된다고 지적한다. "감정은 전염된다. 상대방이 당신의 부정적인 감정을 인식하지 못하더라도 그 감정은 그들에게 영향을 미친다. 원격근무 환경에서도 마찬가지다."[3] 연구에 따르면, 감정 억압으로 인해 신체적 영향을 받는 사람은 본인뿐만이 아니다. 분노나 불만을 숨기면 주변 사람들의 혈압도 오를 가능성이 높다.[4] 그들은 당신의 감정이나 생각을 정확히 알지는 못하더라도 근본적으로 똑같은 긴장감을 느끼게 된다.

되갚아주기

부당한 대우를 받으면 받은 대로 돌려주고 싶은 유혹이 든다. 동료가 회의에서 한 말과 완전히 다르게 행동한다면, 나도 똑같이 되갚아주면 안 될 이유가 있겠는가? 비관주의적인 동료가 내 아이디어에서 수백 개의 허점을 찾아낸다면, 그가 새로운 것을 제안할 때 내가 깎아내리지 말아야 할 이유가 무엇이겠는가? 하지만 안타깝게도 그와 똑같은 수준으로 상대하는 것은 전혀 도움이 되지 않는다. 관계가 변할 기회를 얻는 것이 아니라 서로 반대편에 있다는 감정만 확인할 뿐이다. 보복은 당신의 이미지를 나쁘게 만든다. 그리고 무엇보다 당신의 가치에 어긋난다.

타당한 이유가 있더라도 복수하고 싶은 욕구에 굴복하지 않으려면 자신의 가치에 따라 행동하기로 다짐해야 한다. 때로는 어딘가에 적어두는 것이 도움이 될 수도 있다. 당신이 신경 쓰는 것은 무엇인가? 당신에게 가장 중요한 것은 무엇인가? 만약 잘 모르겠다면 사회심리학자 샬롬 슈워츠Shalom Schwartz와 그의 동료들이 만든 보편적 가치를 살펴보고, 어떤 가치에 공감하는지 확인한 다음 중요도 순서대로 나열해보자([표 13-1] 참조). 그런 다음 불안정한 상사나 편견을 가진 동료를 어떻게 상대할지 계획을 세울 때, 이 목록을 참고하여 사용하려는 전략이 자신의 가치관과 일치하는지 점검해보라.

[표 13-1] 보편적 가치

가치	설명
자기 주도	선택하고 창조하고 탐색하는 독립적인 생각과 행동
자극	삶에서 느끼는 설렘, 새로움, 도전
쾌락	자신을 위한 즐거움 또는 감각적 만족
성취	사회적 기준에 따른 역량 입증을 통한 개인의 성공
권력	사회적 지위와 명망, 사람과 자원에 대한 통제나 지배
안전	사회, 관계, 자아의 안전, 조화, 안정
전통	기존 문화와 종교가 제공하는 관습과 사상에 대한 존중, 헌신, 수용
자선	개인적으로 자주 접촉하는 사람들의 복지를 유지하고 향상
보편주의	모든 사람의 복지와 자연에 대한 이해, 감사, 관용, 보호

수치스러워하기

8가지 유형 중 하나에 해당하는 사람을 상대할 때, 나는 그 사람을 아는 모든 사람에게 그가 얼마나 형편없는지 밝히는 내용의 이메일을 보내는 상상을 자주 한다. 하지만 내 논리에는 허점이 있는데, 바로 나에게 잘못을 저지른 사람이 모욕을 당하면 태도를 바꾸게 될 것이라는 가정이다.

서튼은 이런 논리가 작동하지 않는 이유에 대해 이렇게 설명한다. "누군가를 또라이라고 부르는 것은 그 사람을 또라이로 만들거나 당신을 증오하게 만드는 가장 확실한 방법이다."[5] 수치심이 우리가 더 나은 행동을 하도록 영감을 주는 경우는 드물고, 오히려 더 많은 비난을 하게 만들기 때문이다.

나는 심리 전문가이자 작가인 브레네 브라운Brené Brown이 수치심과 죄책감을 구분하고 상대적인 유용성을 설명하는 방식을 좋아한다.

> 나는 죄책감이 적응적이고 도움이 된다고 믿는다. 죄책감은 우리가 한 일이나 하지 못한 일을 우리의 가치관에 반하는 것으로 여기고 심리적 불편함을 느끼는 것이다.
> 나는 수치심을 '우리에게 결함이 있어서 사랑이나 소속감을 누릴 자격이 없다고 믿는, 극도로 고통스러운 감정이나 경험'이라고 정의한다. 우리의 경험이나 행동이나 실패로 인해 사람들과 연결될

가치가 없다고 생각하는 것이다.

나는 수치심이 도움이 되거나 생산적이라고 믿지 않는다. 사실 수치심은 해결책이나 치료법이기보다 파괴적이고 상처 주는 행동의 근원이 될 수 있다고 생각한다. 단절에 대한 두려움이 우리를 위험하게 만들 수 있다고 생각한다.[6]

동료를 나쁜 사람으로 만들거나 인종주의자, 형편없는 사람, 피해자 행세하는 사람이라는 꼬리표를 붙여도 관계는 나아지지 않는다. 상대하기 힘든 동료를 비인간적인 사람으로 만드는 것도 도움이 되지 않는다. 우리에게 해를 끼치는 사람을 악마로 만들기는 쉽지만 미워해봐야 서로 대립하고 반목할 뿐이다. 그러니 어떤 상황이든 우리가 대하는 상대가 로봇이나 악당이 아니라 나와 같은 인간이라는 사실을 잊지 않도록 하자. 웹이 내게 말한 것처럼 "그들을 당신과 똑같은 약점 있는 인간으로 바라보는 것이 긴장감을 해소하는 힘찬 첫걸음이 될 수 있다."[7]

동료가 떠나길 바라기

수많은 사람이 문제의 동료가 회사를 먼저 떠나기만을 기다린다. 그래서 그들이 해고되거나 이직할 때까지 견딜 만한 상황을 만드는 데 초점을 맞춘다. 하지만 '언젠가 그들이 떠날 것'이라는 데 모든 것을 걸지 않도록 주의해야 한다. 서튼은 "때로 상한 사과를 제거해도 근본적인 문제가 달라지는 것은 아니다."라고 경고한다. 특히 동료의 무례한 행동이 조직에서 인정받는 문화라면 더욱 그렇다. 그는 무례함을 방지하려면 "인센티브 제도나 성과에 대한 압력, 어떤 사람이 승진하고 보상받고, 회의는 어떻게 진행하는지처럼 다른 것을 바꿔야 한다."라고 말한다.

몇 년 전, 보험 회사의 인사 책임자에게 어려운 대화를 풀어가는 방법에 대해 사내 교육을 해달라는 요청을 받은 적이 있다. 그는 회사의 엄격한 위계질서 때문에 사람들이 의견을 표현하는 데 어려움을 느낀다고 설명하며, 특히 현 상태에 도전하는 아이디어를 내기 주저한다고 말했다. 9년 전 회사에서 실시한 설문조사에 따르면, 직원들은 회사가 매우 통제적인 환경이라고 느끼고 있었다. 경영진은 회사의 변화를 결정하고, 문화를 바꿀 계획안들을 추진하고, 더 협력적이지만 덜 독재적인 새로운 리더들을 고용했다. 새로 영입한 리더들은 자기 조직의 사람들을 교체해나갔고, 9년 동안 직원의 80퍼센트가 회사를 떠났다. 여기에는 새로운 리더들도 포함되었다. 하지만 9년 후 다시 설문조사를 했을 때 결과는 거의 똑같았다. 인사 책임자는 마치 물속에 있는 것 같다며 몹시 답답해했다.

때로는 한 사람만의 문제가 아니라 시스템의 문제일 때가 있다. 그리고 협력하는 대신 적대감을 허용하거나 권장하는 시스템은 바꾸기 어렵다. 당신은 껄끄러운 동료가 제 발로 나가는 날이 오길 꿈꾸지만 조직문화가 바뀌거나 그 자리에 올 사람과 잘 지낸다는 보장이 없다. 따라서 그들이 떠나면 모든 것이 좋아질 것이라고 기대하기보다는 지금 동료와 함께 일할 수 있는 조건과 상황을 만들려고 노력하는 편이 바람직할 것이다.

· ✦ ·

이런 잘못된 대응을 항상 피할 수 있을까? 안타깝지만 그렇지 않다. 완벽한 사람은 없다. 만약 속으로는 끙끙 앓지만 태연한 척하거나 거슬리는 동료를 깎아내리거나 다른 사람이 대신 없애주길 기다리는 자신을 발견한다면, 크게 심호흡한 다음 당신을 힘들게 하는 그 동료의 유형을 설명한 전략을 다시 살펴보거나 11장에서 요약한 9가지 원칙으로 다시 돌아가 상황을 직시하도록 하자.

언뜻 생각하면 비생산적인 접근방식이 매력적으로 보일 수 있다. 하지만 타이어 하나가 찢어졌을 때 나머지 타이어에 다 구멍을 낸다고 문제가 해결되지는 않는다. 처음에 선택한 전략이 성공하지 못했다면 다른 방법을 시도하거나 도움을 요청하라. 상사, 친구, 동료가 새로운 해결책을 알려줄 수도 있다. 이때 중요한 점은 계속해서 시도해보는 것이다. 작은 개선이 큰 차이를 만들 수 있다는 점을 꼭 기억하자.

14장

자기 돌봄

나의 행복이 최우선이다

나는 만트라를 좋아한다. 그래서 만트라를 적은 메모지를 책상에 붙여 두고는, 어려운 프로젝트와 씨름하거나 까다로운 이메일을 써야 할 때 혼자 크게 소리 내 읽는다. 그리고 마땅한 만트라가 떠오르지 않는 날이면 친구에게 문자를 보내 "오늘의 만트라 좀 빌려줘."라고 부탁하기도 한다.

엄밀히 말하면, 만트라는 명상할 때 집중력과 인식력을 돕기 위해 사용하는 반복되는 단어나 문구, 문장을 말한다. 하지만 나는 조금 다르게 사용한다. '이 또한 지나가리라.', '시작이 있으면 끝이 있다.', '통제할 수 있는 일만 통제할 수 있다.' 같은 만트라를 혼잣말로 반복하면 긴장된 분위기에서도 침착해지고 본래의 관점을 유지하도록 일깨울 수 있다. 이와 같은 작은 행동을 통해 무엇이 중요한지 기억하고 편도체 납치에서 벗어날 수 있다. 이는 특히 수동공격적인 동료나 당신을 깎아 내리기로 작심한 것 같은 상사를 대할 때 도움이 된다.

직장 내 갈등을 해결하는 것은 결코 쉽지 않다. 화해하려는 선의의 노력이 응답으로 돌아오지 않을 때도 있을 거고, 왜 항상 나만 어른 역할을 해야 하는지 의문이 들 수도 있다. 희미하게 진전이 보이고 동료와 사이가 좋아졌다가도 조직의 변화나 힘겨운 프로젝트로 인해 다시 예전 방식으로 돌아가게 될 수도 있다. 그러므로 이 과정에서 자신을 돌보고 살피는 것이 중요하다. 이제 막 부정적인 문제를 다루기 시작했든 몇 년 동안 상황을 바꾸려고 노력했든 간에, 자신의 건강과 행복이 늘 우선이어야 한다.

이 장에서는 자신의 정신 건강을 지킬 수 있는 몇 가지 만트라와 전략을 공유한다. 이 장의 조언들이 건강하지 못한 관계에서 발생하는 피해와 악영향을 완충하고 당신을 보호할 수 있기를 바란다.

'통제 가능한 것' 통제하기

나쁜 상황에 갇힌 기분을 좋아하는 사람은 없다. 그러니 아무것도 바꿀 수 없더라도 통제감을 늘리는 방법을 찾아야 한다. 사소한 일일지라도 자신이 영향을 미칠 수 있는 일에 집중해보라.

자신이 통제할 수 있는 일은 아주 기본적인 것일 수 있다. 동료가 나를 대하는 태도를 바꿀 수는 없지만, 잘 먹고 잘 자고 운동하고 야외 활동을 하면서 나의 방어력을 기를 수는 있다. 때로는 이런 기본적인 일들을 해내는 것조차 버겁게 느껴질 수 있지만, '시간이 충분한 때'라는 건 없다. 그러니 수면의 질을 높이거나 꾸준히 운동하는 습관을 만드는 것처럼 한 가지 영역의 개선에 집중해 작은 것부터 시작해보자.

시간과 에너지를 사용하는 방법에 대한 자유가 많을수록 갇혀 있다는 느낌을 덜 받게 될 것이다. 비영리 의료단체에서 근무하는 한 친구는 모든 일을 감시하고 간섭하는 불안정한 상사와 일하고 있었다. 하지만 친구는 원격으로 일하고 있어 상사와의 상호작용 시기와 방법을 어느 정도 통제할 수 있었기 때문에 상사의 행동을 참아낼 수 있었다. 상사가 예고 없이 친구 책상 옆을 지나가는 일은 일어나지 않았다.

게다가 상사의 단점을 견딜 가치가 있다고 느꼈다. 친구는 그 일을 좋아했고, 직장은 어린 두 아들을 키울 수 있는 유연한 근무 환경을 제공했기 때문이다. 하지만 아이들이 커갈수록 상사의 방식을 참아내기가 힘들어졌다. 가족의 생계를 책임져야 하는 친구는 회사를 그만둘 수 없었기에 필요한 혜택과 근무 유연성을 모두 제공하는 일자리를 찾으려 했지만, 처음에는 대안을 찾기가 어려웠다.

하지만 친구는 포기하지 않고 작은 일부터 시작했다. 그는 이것을 '커피 데이트 공략coffee date offensive'이라고 불렀다. 커피 한잔하자며 친구나 지인들을 초대했다. 가상 환경에서 만나기도 하고 직접 만나기도 했다.

사실 이렇게 나누는 대화가 어떤 결과로 이어질지는 정확히 알 수 없었고, 생각해둔 구체적인 자리나 회사가 있었던 것도 아니었다. 하지만 이 과정에서 통제감이 생겼다. 친구는 모든 대화를 같은 질문으로 마무리했다. "혹시 제가 만나보면 좋을 만한 다른 사람이 있을까요?"

모임을 마치면 대화를 스프레드시트에 기록하면서 각 만남과 추천받은 사람에 대한 메모도 함께 남겼다. 그는 이 실험을 진행한 1년 동안 무려 37번의 커피 데이트를 했고, 마침내 실험 초기에 만났던 사람에게 자기 회사에 자리가 생겼다는 연락을 받았다. 그리고 친구는 그 자리에 채용되었다. 불안정한 상사에게서 벗어나게 되어 말할 수 없이 후련하지만, 급하게 새로운 일자리를 찾지 않은 것이 다행이었다고 말했다.

내 책상에는 자기 통제감을 회복하는 데 도움이 되는 만트라가 하나 붙어 있다. 이 만트라는 친구 캐서린의 딸이 자기 학교에서 빌려온 것인데, 매일 하루를 시작할 때 다 함께 이 문구를 암송한다고 했다.

내 몸은 차분합니다.
내 마음은 친절합니다.
나는 내 생각과 마음의 주인입니다.

고약한 이메일을 받고 마음이 힘들거나 어려운 대화를 준비하는 날이면 나는 이 문구를 혼자 소리 내 읽곤 한다. 이는 혼란 속에서 길을 잃

직장생활 인간관계론

은 것처럼 느껴질 때도 여전히 몇 가지 일은 나에게 선택권이 있다는 사실을 상기시켜 주는 좋은 방법이다.

생산적으로 분출하기

11장에서는 동료의 좋지 않은 행동에 대한 소문을 퍼트리지 말아야 하는 이유를 설명했다. 하지만 그렇다고 갈등에 관한 논의를 전부 피해야 한다고 말하고 싶지는 않다. 감정 표출은 스트레스를 해소하는 건강한 방법이 될 수 있다. 신뢰하는 사람과 감정을 공유하면 동료와의 관계가 삶의 다른 부분에 부정적으로 흐르는 것을 방지할 수 있다.

글을 써서 분출하는 것도 하나의 방법이다. 내 친구이자 리더십 전문가인 에이미 젠 수Amy Jen Su는 몇 년 동안 일기를 쓰면서 글을 쓰는 방법이 생각을 정리하는 데 얼마나 많은 도움이 되었는지 알려주었다. 지금은 나도 실천하는 습관이다.

공책을 펴거나 컴퓨터나 휴대전화에 빈 문서를 열고 정해둔 시간만큼(4~5분 정도) 힘든 상황에 느끼는 감정을 기록한다. 거창한 내용을 쓸 필요도 없다. 좋은 생각이든 나쁜 생각이든 이상한 생각이든 상관없다. 떠오르는 생각을 그저 써 내려가면 된다. 그렇게 적어둔 글은 나중에 도움이 된다. 관계에 대한 감정이 어떻게 달라지는지 기록해두면 진행 과정이나 성과를 파악할 수 있고, 반대로 이 상황을 뒤로하고 앞으

로 나아가는 상징적인 행동으로서 기분 좋게 파일이나 노트를 없앨 수
도 있다.

미시문화 만들기

부정적인 관계 하나가 당신의 직장생활에 그림자를 드리울 수 있다. 하
지만 잘 살펴보면 긍정적인 관계에 관심이 있고 나와 같은 생각을 하는
사람들을 찾을 수도 있다. 감성지능 전문가 애니 맥키Annie McKee는 이를
두고 '미시문화microculture'를 만든다고 말한다. 쉽게 말해, 해로운 관계
가 자신의 직장 경험을 지배하도록 내버려두는 대신, 직장에서 효율적
이고 행복하게 일하기 위해 필요한 것이 무엇인지 파악한 후 비슷한 목
표와 가치를 추구하는 사람들과 연대를 형성하는 것이다. 맥키는 "당
신 혼자서는 조직문화 전체를 바꿀 수 없다. 하지만 직접 나서서 공감
하는 미시문화를 조성할 수는 있다. 당신의 팀에서라면 성공 가능성이
크다. 만약 팀의 리더라면 조금 더 쉽겠지만, 권력 있는 위치에 있고 말
고는 중요하지 않다."라고 말하며, 당신을 지지하는 몇 명의 사람만 있
으면 고약한 동료의 영향력에 맞설 수 있다고 덧붙였다.[1]

내가 인터뷰했던 한 사람은 불안정한 상사와의 관계가 절대 달라지
지 않을 것이라고 판단했다. 그래서 함께 일하는 다른 사람들을 위해
더 원활한 업무 환경을 만드는 데 온 힘을 기울였다. "저는 부하직원들

을 보호하기로 다짐했습니다. 그래서 어떻게 하면 이들이 생산적으로 일할 수 있는 안전한 공간을 만들 수 있을지 스스로 질문했어요." 그리고 여기서부터 모든 차이가 만들어졌다. "다른 사람들이 기쁘게 출근할 수 있는 곳을 만들고 싶었습니다. 그리고 저도 같은 영향을 받았죠. 상사와의 관계를 두려워하기보다 우리 팀을 만나고 같이 일하는 걸 기대하게 되었어요."

직장 밖의 삶 누리기

원인이 무엇이든 간에 일 때문에 지친다면 관심을 쏟고 만족을 얻을 수 있는 다른 곳이 있으면 좋다. 조지타운대학교 크리스틴 포래스 교수의 연구에 따르면 직장 밖에서의 발전 및 성공은 직장에서의 발전 및 성공과 밀접한 관련이 있다. 그는 이렇게 설명한다. "개인 생활을 당신이 통제할 수 있어야 한다. 취미를 찾고, 커뮤니티를 만들고, 친구나 가족 관계에 더 투자해 더 강하고 회복력 있는 자아로 직장에 가야 한다. 그러면 부정적인 사람과 상호작용해도 당신을 크게 방해하지 못할 것이다." 포래스가 직장에서 무례함을 경험한 사람들을 연구한 내용에 따르면 비업무 활동에서 발전과 성공을 경험한 사람의 80퍼센트가 더 건강해졌고, 89퍼센트는 직장에서 더 큰 성과를 거뒀으며, 38퍼센트는 동료의 부당한 행동을 처리하는 데 만족도가 증가한 것으로 나타났다.[2]

에이미 젠 수도 이 의견에 동의한다. "좋은 사람들 속에 있어야 한다. 건강하고 지원하는 관계는 자기 돌봄에서 중요한 부분이다. … 일 때문에 인생에서 가장 중요한 사람들을 소홀히 대하지 말라. 휴식 시간이나 출퇴근 시간을 이용하여 친구나 사랑하는 사람에게 전화하고 관계를 돌보는 데 일 외 시간을 충분히 할애하라." [3] 불편한 동료 때문에 지치고 낙심할 때 당신은 이 관계들에서 힘을 얻고 자신감을 채우게 될 것이다.

대인관계 회복탄력성 기르기

사람들과 잘 지내는 길은 거칠고 평탄하지 않을 때가 많다. 그러므로 장애물을 만날 때 곤경에서 벗어나 다시 회복하는 힘이 필요하다. 비관적인 동료가 당신이 주관하는 회의를 불평불만의 장으로 만들고, 잘난 척하는 동료가 상사 앞에서 당신을 초라하게 만들 때, 비축해둔 감정을 활용하면 인내하는 데 도움이 될 것이다.

한 가지 방법은 과거를 돌아보는 것이다. 누구나 인생에서 실패하거나 시련을 겪고, 성공에 필요한 것을 갖지 못해 좌절하는 시간이 있다. 이 시간을 통과하기 위해 나는 무엇을 했는가? 어떤 과정을 거쳤고 누가 나를 도왔는가? 상황이 불리할 때도 스스로 극복한 적이 있다는 사실을 잊지 말자.

만약 동료 때문에 직장에서 무능력하다고 느끼고 있다면, 스스로 가치 있다고 느꼈던 순간을 떠올려보라. 긍정적인 성과 평가를 찾아보고, 칭찬 폴더를 다시 열어보라. 조금만 노력을 기울인다면 건강하지 못한 관계에서도 긍정적인 면을 발견할 수 있다. 아마 여기서 유용한 교훈을 얻거나, 까다로운 관계를 헤쳐나갈 기술을 연마했을 것이다. 이 과정을 **외상 후 성장**benefit finding이라고 부른다. 연구에 따르면, 부정적인 사건에서 긍정적인 의미를 찾아낼 때 회복탄력성이 길러지고 건강과 행복이 증진되며 좌절에 대처하는 능력이 향상된다.[4]

나는 마음속에 큰 그림이 있으면 감정을 다시 채울 수 있었다(물론 만트라의 도움도 받았다). 내가 가장 좋아하는 만트라 몇 가지를 소개한다.

- 나는 주변 사람들과 똑같이 세상을 보지 않는다. 하지만 괜찮다.
- 저마다 각자의 문제를 겪고 있으며, 불확실성, 슬픔, 스트레스를 대처하는 방식도 모두 다르다.
- 사람들은 내가 알지 못하거나 완전히 이해할 수 없는, 심지어 내 일이 아닐 수도 있는 압박을 받고 있다.
- 각자의 어려움과 고통을 비교하는 것은 나에게도, 다른 사람에게도 도움이 되지 않는다.
- 지금 이 순간, 우리는 모두 최선을 다하고 있다. 그리고 더 나아질 가능성도 무궁무진하다.

나는 몇 년간 치료를 통해 여러 가지를 배웠다. 직장 내 정신 건강 전문가 켈리 그린우드Kelly Greenwood는 사람들이 직장에서 까다로운 관계를 겪을 때 마지막 수단으로 치료사와 상담하는 경우를 자주 보지만, 전문가와의 상담은 '그보다 훨씬 이전에 일어나야 하는 일'이라고 말한다. 특히 다음과 같은 감정이나 행동을 알아차리는 것이 중요하다.

- 집중력이 떨어지고 행동이 느려지고 화가 나고 짜증이 난다.
- 잠을 잘 자지 못하거나 지나치게 많이 잔다.
- 스스로 위로하기 위해 술이나 음식에 의존한다.
- 동료와 겪는 문제로 인해 좋아하는 친구와 멀어지거나 취미 활동을 그만둔다.

이것은 우울증이나 불안처럼 정신 건강 상태를 나타내는 징후일 수 있고, 직장 요인에 의해 촉발되었을 수 있다. 하지만 그린우드는 "치료의 도움을 받으려고 진단할 수 있는 장애를 얻을 필요는 없다. 기준은 간단하다. 당신이 자신의 정신 건강에 만족하는가이다."라고 말한다.[5] 훈련받은 심리학자들은 당신이 갈등 해결 전략을 세우고 행복을 유지하는 대응기제를 마련하는 데 도움을 줄 수 있다.

자기 연민 갖기

이 책 전반에 걸쳐서 상대하기 어려운 동료를 공감하는 것에 대해 많이 이야기했지만, 다른 사람에게만 초점을 맞추면 때로 자신에게 필요한 것을 돌보지 못할 수도 있다. 그러니 공감이 자기 내면을 향하고 있는지도 확인하자. 스스로에게 이렇게 말해보자. "상처받아도 괜찮아." "내가 누구인지는 그 사람이 정하는 게 아니야." 이 순간 자기 연민이 중심을 잃지 않도록 도와줄 것이다.

관계를 개선하지 못한 실패를 곱씹거나 대범하지 못한 행동을 자책하는 대신, 자신에게 친절해지자. 연구에 따르면 자기 연민에는 성장과 개선에 대한 더 강한 욕구, 더 높은 감성지능, 더 깊은 회복탄력성 등 다양한 이점이 있다. 그리고 다른 사람들에게 더 연민을 느끼게도 한다.[6]

자기 연민 분야의 대표적인 연구자인 텍사스대학교 크리스틴 네프 Kristin Neff 교수는 자기 연민에는 세 가지 요소가 있다고 정의한다.[7] 첫 번째는 부정적 감정의 인식이다. 부정적인 감정을 인정할 때 '지금은 힘들다.', '긴장하고 있다.'라고 생각할 수 있다. 두 번째는 다른 사람들도 비슷한 어려움을 겪는다는 인간적 유대감이다. '나만 어려운 관계를 상대해야 하는 게 아니다. 나는 혼자가 아니다.'라고 생각하자. 세 번째는 자신을 친절히 대하는 것이다. 이를 실천하는 방법은 다양하다. 지금 나에게 무엇이 필요한지, 여기서 나를 위해 할 수 있는 친절한 행동이 무엇인지 스스로 질문해보자.

처음이라면 연습이 필요할 수 있다. 단 5분이라도 좋으니 짧게 명상해보자. 하루를 시작할 때나 휴식 시간에 크게 세 번 심호흡한 다음, 자기 연민의 세 가지 요소를 차례로 들여다보는 것이다. 아니면 자신에게 편지를 써도 좋다. 우리는 자신보다 타인에게 더 친절한 경향이 있다. 그러니 당신과 비슷한 어려움에 직면한 친구나 가족을 위로하는 편지를 쓴다고 상상해보자. 편지 쓰기를 마쳤다면 다시 한번 읽어보고, 며칠 뒤에 또 한 번 읽어보라. 자기 연민이 필요할 때마다 꺼내 보는 것도 좋다.

감정 분리하기

13장에서는 감정을 억누르는 게 현명한 대응기제가 아니라고 설명했다. 감정은 어떻게든 새어 나오기 마련이다. 하지만 생산적으로 감정을 분리하는 방법이 있다. 바로 '신경 덜 쓰기'다. 여기에는 약간의 노력이 필요하다. 이때도 만트라가 도움이 된다. 직장 내 어려운 관계를 곱씹어 생각하지 말라고 일깨우는 문구를 찾아보라. 그리고 이렇게 생각해보자. '이건 나에 관한 일이 아니야.' '곧 지나갈 거야.' '중요한 일에 집중하자. 이건 중요한 게 아니야.'

상황을 좀 더 균형 잡힌 시각에서 볼 수도 있다. 감정적으로 격해지면 동료와 겪는 갈등이 소모적이라고 느낄 수 있다. 하지만 일주일 뒤, 1년 뒤, 또는 5년 뒤에 이 상황을 어떻게 느낄지 스스로 질문해보라. 지금처럼 여전히 민감하게 받아들이겠는가? 아니면 그저 옛 기억으로 남겠는가?

하지만 갈등과 감정적 거리를 두기가 어렵고 골치 아픈 만남을 계속 떠올린다면, 시간제한을 두어라. 타이머를 10분이나 15분으로 설정해두고 알람이 울릴 때까지 머릿속으로 상황을 고민하도록 내버려두자. 그런 다음, 초점을 다른 일로 옮기는 것이다. 동료가 당신의 마음속 공간을 차지하도록 허락해서는 안 된다. 우리에게 무척 소중한 공간이기 때문이다.

하지만 상호작용을 해야 할 때는 이전이나 이후에 어떤 행동을 하는지 주의하자. 예컨대 당신을 괴롭히는 사람과 많은 시간을 보내야 한다는 것을 미리 알면, 영혼을 고양하는 일을 하면서 아침을 시작할 수 있다.《브로드캐스팅 해피니스Broadcasting Happiness》의 저자 미셸 길란Michelle Gielan은 3장에서 설명한 것과 비슷한 칭찬 폴더를 가지고 있다. 길란은 만성 불평꾼을 상대하기 전에 좋은 문구나 자녀들의 사진을 보며 '멀쩡한 정신상태'를 유지한다고 한다.

마찬가지로, 힘든 상호작용을 끝낸 뒤에는 긴장을 푸는 데 도움이 되는 일을 하라. 친구에게 문자를 보내거나, 짧게 산책하거나, 음악을 듣는 것도 좋다. 기분이 좋아지고 동료를 대하면서 생긴 부정적 영향을 상쇄할 수 있는 일을 해보자. 이 연습은 당신을 회복시켜 줄 뿐 아니라 다음에 맞닥뜨려야 하는 '전투 준비'에도 도움이 된다.

감정적 분리를 위해 내가 종종 사용하는 또 다른 전략이 하나 있다. 우아한 방식은 아니지만 극심한 스트레스에 시달릴 때는 도움이 되었다. 매일 아침, 나를 힘들게 하는 동료가 다른 누구도 아닌 자기 자신으로 눈을 떠야 한다는 사실을 떠올렸다. 우리 관계를 온갖 골칫거리로 가득 채운 불쾌하고 불행한 사람으로 말이다. 하지만 나는 그냥 나로 아침을 맞는다.

상황 받아들이기

대인관계 회복탄력성에는 항상 우리가 원하는 대로 관계를 맺을 수 있는 것은 아니라고 받아들이는 부분도 포함된다. 모든 사람과 잘 지낼 수는 없다. 내가 친절하고 공감하는 태도로 마음속 생각을 말한다고 해도, 사람들이 좋아하고 환영하리라는 보장은 없다. 당신은 상대에게 최선을 다했지만, 상대방은 화답하지 않을 수 있다. 내가 마지막으로 공유하고 싶은 만트라는 최선을 다했음에도 동료와 계속해서 충돌할 때 나에게 도움을 준 만트라다.

이 만트라는 오랜 친구인 지노가 알려준 것이다. 몇 년 전 여름, 우리 가족은 장기자랑 대회를 열었다. 해마다 아이들과 몇몇 어른이 재능을 뽐내는 자리다. 우쿨렐레를 연주하거나 저글링을 하기도 하고 시 낭송

직장생활 인간관계론

을 하고 기가 막히게 치타 흉내를 내기도 한다. 지노 커플은 노래를 불렀다. 래디컬 페어리스Radical Faeries(느슨하게 연결된 퀴어 활동가 집단으로, 현상 유지에 도전하고 괴짜들을 응원한다)의 일원인 친구에게 배운 노래라고 했다. 노래는 만트라에 가까웠다. 가사도 단순했고 몇 줄밖에 되지 않았다. 지노 커플은 먼저 노래를 부른 다음, 우리가 따라 하도록 유도했다. 우리는 마지막 구절을 반복해서 불렀다.

> 때로 사람들이 너에게 화를 내겠지만, 괜찮아.
> 때로 사람들이 너에게 화를 내겠지만, 괜찮아.
> 때로 사람들이 너에게 화를 내겠지만, 괜찮아.

잘난 척하는 동료에게 방해하지 말아달라고 요청하거나, 상대방의 발언이 단순한 실수가 아니라 불쾌감을 주는 이유에 대해 설명하는 과정에서 나 또한 사람들을 화나게 하고 심지어 분노하게 만들 수도 있다. 하지만 괜찮다. 의견 충돌은 타인과 관계를 맺는 데 있어서 피할 수 없고, 정상적이며, 건강한 행위다. 우리의 목표는 모든 단계에서 편안함을 느끼는 것이 아니라 관계를 강화하고 자신을 돌보는 것이다.

나는 지노가 가르쳐준 노래 가사를 거의 매일 반복한다. 이것이 만트라의 핵심이다.

결국 모든 것은 관계다

나는 운이 좋은 편이다. 같이 일하면서 즐거웠고 의미 있는 관계를 유지하는 사람들을 꽤 많이 꼽을 수 있다. 힘든 관계 때문에 고생했던 사람은 다행히 몇 명 되지 않는다. 물론 힘든 관계가 한창일 때는 더 크게 다가온다. 하지만 재앙 같았던 대인관계도 직장생활의 작은 부분에 지나지 않는다고 생각하면, 기분이 좋아지고 자신감이 생기고 일도 잘되고 직장 안팎으로 성장하고 발전하는 기분이 든다.

이상적인 경우라면 이 책에 있는 조언으로 눈엣가시 같은 동료를 협력자나 친구로 만들 수 있을 것이다. 하지만 관계를 전환하고 개선해서 다툼을 줄이고 자신의 능력치를 최대한 발휘하는 것이 더 현실적인 목표다. 이 목표를 달성하려면 우선 직장 내 관계의 중요성을 인정하고, 껄끄러운 동료가 그토록 마음에 걸리는 이유를 이해한 다음, 자기 내면을 깊이 들여다보고 내 마음의 거리를 깨끗하게 청소해야 한다. 동료의 동기를 분석하고 가시적으로 상황을 바꿀 만한 전략을 실험하여 자신에게 꼭 맞는 접근방법을 찾아낼 수 있다. 물론 상황이 당신이 바란 대로 풀리지 않는다면 결단력, 창의성, 수용력이 필요하다.

이 모든 과정에서 자기 자신과 건강과 경력을 우선순위에 두어야 한다는 사실을 잊으면 안 된다. 동료와 갈등을 겪으면 휩쓸리거나 다른 사람에게 집중하느라 시간을 낭비하기 쉽다. 하지만 언제나 가장 중요한 것은 나의 행복임을 잊지 말자.

직장생활 인간관계론

자신감 있고 침착하게 타인과의 마찰을 헤쳐나가는 능력은 단순한 업무 기술이 아니다. 오히려 생활 기술이라고 봐야 맞다. 종종 의견이 어긋날 때도 있겠지만, 괜찮다. 존중과 연민이 있고 친절한 태도를 유지하는 한은 새로운 아이디어, 더 강한 결속, 새로운 수준의 솔직함으로 이어질 수 있다. 이게 바로 모두가 원하는 것 아니겠는가?

　물론 항상 쉽지는 않겠지만, 직장 안팎에서 우리는 더 나은 관계를 맺을 수 있다. 우리에게는 그럴 자격이 있다.

내가 상대하는 사람은 누구인가?
(동료가 어떤 유형에 속하는지 파악하는 방법)

동료가 8가지 유형 가운데 어디에 속하는지 분명할 때도 있다. 항상 머리 위에 먹구름이 떠 있는 비관론자를 상대하면 금방 알아차릴 수 있다. 상사가 당신의 성과를 가로채려 한다면 틀림없다. 그들은 불안정하고 자기 역할을 성공적으로 해내는 데 필요한 능력이 있는지 확신하지 못하고 있는 것이다.

하지만 행동이 모호할 때도 있다. 하루는 소심하게 뒤통수를 치고 다음 날은 피해자 흉내를 내는 것처럼, 한 사람이 여러 범주에 속하는 것은 사실 꽤 일반적이다. 당신의 동료도 여러 유형이 뒤섞여 있는 사람일 수도 있다.

당신의 상황에 가장 적합한 조언을 찾고, 다음 표에서 공통으로 나타나는 행동을 살펴본 다음, 당신의 동료를 설명하는 행동에 표시해보

라. 그런 다음, 해당 장으로 가서 구체적인 상황에 도움이 되는 전략을
참고하면 된다.

유형에 따른 공통적인 행동	
불안정한 상사 **(3장)**	• 다른 사람들이 자신을 어떻게 생각하는지 지나치게 신경 쓴다. • 선택에 큰 차이가 없을 때도 만성 결정 장애를 겪거나 한 가지 방식을 고수한다. • 권력자의 말에 따라 프로젝트나 회의의 방향을 자주 바꾼다. • 그럴 필요가 없을 때도 전문 지식을 자랑한다. 심한 경우에는 자신이 돋보이려고 다른 사람을 깎아내리기도 한다. • 언제 어디서 어떻게 일을 완료해야 하는지를 포함해 팀이나 프로젝트의 모든 것을 통제하려 든다. • 모든 결정과 세부 사항에 자신의 승인을 받도록 요구한다. • 정보와 자원의 흐름을 통제하려고 팀원들이 다른 부서 동료나 고위 경영진과 소통하는 것을 허용하지 않는다.
비관론자 **(4장)**	• 회의, 경영진, 동료 등 모든 것에 대해 불평한다. • 신규 계획이나 프로젝트가 실패할 수밖에 없다고 단언한다. • 혁신이나 새로운 업무처리 방식을 논의할 때 '이미 해봤지만 실패했다.'라는 식으로 반응한다. • 전술이나 전략의 위험을 즉시 지적한다. • 회의에서 긍정적인 이야기가 오가도 부정적인 이야깃거리를 찾는다.

피해자
(5장)
	• 자신을 불쌍하게 여기고, 다른 사람도 자신과 같은 감정을
	  갖기를 기대한다(저와 같이 신세 한탄할 사람 있나요?).
	• 일이 잘못되면 책임을 회피하고 다른 사람이나 외부 요인
	  을 탓한다.
	• 자기 잘못이 아니라고 변명하며 건설적인 피드백에 반발한다.
	• 불평하거나 우울한 태도로 다른 사람을 끌어내린다.
	• 부정적인 감정에 빠져 있다.
	• 자기가 실패할 것이라고 미리 단정 짓는다.

수동공격적인 동료
(6장)
	• 지키기로 합의한 마감일을 의도적으로 무시한다.
	• 보내지도 않을 이메일을 보내겠다고 약속한다.
	• 무례한 행동(예: 회의에서 당신을 무시하거나 말을 끊는 행동)을
	  해서 문제를 제기하면 "전부 당신 생각이다.", "무슨 얘긴지
	  전혀 모르겠다."라고 주장하며 잘못을 부인한다.
	• 화가 났거나 뚱한 기분을 드러내는 표정과 몸짓을 하지만
	  괜찮다고 우긴다.
	• 당신이 한 일이 만족스럽지 않다고 암시하지만 드러내놓고
	  말하거나 직접적인 피드백을 주려 하지 않는다.
	• 무례한 말을 칭찬으로 위장한다. 예컨대 "여유로운 스타일
	  이시군요!"라는 말은 사실 "당신 정말 게으르네요."라는 뜻
	  이다.
	• 의견 충돌이 있을 때 말을 왜곡하여 당신이 잘못한 것처럼
	  보이도록 한다.

잘난 척하는 사람 **(7장)**	• '내 방식이 싫으면 떠나.'라는 식의 태도를 보인다. • 대화를 독점하고, 다른 사람이 끼어들거나 다른 주제로 넘어가기를 거부한다. • 자기 의견이 가장 좋다고 생각한다. • 비판이나 피드백을 한 귀로 듣고 한 귀로 흘린다. • 거만한 말투로 이야기한다. • 다른 사람들이 이미 아는 것을 설명한다. • 질문하거나 호기심을 보이지 않는다. • 함께 이룬 성공을 공유하지 않거나 공을 가로챈다. • 초대받지 않은 대화에 불쑥 끼어든다.
괴롭히는 사람 **(8장)**	• 헌신적으로 일하지 않는다고 직간접적으로 비난한다. • 불가능에 가까운 기준을 설정한다. • 불필요하고 부적절한 업무, 심지어 '불법'적인 업무를 시킨다. • 자신이 경력을 위해 감수한 희생을 자랑스럽게 말하고, 다른 사람들도 그렇게 해야 한다고 믿는다. • 다른 사람들의 업적을 자신과 비교하면서 깎아내린다. • 업무와 관련 없는 일에는 휴가나 유연성을 허락하지 않는다. • 특정 세대를 부정적으로 생각한다("밀레니얼 세대는 게을러.", "Z세대는 너무 나약해서 조금만 힘들어도 견디지 못해."). • 성차별이나 인종차별 같은 구조적 장벽이 존재하지 않는다고 믿는다("저는 해냈는데 당신은 왜 할 수 없다고 생각하는지 모르겠네요."). • 자신이 혹독하게 대하는 이유가 인격 형성을 위한 일종의 '훈련'이라고 주장한다.

편견 있는 동료 (9장)	• 상대방이 가지고 있어서 놀란 속성에 대해 언급한다("당신은 발음이 아주 정확하군요."). • 다수집단의 구성원에게 어울린다고 간주하는 행동에 '부정적'이거나 '전문가답지 못하다'는 꼬리표를 붙인다("말할 때 화를 내지 말아주세요."). • 정체성 때문에 어떤 일을 할 수 없거나 관심이 없다고 가정하고, 보호나 도움이 필요하다고 추측한다("그녀가 이 프로젝트에 참여하고 싶어 할지 의문입니다. 출장이 많은 일인데, 그녀에게는 돌봐야 할 가족이 있거든요."). • 비하하는 말이나 잘못된 친밀감을 내포하는 표현 또는 단어를 사용한다(여성을 '자기'라고 부르거나 흑인 동료를 '브로'라고 부른다). • 고정관념에 근거해서 가정하거나 개인의 정체성을 부정한다("○○○(교수, 관리자, 의사 등) 치고는 별로 나이 들어 보이지 않네요."). • 편견이나 차별이 존재하지 않는 것처럼 행동한다("저는 피부색을 보지 않아요.").
사내 정치꾼 (10장)	• 자신의 성공을 자랑하고 업적을 부풀린다. • 권력자나 자신의 경력에 도움이 될 만한 위치에 있는 사람들에게 아부한다. • 권한이 없을 때도 책임자인 것처럼 행동한다. • 자기 앞길을 막는다고 생각하는 동료의 흠을 잡고 나쁜 소문을 낸다. • 팀이나 회사의 목표를 희생하면서까지 자신의 안건을 밀어붙인다. • 영향력 있게 보이기 위해 정보를 쌓아둔다. • 회의에 참석시키지 않거나 업무에 중요한 정보를 공유하지 않는 방식으로 상대를 의도적으로 방해하고 깎아내린다.

‖ 감사의 글 ‖

고백할 게 있다. 나는 책에 실린 감사의 글을 챙겨 보는 편이다. 사실 무척 좋아한다. 새 책을 집어 들고 제일 먼저 읽을 때도 있다. 사소한 집착 같은 이 습관은 작가가 혼자 책상 앞에 앉아 책 한 권을 완성한다는 개념이 거의 현실적이지 않다는 걸 알기에 생긴 것 같다. 물론 혼자 노트북 화면을 빤히 쳐다보며 보내는 시간이 많지만 동시에 끝없는 대화와 확인과 원고 수정이 이어진다. 의견이 더해지고 문자가 오고 간 다음에야 비로소 지금의 모습으로 책이 만들어진다. 많은 사람이 최종 결과물에 영향을 미친다. 여기에는 이름을 나열하기 어려울 정도로 많은 사람과 이름을 잊어버렸을지도 모를 사람들도 있다.

아무튼, 내가 이 책에서 가장 좋아하는 부분에 온 것을 환영한다! 먼저 내게 글을 써서 보내고 내 전화를 받아주고 동료와 겪은 고통스러운 경험을 공유하며 설문조사를 작성해준 모든 분께 감사하다. 이분들이 공유해준 사례와 취약점이 이 책을 처음 시작할 때는 상상조차 할 수 없었던 방식으로 내 생각을 몰고 갔다.

편집자에게도 편집자가 필요하다! 동료 편집자들이 이 과정에 없어선 안 될 역할을 해주었다. 케이트 애덤스는 날카로운 편집 안목과 놀라운 어휘력으로 페이지마다 생명을 불어넣었다. 책을 쓰는 과정은 힘든 결정의 연속이다. 어떤 내용을 포함하고 어떤 내용은 들어낼지, 어떻게 구성해야 할지 결정하는 모든 단계에 케이트가 있었다. 니콜 토레스는 8가지 유형에 관한 자료 조사를 도와주었고, 자신감이 흔들릴 때면 한발 앞서 응원을 보내주었다. 어맨다 커시는 자신의 슈퍼파워를 발휘하여 유형을 구상하는 초기 단계에 아주 현명하고 통찰력 있는 질문들을 해주었다. 홀리 포사이스는 실타래처럼 엉킨 주석을 정연하게 만들어주었다. 제프 케호는 내가 책의 콘셉트를 처음 설명하는 순간부터 이 책과 나에게 무한한 신뢰를 보여주었다. 그의 차분한 태도와 확신에 찬 안내 덕분에 많은 작가가 책을 쓰는 과정에서 헤매는 '절망의 계곡'을 잘 건디고 무사히 지나올 수 있었다.

내 에이전트 자일스 앤더슨에게도 감사하다. 긴 출판 과정 동안 든든한 버팀목이자 지원군이 되어주었다. 원고 마감까지 시간이 더 필요하다고 이야기했을 때 그는 내가 혼자가 아니라고 말해주었다. 알고 보니 그가 담당하는 다른 작가 몇 명이 그 주에 비슷한 요청을 했다고 한다. 그는 참을성 있고 친절했으며, 중요한 순간에 나에게 꼭 필요한 조언을 해주었다. 그가 내 편인 게 얼마나 큰 행운인지 모른다.

에리카 트럭슬러, 앨리슨 비어드, 홀리 포사이스, 모린 호치, 세라 모티, 다그니 두카치에게 깊은 감사를 보낸다. 이들은 결정적인 순간에 내가 이 책을 작업하는 데 필요한 공간을 마련해주었다. 에이미 번스타인은 내가 절실할 때 날카로운 칭찬을 해주었다. 이 책을 작업하던 2년간 〈하버드비즈니스리뷰〉의 웹 팀 전체가 내 일정을 이해하고 유연하게 조율해주었다. 의지할 수 있는 최고의 동료들이다(이들 중 8가지 유형의 모델이 된 사람은 한 명도 없다. 맹세한다).

나는 이 책을 집필하기 전부터 운 좋게 〈하버드비즈니스리뷰〉 출판팀을 알고 있었고, 이들의 전문성과 열정과 헌신에 계속 감동하는 중이다. 아디, 알렉스, 앨리신, 앨리슨, 앤, 브라이언, 커트니, 데이브, 엠마, 에리카, 펠리시아, 젠, 존, 조던, 줄리, 케빈, 린지, 멀린다, 릭, 샐, 스콧, 스테파니, 수전, 빅토리아 모두 고맙다.

친구들에게도 감사한 마음을 전한다. 친구들은 내가 패닉에 빠져 전화할 때마다 잘 들어주었고, 장마다 원고를 검토해주었으며, 소중한 조언을 아끼지 않았고, 이 모든 과정에서 나를 응원해주었다. 에이미 건저, 에이미 젠 수, 엘리 파인글라스, 그레첸 앤더슨, 캐서린 벨(여러 은유로 나를 도닥여주었다), 리사 프라이탁(각 유형에 맞는 핵심 문구를 만들었다), 마크 모스코비츠, 메건 포, 뮤리엘 윌킨스, 루치카 툴쉬얀(나보다 몇 달 앞서 책을 출간했고 힘들게 얻은 지혜를 항상 너그럽게 나눠주었다), 모두 고마운 내 친구들이다.

직장생활 인간관계론

켈리 보이드는 평생의 친구이자 환상적인 여행 동반자일 뿐 아니라 뛰어난 동료이며, 에이미 갤로 팀에서 나를 제외하면 유일한 멤버다! 나와 우리의 사업과 이 책을 위해 애써준 크고 작은 모든 일에 고맙다고 말하고 싶다.

끝으로 내가 가족으로 생각하는 사람들에게 큰 빚을 졌다. 유전자를 공유하거나 그만큼 가깝게 느끼는 사람들이다. 그리고 원하는 관계를 선택할 수 있음을 거듭 보여주는 사람들이다. 우리 엄마 베티 갤로는 나와 크리스, 우리 남매에게 이 놀라운 가족을 구성해주었다. 내가 하는 일에 관심을 쏟는 것이 중요하고, 다른 사람에게 관심을 쏟는 것은 훨씬 더 중요하다는 교훈을 가르쳐주셨다.

대미언, 내가 나를 의심할 때도 당신은 내가 이 일을 해낼 것을 단 한 번도 의심하지 않았어.

하퍼, 넌 사려 깊고 친절한 인간이 된다는 게 무엇인지 매일 내게 가르쳐주는 아이야.

그리고 단테, 무지개다리를 건너간 네가 무척 그리워.

주석

들어가며

1. Mitchell Kusy and Elizabeth Holloway, *Toxic Workplace! Managing Toxic Personalities and Their Systems of Power* (San Francisco: Jossey-Bass, 2009).

2. "The Truth About Annoying Coworkers," Olivet Nazarene University, 2021 년 12월 5일 접속, https://online.olivet.edu/news/truth-about-annoying-coworkers.

3. 에스터 페렐이 진행하는 팟캐스트 *How's Work?*, "Prologue," 2020년 2월 3일 방송, https://howswork.estherperel.com/episodes/prologue.

4. Shasta Nelson, *The Business of Friendship: Making the Most of Our Relationships Where We Spend Most of Our Time* (Nashville: HarperCollins Leadership, 2020).

5. Christine Porath and Christine Pearson, "The Price of Incivility," *Harvard Business Review*, January-February 2013, https://hbr.org/2013/01/the-price-of-incivility.

6. Christine Porath, "No Time to Be Nice at Work," *New York Times*, June 19, 2015, https://www.nytimes.com/2015/06/21/opinion/sunday/is-your-boss-mean.html.

7. Abby Curnow-Chavez, "4 Ways to Deal with a Toxic Coworker," *Harvard*

Business Review, April 10, 2018, https://hbr.org/2018/04/4-ways-to-deal-with-a-toxic-coworker.

8. 켈리 그린우드와 저자 인터뷰, 2021년 3월 2일.

1장

1. "The State of American Jobs," Pew Research Center, October 6, 2016, https://www.pewresearch.org/social-trends/2016/10/06/the-state-of-american-jobs/#fn-22004-8.

2. Laura M. Giurge and Kaitlin Woolley, "Don't Work on Vacation. Seriously," *Harvard Business Review*, July 20, 2020, https://hbr.org/2020/07/dont-work-on-vacation-seriously.

3. Martha C. White, "Think You Have Off Monday? No, You Don't," *Time*, February 13, 2015, https://time.com/3708273/presidents-day-work/.

4. 에밀리 히피와 저자 인터뷰, 2020년 10월 20일.

5. Vivek H. Murthy, *Together: The Healing Power of Human Connection in a Sometimes Lonely World* (New York: Harper Wave, 2020).

6. Marissa King, *Social Chemistry: Decoding the Patterns of Human Connection* (New York: Dutton, 2020); Rob Cross, "To Be Happier at Work, Invest More in Your Relationships," *Harvard Business Review*, July 30, 2019, https://hbr.org/2019/07/to-be-happier-at-work-invest-more-in-your-relationships.

7. Adriana Dahik et al., "What 12,000 Employees Have to Say About the Future of Remote Work," Boston Consulting Group, August 11, 2020, https://www.bcg.com/en-us/publications/2020/valuable-productivity-gains-covid-19.

8. Tom Rath and Jim Harter, "Your Friends and Your Social Well-Being," *Gallup Business Journal*, August 19, 2010, https://news.gallup.com/businessjournal/127043/friends-social-wellbeing.aspx.

9. Jessica R. Methot et al., "Are Workplace Friendships a Mixed Blessing? Exploring Tradeoffs of Multiplex Relationships and Their Associations with Job Performance," *Personnel Psychology* 69, no. 2 (Summer 2016): 311–55, https://onlinelibrary.wiley.com/doi/full/10.1111/peps.12109.

10. Simone Schnall et al., "Social Support and the Perception of Geographical Slant," *Journal of Experimental Social Psychology* 44, no. 5 (September 2008): 1246–55, https://doi.org/10.1016/j.jesp.2008.04.011.

11. "Jack Needs Jill to Get Up the Hill," *Virginia Magazine*, Fall 2009, https://uvamagazine.org/articles/jack_needs_jill_to_get_up_the_hill.

12. Christine Porath and Christine Pearson, "The Price of Incivility," *Harvard Business Review*, January–February 2013, https://hbr.org/2013/01/the-price-of-incivility.

13. Porath and Pearson, "The Price of Incivility."

14. Arieh Riskin et al., "The Impact of Rudeness on Medical Team Performance: A Randomized Trial," *Pediatrics* 136, no. 3 (September 2015): 487–95, https://pubmed.ncbi.nlm.nih.gov/26260718/.

15. Christine L. Porath, Trevor Foulk, and Amir Erez, "How Incivility Hijacks Performance: It Robs Cognitive Resources, Increases Dysfunctional Behavior, and Infects Team Dynamics and Functioning," *Organizational Dynamics* 44, no. 4 (October–December 2015): 258–65, https://doi.org/10.1016/j.orgdyn.2015.09.002.

16. Bill Hendrick, "Having a Bad Boss Is Bad for the Heart," WebMD, November 24, 2008, https://www.webmd.com/heart-disease/news/20081124/having-a-bad-boss-is-bad-for-the-heart#1.

17. Gaia Vince, "Arguments Dramatically Slow Wound Healing," *New Scientist*, December 5, 2005, https://www.newscientist.com/article/dn8418-arguments-dramatically-slow-wound-healing/.

18. Jane E. Dutton, *Energize Your Workplace: How to Create and Sustain High-Quality Connections at Work* (San Francisco: Jossey-Bass, 2003).

19. Noam Wasserman, *The Founder's Dilemmas: Anticipating and Avoiding the Pitfalls That Can Sink a Startup* (Princeton, NJ: Princeton University Press, 2013).

20. Christine Porath, "Isolate Toxic Employees to Reduce Their Negative Effects," *Harvard Business Review*, November 14, 2016, https://hbr.org/2016/11/isolate-toxic-employees-to-reduce-their-negative-effects.

21. Andrew Parker, Alexandra Gerbasi, and Christine L. Porath, "The Effects of Deenergizing Ties in Organizations and How to Manage Them," *Organizational Dynamics* 42, no. 2 (April–June 2013): 110–18, https://doi.org/10.1016/j.orgdyn.2013.03.004.

22. Jessica R. Methot, Shimul Melwani, and Naomi B. Rothman, "The Space Between Us: A Social-Functional Emotions View of Ambivalent and Indifferent Workplace Relationships," *Journal of Management* 43, no. 6 (January 2017): 1789–1819, https://doi.org/10.1177/0149206316685853.

23. Shimul Melwani and Naomi Rothman, "Research: Love-Hate Relationships at Work Might Be Good for You," *Harvard Business Review*, January 20, 2015, https://hbr.org/2015/01/research-love-hate-relationships-at-work-might-be-good-for-you.

2장

1. Christine Porath and Christine Pearson, "The Price of Incivility," *Harvard Business Review*, January–February 2013, https://hbr.org/2013/01/the-price-of-incivility.

2. Christine L. Porath, Trevor Foulk, and Amir Erez, "How Incivility Hijacks Performance: It Robs Cognitive Resources, Increases Dysfunctional

Behavior, and Infects Team Dynamics and Functioning," *Organizational Dynamics* 44, no. 4 (October – December 2015): 258 – 65, https://doi.org/10.1016/j.orgdyn.2015.09.002.

3. Porath, Foulk, and Erez, "How Incivility Hijacks Performance."

4. John T. Cacioppo, Stephanie Cacioppo, and Jackie K. Gollan, "The Negativity Bias: Conceptualization, Quantification, and Individual Differences," *Behavioral and Brain Sciences* 37, no. 3 (June 2014): 309 – 10, https://doi.org/10.1017/S0140525X13002537.

5. "Rejection Really Hurts, UCLA Psychologists Find," *ScienceDaily*, October 10, 2003, https://www.sciencedaily.com/releases/2003/10/031010074045.htm (이 연구를 알려준 폴 잭Paul Zak에게 감사합니다); Naomi I. Eisenberger, "The Neural Bases of Social Pain: Evidence for Shared Representations with Physical Pain," *Psychosomatic Medicine* 74, no. 2 (February 2012): 126 – 35, https://www.ncbi.nlm.nih.gov/pmc/articles/PMC3273616/.

6. Benzion Chanowitz and Ellen J. Langer, "Premature Cognitive Commitment," *Journal of Personality and Social Psychology* 41, no. 6 (1981): 1051 – 63.

7. 이 인용문은 종종 프랭클의 것으로 여겨지지만, 그의 글에서 정확히 같은 표현은 발견되지 않았고 다른 사람의 글과 명확히 연결되지도 않는다. 하지만 생각만큼은 프랭클이나 다른 사람의 글과 매우 일치한다. 예를 들어 미국의 심리학자 롤로 메이Rollo May는 "인간의 자유는 자극과 반응 사이에서 멈출 수 있고, 멈추는 동안 우리가 무게를 두고 싶은 반응 하나를 선택하는 능력을 포함한다."라고 썼다.

8. "감정은 소음이 아니라 데이터"라는 생각은 시걸 바르사데Sigal Barsade 교수와 심리학자 수전 데이비드Susan David에게 배운 것이다.

9. Anat Drach-Zahavy and Miriam Erez, "Challenge versus Threat Effects on the Goal –Performance Relationship," *Organizational Behavior and Human Decision Processes* 88, no. 2 (July 2002): 667 – 82, https://www.sciencedirect.com/science/article/abs/pii/S0749597802000043; Emma Seppala and

Christina Bradley, "Handling Negative Emotions in a Way That's Good for Your Team," *Harvard Business Review*, June 11, 2019, https://hbr.org/2019/06/handling-negative-emotions-in-a-way-thats-good-for-your-team.

10. Lisa Feldman Barrett, *Seven and a Half Lessons About the Brain* (Boston: Houghton Mifflin Harcourt, 2020).

11. 앨리스 보이스와 저자 인터뷰, 2020년 11월 20일.

12. Dawn Querstret and Mark Cropley, "Exploring the Relationship between Work-Related Rumination, Sleep Quality, and Work-Related Fatigue," *Journal of Occupational Health Psychology* 17, no. 3 (July 2012): 341–53, https://doi.org/10.1037/a0028552.

13. 앨리스 보이스와 저자 인터뷰, 2020년 11월 20일.

3장

1. Sean Illing, "A Psychologist Explains How to Overcome Social Anxiety," *Vox*, June 26, 2018, https://www.vox.com/science-and-health/2018/6/26/17467744/social-anxiety-psychology-mental-health.

2. Roger Jones, "What CEOs Are Afraid Of," *Harvard Business Review*, February 24, 2015, https://hbr.org/2015/02/what-ceos-are-afraid-of.

3. Nathanael J. Fast and Serena Chen, "When the Boss Feels Inadequate: Power, Incompetence, and Aggression," *Psychological Science* 20, no. 11 (November 2009): 1406–13, https://doi.org/10.1111/j.1467-9280.2009.02452.x.

4. 이선 버리스와 저자 인터뷰, 2021년 1월 11일.

5. 나타나엘 패스트와 저자 인터뷰, 2021년 1월 19일.

6. Ruchika Tulshyan and Jodi-Ann Burey, "Stop Telling Women They Have Imposter Syndrome," *Harvard Business Review*, February 11, 2021, https://hbr.org/2021/02/stop-telling-women-they-have-imposter-syndrome.

7. David L. Collinson, "Identities and Insecurities: Selves at Work," *Organization* 10, no. 3 (August 2003): 527 – 47, https://www.researchgate.net/publication/238334590_Identities_and_Insecurities_Selves_at_Work.

8. Teresa Amabile, "Your Mean Boss Could Be Insecure," *Washington Post*, July 12, 2012, https://www.washingtonpost.com/national/on-leadership/your-mean-boss-could-be-insecure/2012/07/12/gJQAiIZufW_story.html.

9. Nathanael J. Fast, Ethan Burris, and Caroline A. Bartel, "Research: Insecure Managers Don't Want Your Suggestions," *Harvard Business Review*, November 24, 2014, https://hbr.org/2014/11/research-insecure-managers-dont-want-your-suggestions.

10. Fast, Burris, and Bartel, "Insecure Managers."

11. W. Gerrod Parrott, "The Benefits and Threats from Being Envied in Organizations," in *Envy at Work and in Organizations* (New York: Oxford University Press, 2017), 455 – 74.

12. 린드레드 그리어와 저자 인터뷰, 2021년 1월 12일.

13. Fast, Burris, and Bartel, "Insecure Managers."

14. 나타나엘 패스트와 저자 인터뷰, 2021년 1월 19일.

15. Hui Liao, Elijah Wee, and Dong Liu, "Research: Shifting the Power Balance with an Abusive Boss," *Harvard Business Review*, October 9, 2017, https://hbr.org/2017/10/research-shifting-the-power-balance-with-an-abusive-boss.

16. David E. Sprott et al., "The Question – ehavior Effect: What We Know and Where We Go from Here," *Social Influence* 1 (August 2006): 128 – 37, https://doi.org/10.1080/15534510600685409.

4장

1. 미셸 길란과 저자 인터뷰, 2021년 1월 11일.

2. Fuschia Sirois, "The Surprising Benefits of Being a Pessimist," *The Conversation*, February 23, 2018, https://theconversation.com/the-surprising-benefits-of-being-a-pessimist-91851.

3. Fuschia M. Sirois, "Who Looks Forward to Better Health? Personality Factors and Future Self-Rated Health in the Context of Chronic Illness," *International Journal of Behavioral Medicine* 22 (January 2015): 569-79, https://doi.org/10.1007/s12529-015-9460-8.

4. Grant and Higgins, "Do You Play to Win—r to Not Lose?," *Harvard Business Review*, March 2013, https://hbr.org/2013/03/do-you-play-to-win-or-to-not-lose.

5. 에일린 추와 저자 인터뷰, 2021년 1월 14일.

6. Michelle Gielan, "The Financial Upside of Being an Optimist," *Harvard Business Review*, March 12, 2019, https://hbr.org/2019/03/the-financial-upside-of-being-an-optimist.

7. Sigal G. Barsade, Constantinos G. V. Coutifaris, and Julianna Pillemer, "Emotional Contagion in Organizational Life," *Research in Organizational Behavior* 38 (December 2018): 137-51, https://doi.org/10.1016/j.riob.2018.11.005.

8. Susan David, "The Gift and Power of Emotional Courage," filmed November 2017 at TEDWomen in New Orleans, LA, https://www.ted.com/talks/susan_david_the_gift_and_power_of_emotional_courage.

9. 하이디 그랜트와 저자 인터뷰, 2021년 2월 1일.

10. Amy C. Edmondson, "Boeing and the Importance of Encouraging Employees to Speak Up," *Harvard Business Review*, May 1, 2019, https://hbr.org/2019/05/boeing-and-the-importance-of-encouraging-employees-to-speak-up.

11. Hemant Kakkar and Subra Tangirala, "If Your Employees Aren't Speaking Up, Blame Company Culture," *Harvard Business Review*, November 6, 2018,

https://hbr.org/2018/11/if-your-employees-arent-speaking-up-blame-company-culture.

12. David M. Schweiger, William R. Sandberg, and James W. Ragan, "Group Approaches for Improving Strategic Decision Making: A Comparative Analysis of Dialectical Inquiry, Devil's Advocacy, and Consensus," *Academy of Management Journal* 29, no. 1 (1986): 51–71, https://psycnet.apa.org/doi/10.2307/255859.

13. Nilofer Merchant, "Don't Demonize Employees Who Raise Problems," *Harvard Business Review*, January 30, 2020, https://hbr.org/2020/01/dont-demonize-employees-who-raise-problems.

14. 하이디 그랜트와 저자 인터뷰, 2021년 2월 1일.

15. 에일린 추와 저자 인터뷰, 2021년 1월 14일.

16. 하이디 그랜트와 저자 인터뷰, 2021년 2월 1일.

5장

1. Rahav Gabay et al., "The Tendency for Interpersonal Victimhood: The Personality Construct and Its Consequences," *Personality and Individual Differences* 165 (October 2020), https://doi.org/10.1016/j.paid.2020.110134.

2. Manfred F. R. Kets de Vries, "Are You a Victim of the Victim Syndrome?," *Organizational Dynamics* 43, no. 2 (July 2012), https://www.researchgate.net/publication/256028208_Are_You_a_Victim_of_the_Victim_Syndrome.

3. Bryant P. H. Hui et al., "Rewards of Kindness? A Meta-Analysis of the Link between Prosociality and Well-Being," *Psychological Bulletin* 142, no. 12 (December 2020): 1084–1116, https://pubmed.ncbi.nlm.nih.gov/32881540/.

6장

1. Scott Wetzler and Leslie C. Morey, "Passive-Aggressive Personality Disorder: The Demise of a Syndrome," *Psychiatry* 62, no. 1 (Spring 1999): 49 – 59, https://pubmed.ncbi.nlm.nih.gov/10224623/; Christopher Lane, "The Surprising History of Passive-Aggressive Personality Disorder," *Theory & Psychology* 19, no. 1 (February 2009):55 – 70, https://journals.sagepub.com/doi/abs/10.1177/0959354308101419.

2. Christopher J. Hopwood et al., "The Construct Validity of Passive-Aggressive Personality Disorder," *Psychiatry* 72, no. 3 (Fall 2009): 255 – 67, https://www.ncbi.nlm.nih.gov/pmc/articles/PMC2862968/.

3. 가브리엘 애덤스와 저자 인터뷰, 2021년 1월 12일.

4. Benedict Carey, "Oh, Fine, You're Right. I'm Passive-Aggressive," *New York Times*, November 16, 2004, https://www.nytimes.com/2004/11/16/health/psychology/oh-fine-youre-right-im-passiveaggressive.html.

5. Nora J. Johnson and Thomas Klee, "Passive-Aggressive Behavior and Leadership Styles in Organizations," *Journal of Leadership & Organizational Studies* 14, no. 2 (November 2007): 130 – 42, https://journals.sagepub.com/doi/10.1177/1071791907308044.

6. Johnson and Klee, "Passive-Aggressive Behavior."

7. D'Lisa N. McKee, "Antecedents of Passive-Aggressive Behavior as Employee Deviance," *Journal of Organizational Psychology* 19, no. 4 (September 2019).

8. 여성이 직장에서 직면하는 선택하기 어려운 상황에 관한 연구와 기사는 많다. 특히 다음 기사가 잘 설명하고 있다고 생각한다. Alice Eagly and Linda L. Carli, "Women and the Labyrinth of Leadership," *Harvard Business Review*, September 2007, https://hbr.org/2007/09/women-and-the-labyrinth-of-leadership.

9. Michelle K. Duffy, Daniel C. Ganster, and Milan Pagon, "Social Undermining

in the Workplace," *Academy of Management Journal* 45, no. 2 (November 2017): 331–51, https://journals.aom.org/doi/10.5465/3069350.

10. Gary L. Neilson, Bruce A. Pasternack, and Karen E. Van Nuys, "The Passive-Aggressive Organization," *Harvard Business Review*, October 2005, https://hbr.org/2005/10/the-passive-aggressive-organization.

11. 가브리엘 애덤스와 저자 인터뷰, 2021년 1월 12일.

12. Jeffrey Sanchez-Burks, Christina Bradley, and Lindred Greer, "How Leaders Can Optimize Teams' Emotional Landscapes," *MIT Sloan Management Review*, January 4, 2021, https://sloanreview.mit.edu/article/how-leaders-can-optimize-teams-emotional-landscapes/.

13. 린드레드 그리어와 저자 인터뷰, 2021년 1월 12일.

14. 하이디 그랜트와 저자 인터뷰, 2021년 2월 1일.

15. Pauline Schilpzand, Irene De Pater, and Amir Erez, "Workplace Incivility: A Review of the Literature and Agenda for Future Research," *Journal of Organizational Behavior* 37, no. S1 (February 2016): S57–S88, https://doi.org/10.1002/job.1976.

16. Patrick Lencioni, *The Five Dysfunctions of a Team: A Leadership Fable* (San Francisco: Jossey-Bass, 2002).

7장

1. Rebecca Webber, "Meet the Real Narcissists (They're Not What You Think)," *Psychology Today*, September 15, 2016, https://www.psychologytoday.com/us/articles/201609/meet-the-real-narcissists-theyre-not-what-you-think; Sheenie Ambardar, "Narcissistic Personality Disorder," *Medscape*, last updated May 16, 2018, https://emedicine.medscape.com/article/1519417-overview#a5.

2. Mark D. Alicke et al., "Personal Contact, Individuation, and the Better-Than-Average Effect," *Journal of Personality and Social Psychology* 68, no. 5 (1995): 804–25, https://doi.org/10.1037/0022-3514.68.5.804; David Dunning, *Self-Insight: Roadblocks and Detours on the Path to Knowing Thyself* (New York: Psychology Press, 2005).

3. James A. Shepperd, Judith A. Ouellette, and Julie K. Fernandez, "Abandoning Unrealistic Optimism: Performance Estimates and the Temporal Proximity of Self-Relevant Feedback," *Journal of Personality and Social Psychology* 70, no. 4 (1996): 844–55, https://doi.org/10.1037/0022-3514.70.4.844.

4. Stephen J. Hoch, "Counterfactual Reasoning and Accuracy in Predicting Personal Events," *Journal of Experimental Psychology: Learning, Memory, and Cognition* 11, no. 4 (1985): 719–31, https://doi.org/10.1037/0278-7393.11.1-4.719.

5. Johannes Spinnewijn, "Unemployed but Optimistic: Optimal Insurance Design with Biased Beliefs," *Journal of the European Economic Association* 13, no. 1 (February 2015): 130–67, https://doi.org/10.1111/jeea.12099.

6. Joey T. Chang et al., "Overconfidence Is Contagious," *Harvard Business Review*, November 17, 2020, https://hbr.org/2020/11/overconfidence-is-contagious.

7. Allan Williams, "Views of U.S. Drivers about Driving Safety," *Journal of Safety Research* 34, no. 5 (2003): 491–94, https://doi.org/10.1016/j.jsr.2003.05.002.

8. Tomas Chamorro-Premuzic, "How to Spot an Incompetent Leader," *Harvard Business Review*, March 11, 2020, https://hbr.org/2020/03/how-to-spot-an-incompetent-leader.

9. Jeanine Prime and Elizabeth Salib, "The Best Leaders Are Humble Leaders," *Harvard Business Review*, May 12, 2014, https://hbr.org/2014/05/the-best-leaders-are-humble-leaders.

10. Katty Kay and Claire Shipman, "The Confidence Gap," *The Atlantic*, May 2014,

https://www.theatlantic.com/magazine/archive/2014/05/the-confidence-gap/359815/.

11. Stephanie Thomson, "A Lack of Confidence Isn't What's Holding Back Working Women," *The Atlantic*, September 20, 2018, https://www.theatlantic.com/family/archive/2018/09/women-workplace-confidence-gap/570772/.

12. Tomas Chamorro-Premuzic, "Why Do So Many Incompetent Men Become Leaders?," *Harvard Business Review*, August 22, 2013, https://hbr.org/2013/08/why-do-so-many-incompetent-men.

13. Rebecca Solnit, "Men Who Explain Things," *Los Angeles Times*, April 13, 2008, https://www.latimes.com/archives/la-xpm-2008-apr-13-op-solnit13-story.html.

14. Victoria L. Brescoll, "Who Takes the Floor and Why: Gender, Power, and Volubility in Organizations," *Gender and Inequality* 56, no. 4 (February 2012): 622–41, https://doi.org/10.1177/0001839212439994.

15. Christopher F. Karpowitz, Tali Mendelberg, and Lee Shaker, "Gender Inequality in Deliberative Participation," *American Political Science Review* 106, no. 3 (2012): 533–47, https://www.cambridge.org/core/journals/american-political-science-review/article/abs/gender-inequality-in-deliberative-participation/CE7441632EB3B0BD21CC5045C7E1AF76.

16. Kim Goodwin, "Mansplaining, Explained in One Simple Chart," BBC, July 29, 2018, https://www.bbc.com/worklife/article/20180727-mansplaining-explained-in-one-chart.

17. Tonja Jacobi and Dylan Schweers, "Female Supreme Court Justices Are Interrupted More by Male Justices and Advocates," *Harvard Business Review*, April 11, 2017, https://hbr.org/2017/04/female-supreme-court-justices-are-interrupted-more-by-male-justices-and-advocates.

18. Matt Krentz et al., "Five Ways Men Can Improve Gender Diversity at Work,"

직장생활 인간관계론

Boston Consulting Group, October 10, 2017, https://www.bcg.com/en-us/publications/2017/people-organization-behavior-culture-five-ways-men-improve-gender-diversity-work.

19. Francesca Gino, "How to Handle Interrupting Colleagues," *Harvard Business Review*, February 22, 2017, https://hbr.org/2017/02/how-to-handle-interrupting-colleagues.

20. Erin Meyer, *The Culture Map: Breaking Through the Invisible Boundaries of Global Business* (New York: PublicAffairs, 2014).

21. Gino, "How to Handle Interrupting Colleagues."

22. 토마스 차모로-프레무지크와 저자 인터뷰, 2021년 1월 21일.

23. Kristen Pressner, "Are You Biased? I Am," filmed May 2016 at TEDxBasel, Basel, Basel-Stadt, Switzerland, video, https://www.youtube.com/watch?v=Bq_xYSOZrgU&vl=en.

24. Sarah Kaplan, "What Companies Should Do with the Office Mansplainer," *Fast Company*, July 19, 2019, https://www.fastcompany.com/90378694/what-men-and-companies-should-do-about-mansplaining.

8장

1. 나는 이 용어를 마이클 거트먼Michael Gutman의 링크드인에서 알게 되었다. https://www.linkedin.com/in/gutmanmichael/. 원격근무 컨설턴트이자 교육 전문가인 마이크는 똑똑하고 너그러운 동료다.

2. Norbert K. Semmer et al., "Illegitimate Tasks as a Source of Work Stress," *Work and Stress* 29, no. 1 (March 2015): 32–56, https://www.ncbi.nlm.nih.gov/pmc/articles/PMC4396521/.

3. Rachel Ruttan, Mary-Hunter McDonnell, and Loran Nordgren, "It's Harder to Empathize with People If You've Been in Their Shoes," *Harvard Business*

Review, October 20, 2015, https://hbr.org/2015/10/its-harder-to-empathize-with-people-if-youve-been-in-their-shoes.

4. Pilar Gonzalez-Navarro et al., "Envy and Counterproductive Work Behavior: The Moderation Role of Leadership in Public and Private Organizations," *International Journal of Environmental Research and Public Health* 15, no. 5 (July 2018): 1455, https://www.ncbi.nlm.nih.gov/pmc/articles/PMC6068656/.

5. Lingtao Yu, Michelle K. Duffy, and Bennett J. Tepper, "Why Supervisors Envy Their Employees," *Harvard Business Review*, September 13, 2018, https://hbr.org/2018/09/why-supervisors-envy-their-employees; Manfred F. R. Kets de Vries, The Leadership Mystique: Leading Behavior in the Human Enterprise (Hoboken, NJ: Prentice Hall, 2009).

6. 미셸 더피와 저자 인터뷰, 2021년 1월 14일.

7. Araya Baker, "10 Signs of Generational Envy," *Psychology Today*, July 22, 2021, https://www.psychologytoday.com/us/blog/beyond-cultural-competence/202107/10-signs-generational-envy.

8. John Protzko and Jonathan Schooler, "Kids These Days: Why the Youth of Today Seem Lacking," *Science Advances* 5, no. 10 (October 2019), https://www.researchgate.net/publication/336596902_Kids_these_days_Why_the_youth_of_today_seem_lacking.

9. Rebecca Knight, "When Your Boss Is Younger Than You," *Harvard Business Review*, October 9, 2015, https://hbr.org/2015/10/when-your-boss-is-younger-than-you.

10. Belle Derks, Colette Van Laar, and Naomi Ellemers, "The Queen Bee Phenomenon: Why Women Leaders Distance Themselves from Junior Women," *Leadership Quarterly* 27, no. 3 (June 2016): 456-69, https://doi.org/10.1016/j.leaqua.2015.12.007.

11. Stefanie K. Johnson and David R. Hekman, "Women and Minorities Are

Penalized for Promoting Diversity," *Harvard Business Review*, March 23, 2016, https://hbr.org/2016/03/women-and-minorities-are-penalized-for-promoting-diversity.

12. Michelle Duguid, "Female Tokens in High-Prestige Work Groups: Catalysts or Inhibitors of Group Diversification?," *Organizational Behavior and Human Decision Processes* 116, no. 1 (September 2011): 104-15, https://www.sciencedirect.com/science/article/abs/pii/S0749597811000720.

13. 로절린드 차우와 저자 인터뷰, 2021년 2월 18일.

14. Zhenyu Liao, "Intimidating Bosses Can Change—hey Just Need a Nudge," *Harvard Business Review*, August 31, 2020, https://hbr.org/2020/08/intimidating-bosses-can-change-they-just-need-a-nudge.

15. Lilia M. Cortina, "Selective Incivility as Modern Discrimination in Organizations: Evidence and Impact," *Journal of Management* 39, no. 6 (September 2013): 1579-1605, https://doi.org/10.1177/0149206311418835.

16. Allison S. Gabriel, Marcus M. Butts, and Michael T. Sliter, "Women Experience More Incivility at Work—Especially from Other Women," *Harvard Business Review*, March 28, 2018, https://hbr.org/2018/03/women-experience-more-incivility-at-work-especially-from-other-women.

17. Anna Steinhage, Dan Cable, and Duncan Wardley, "The Pros and Cons of Competition Among Employees," Harvard Business Review, March 20, 2017, https://hbr.org/2017/03/the-pros-and-cons-of-competition-among-employees.

18. Leah D. Sheppard and Karl Aquino, "Sisters at Arms: A Theory of Female Same-Sex Conflict and Its Problematization in Organizations," *Journal of Management* 43, no. 3 (June 2014): 691-715, https://journals.sagepub.com/doi/10.1177/0149206314539348.

19. Isabel Fernandez-Mateo and Sarah Kaplan, "The Immortal -nd False -Myth

of the Workplace Queen Bee," *The Conversation*, January 9, 2020, https://theconversation.com/the-immortal-and-false-myth-of-the-workplace-queen-bee-129680.

20. Martin Abel, "Do Workers Discriminate Against Female Bosses?," IZA Institute of Labor Economics Discussion Paper no. 12611 (September 2019), https://www.iza.org/publications/dp/12611/do-workers-discriminate-against-female-bosses.

21. Robert W. Livingston, Ashleigh Shelby Rosette, and Ella F. Washington, "Can an Agentic Black Woman Get Ahead? The Impact of Race and Interpersonal Dominance on Perceptions of Female Leaders," *Psychological Science* 23, no. 4 (March 2012): 354–58, https://doi.org/10.1177/0956797611428079.

22. Valerie Purdie Greenaway, "Are There Black 'Queen Bees'?" The Atlantic, August 11, 2017, https://www.theatlantic.com/business/archive/2017/08/black-queen-bees-women-khazan/536391/.

23. Alison M. Konrad, Kathleen Cannings, and Caren B. Goldberg, "Asymmetrical Demography Effects on Psychological Climate for Gender Diversity: Differential Effects of Leader Gender and Work Unit Gender Composition among Swedish Doctors," *Human Relations* 63, no. 11 (August 2010): 1661–85, https://doi.org/10.1177/0018726710369397.

24. Marianne Cooper, "Why Women (Sometimes) Don't Help Other Women," *The Atlantic*, June 23, 2016, https://www.theatlantic.com/business/archive/2016/06/queen-bee/488144/; Sharon Foley et al., "The Impact of Gender Similarity, Racial Similarity, and Work Culture on Family-Supportive Supervision," *Group & Organization Management* 31, no. 4 (August 2006): 420–41, https://doi.org/10.1177/1059601106286884; Lynn Pasquerella and Caroline S. Clauss-Ehlers, "Glass Cliffs, Queen Bees, and the Snow-Woman Effect: Persistent Barriers to Women's Leadership in the

Academy," *Liberal Education* 103, no. 2 (Spring 2017), https://www.aacu.org/liberaleducation/2017/spring/pasquerella_clauss-ehlers.

25. Taekjin Shin, "The Gender Gap in Executive Compensation: The Role of Female Directors and Chief Executive Officers," *ANNALS of the American Academy of Political and Social Science* 639, no. 1 (December 2011): 258–78, https://doi.org/10.1177/0002716211421119.

26. Heather M. Rasinski and Alexander M. Czopp, "The Effect of Target Status on Witnesses' Reactions to Confrontations of Bias," *Basic and Applied Social Psychology* 32, no. 1 (February 2010): 8–16, https://doi.org/10.1080/01973530903539754.

27. Amy Gallo, "How to Respond to an Offensive Comment at Work," Harvard *Business Review*, February 8, 2017, https://hbr.org/2017/02/how-to-respond-to-an-offensive-comment-at-work.

28. Bennett J. Tepper, "Consequences of Abusive Supervision," *Academy of Management Journal* 43, no. 2 (April 2000): 178–90, https://www.jstor.org/stable/1556375.

29. Gabriel, Butts, and Sliter, "Women Experience More Incivility at Work."

30. Derks, Van Laar, and Ellemers, "The Queen Bee Phenomenon."

31. Shannon G. Taylor et al., "Does Having a Bad Boss Make You More Likely to Be One Yourself?," *Harvard Business Review*, January 23, 2019, https://hbr.org/2019/01/does-having-a-bad-boss-make-you-more-likely-to-be-one-yourself.

32. Robin J. Ely, "The Effects of Organizational Demographics and Social Identity on Relationships among Professional Women," *Administrative Science Quarterly* 39, no. 2 (June 1994): 203–38, https://www.jstor.org/stable/2393234?seq=1.

33. Baker, "10 Signs of Generational Envy."

34. Mary Wawritz et al., "We're All Capable of Being an Abusive Boss," *Harvard Business Review*, October 14, 2016, https://hbr.org/2016/10/were-all-capable-of-being-an-abusive-boss.

35. Christopher M. Barnes et al., "'You Wouldn't Like Me When I'm Sleepy': Leaders' Sleep, Daily Abusive Supervision, and Work Unit Engagement," *Academy of Management Journal* 58, no. 5 (November 2014): 1419–37, https://doi.org/10.5465/amj.2013.1063.

36. Stephen H. Courtright et al., "My Family Made Me Do It: A Cross-Domain, Self-Regulatory Perspective on Antecedents to Abusive Supervision," *Academy of Management Journal* 59, no. 5 (May 2015): 1630–52, https://doi.org/10.5465/amj.2013.1009.

37. Manuela Priesemuth et al., "Abusive Supervision Climate: A Multiple-Mediation Model of Its Impact on Group Outcomes," *Academy of Management Journal* 57, no. 5 (October 2013): 1513–34, https://journals.aom.org/doi/10.5465/amj.2011.0237.

38. Manuela Priesemuth, "Time's Up for Toxic Workplaces," *Harvard Business Review*, June 19, 2020, https://hbr.org/2020/06/times-up-for-toxic-workplaces.

39. Roderick M. Kramer, "The Great Intimidators," *Harvard Business Review*, February 2006, https://hbr.org/2006/02/the-great-intimidators.

40. 로절린드 차우와 저자 인터뷰, 2021년 2월 18일.

41. "Belle Derks," Utrecht Groups & Identity Lab, https://www.bellederks.com/research-publications; Derks, Van Laar, and Ellemers, "The Queen Bee Phenomenon."

42. 벨 더크스와 저자 인터뷰, 2021년 2월 15일.

43. Hui Liao, Elijah Wee, and Dong Liu, "Research: Shifting the Power Balance with an Abusive Boss," *Harvard Business Review*, October 9, 2017, https://hbr.

org/2017/10/research-shifting-the-power-balance-with-an-abusive-boss.
html.

44. Liao, Wee, and Liu, "Shifting the Power Balance with an Abusive Boss."

9장

1. Shankar Vedantam, host, "How They See Us," *Hidden Brain*, podcast, February 8, 2021, https://hiddenbrain.org/podcast/how-they-see-us/.

2. Derald Wing Sue, *Microaggressions in Everyday Life: Race, Gender, and Sexual Orientation* (Hoboken, NJ: 2010); Derald Wing Sue et al., "Racial Microaggressions in Everyday Life: Implications for Clinical Practice," *American Psychologist* 62, no. 4 (May–June 2007): 271–86, https://gim.uw.edu/sites/gim.uw.edu/files/fdp/Microagressions%20File.pdf.

3. Tiffany Jana and Michael Baran, *Subtle Acts of Exclusion: How to Understand, Identify, and Stop Microaggressions* (Oakland, CA: Berrett-Koehler Publishers, 2020).

4. Molly McDonough, "4 Common Patterns of Bias That Women Face at Work—and How You Can Correct Them," *ABA Journal*, April 1, 2016, https://www.abajournal.com/magazine/article/4_common_patterns_of_bias_that_women_face_at_work_and_how_you_can_correct_t.

5. Ella L. J. Edmondson Bell and Stella M. Nkomo, *Our Separate Ways* (Boston: Harvard Business Review Press, 2003).

6. Lilia M. Cortina, "Unseen Injustice: Incivility as Modern Discrimination in Organizations," *Academy of Management Review* 33, no. 1 (January 2008): 55–75, https://doi.org/10.2307/20159376; Lilia M. Cortina et al., "Selective Incivility as Modern Discrimination in Organizations: Evidence and Impact," *Journal of Management* 39, no. 6 (September 2013): 1579–1605, https://doi.

org/10.1177/0149206311418835.

7. John Suler, "The Online Disinhibition Effect," *Cyberpsychology & Behavior: The Impact of the Internet, Multimedia and Virtual Reality on Behavior and Society* 7, no. 3 (June 2004): 321 – 26, https://pubmed.ncbi.nlm.nih.gov/15257832/.

8. Nellie Bowles, "How to Keep Internet Trolls Out of Remote Workplaces," *New York Times, January* 24, 2021, https://www.nytimes.com/2021/01/24/business/remote-work-culture-online.html.

9. 나는 이 비유를 켄디가 브레네 브라운의 팟캐스트에서 이야기할 때 처음 들었다. 브레네 브라운이 진행하는 팟캐스트 *Unlocking Us*, "How to Be an Antiracist," 2020년 6월 3일 방송, https://brenebrown.com/podcast/brene-with-ibram-x-kendi-on-how-to-be-an-antiracist/.

10. 아직 특권이라는 단어에 익숙하지 않다면, 나는 돌리 추그가 '평범한 특권'을 자신이 속한 국가나 조직에서 인구 통계적 다수에 속하기 때문에 자신이 누구인지를 잊을 수 있는 능력이라고 설명하는 방식을 좋아한다. 자세한 내용은 추그의 책 《상처 줄 생각은 없었어》에서 확인할 수 있다.

11. Ella F. Washington, Alison Hall Birch, and Laura Morgan Roberts, "When and How to Respond to Microaggressions," *Harvard Business Review*, July 3, 2020, https://hbr.org/2020/07/when-and-how-to-respond-to-microaggressions.

12. Monnica T. Williams, "Microaggressions: Clarification, Evidence, and Impact," *Perspectives on Psychological Science* 15, no. 1 (January 2020): 3 – 26, https://doi.org/10.1177%2F1745691619827499.

13. Adwoa Bagalini, "5 Ways Racism Is Bad for Business –nd What We Can Do About It," *World Economic Forum*, July 14, 2020, https://www.weforum.org/agenda/2020/07/racism-bad-for-business-equality-diversity/.

14. Stephen Ashe and James Nazroo, "Why It's Time to Address Workplace Racism as a Matter of Health and Safety," *Manchester Policy Blogs*, University of Manchester, April 19, 2018, http://blog.policy.manchester.ac.uk/

posts/2018/04/why-its-time-to-address-workplace-racism-as-a-matter-of-health-and-safety/.

15. 루치카 툴쉬얀과 저자 인터뷰, 2021년 2월 9일.

16. 아니타 라탄과 저자 인터뷰, 2021년 2월 12일.

17. Eden King and Kristen Jones, "Why Subtle Bias Is So Often Worse Than Blatant Discrimination," *Harvard Business Review*, July 13, 2016, https://hbr.org/2016/07/why-subtle-bias-is-so-often-worse-than-blatant-discrimination.

18. Bagalini, "5 Ways Racism Is Bad for Business."

19. 아니타 라탄과 저자 인터뷰, 2021년 2월 12일.

20. Heather M. Rasinski and Alexander M. Czopp, "The Effect of Target Status on Witnesses' Reactions to Confrontations of Bias," *Basic and Applied Social Psychology* 32, no. 1 (February 2010): 8-16, https://doi.org/10.1080/01973530903539754.

21. Linn Van Dyne and Jeffrey A. LePine, "Helping and Voice Extra-Role Behaviors: Evidence of Construct and Predictive Validity," *Academy of Management Journal* 41, no. 1 (February 1998): 108-19, https://www.jstor.org/stable/256902?seq=1; Janet Swim and Lauri L. Hyers, "Excuse Me—hat Did You Just Say?!: Women's Public and Private Responses to Sexist Remarks," *Journal of Experimental Social Psychology* 35, no. 1: 68-88, https://doi.org/10.1006/jesp.1998.1370.

22. A. M. Czopp and Leslie Ashburn-Nardo, "Interpersonal Confrontations of Prejudice," *Psychology of Prejudice: Interdisciplinary Perspectives on Contemporary Issues* (January 2012): 175-202, https://www.researchgate.net/publication/285966720_Interpersonal_confrontations_of_prejudice.

23. 루치카 툴쉬얀과 저자 인터뷰, 2021년 2월 9일.

24. Washington, Birch, and Roberts, "When and How to Respond to

Microaggressions."

25. 돌리 추그와 저자 인터뷰, 2021년 4월 22일.

26. 아니타 라탄과 저자 인터뷰, 2021년 2월 12일.

27. Amy Gallo, "How to Respond to an Offensive Comment at Work," *Harvard Business Review*, February 8, 2017, https://hbr.org/2017/02/how-to-respond-to-an-offensive-comment-at-work.

28. Washington, Birch, and Roberts, "When and How to Respond to Microaggressions."

29. 돌리 추그와 저자 인터뷰, 2021년 4월 22일.

30. Juliet Eilperin, "White House Women Want to Be in the Room Where It Happens," *Washington Post*, September 13, 2016, https://www.washingtonpost.com/news/powerpost/wp/2016/09/13/white-house-women-are-now-in-the-room-where-it-happens/.

31. James R. Detert and Ethan Burris, "When It's Tough to Speak Up, Get Help from Your Coworkers," *Harvard Business Review*, March 4, 2016, https://hbr.org/2016/03/when-its-tough-to-speak-up-get-help-from-your-coworkers.

10장

1. Tomas Chamorro-Premuzic, "The Underlying Psychology of Office Politics," *Harvard Business Review*, December 25, 2014, https://hbr.org/2014/12/the-underlying-psychology-of-office-politics.

2. Rob Cross, Reb Rebele, and Adam Grant, "Collaborative Overload," *Harvard Business Review*, January–February 2016, https://hbr.org/2016/01/collaborative-overload.

3. Robert Half, "Game On! How to Navigate Office Politics to Win," *The Robert*

Half Blog, October 12, 2016, https://www.roberthalf.com/blog/salaries-and-skills/game-on-how-to-navigate-office-politics-to-win.

4. Takuma Kimura, "A Review of Political Skill: Current Research Trend and Directions for Future Research," *International Journal of Management Reviews* 17, no. 3 (July 2015): 312−32, https://doi.org/10.1111/ijmr.12041.

5. Pamela L. Perrewe et al., "Political Skill: An Antidote for Workplace Stressors," *Academy of Management Executive* 14, no. 3 (August 2000): 115−23, https://www.jstor.org/stable/4165664?seq=1.

6. Emily Stone, "Why Bad Bosses Sabotage Their Teams," *Kellog Insight* (blog), January 5, 2015, https://insight.kellogg.northwestern.edu/article/why-bad-bosses-sabotage-their-teams.

7. Kathryn Heath, "4 Strategies for Women Navigating Office Politics," *Harvard Business Review*, January 14, 2015, https://hbr.org/2015/01/4-strategies-for-women-navigating-office-politics; Pamela L. Perrewe and Debra L. Nelson, "Gender and Career Success: The Facilitative Role of Political Skill," *Organizational Dynamics* 33, no. 4 (December 2004): 366−78, https://doi.org/10.1016/j.orgdyn.2004.09.004.

8. Michelle King, David Denyer, and Emma Parry, "Is Office Politics a White Man's Game?," *Harvard Business Review*, September 12, 2018, https://hbr.org/2018/09/is-office-politics-a-white-mans-game.

9. Kathryn Heath, "3 Simple Ways for Women to Rethink Office Politics and Wield More Influence at Work," *Harvard Business Review*, December 18, 2017, https://hbr.org/2017/12/3-simple-ways-for-women-to-rethink-office-politics-and-wield-more-influence-at-work.

10. 낸시 햄편과 저자 인터뷰, 2021년 1월 16일.

11. Giuseppe "Joe" Labianca, "Defend Your Research: It's Not 'Unprofessional' to Gossip at Work," *Harvard Business Review*, September 2020, https://hbr.

org/2010/09/defend-your-research-its-not-unprofessional-to-gossip-at-work.

12. Nancy B. Kurland and Lisa Hope Pelled, "Passing the Word: Toward a Model of Gossip and Power in the Workplace," *Academy of Management Review* 25, no. 2 (April 2000): 428–39, https://doi.org/10.5465/amr.2000.3312928.

13. 낸시 핼편과 저자 인터뷰, 2021년 1월 16일.

14. Marc J. Lerchenmueller, Olav Sorenson, and Anupam B. Jena, "Research: How Women Undersell Their Work," *Harvard Business Review*, December 20, 2019, https://hbr.org/2019/12/research-how-women-undersell-their-work; Christine Exley and Judd Kessler, "Why Don't Women Self-Promote as Much as Men?," *Harvard Business Review*, December 19, 2019, https://hbr.org/2019/12/why-dont-women-self-promote-as-much-as-men.

15. Katie Liljenquist and Adam D. Galinsky, "Win Over an Opponent by Asking for Advice," *Harvard Business Review*, June 27, 2014, https://hbr.org/2014/06/win-over-an-opponent-by-asking-for-advice.

11장

1. Adam Grant, "The Science of Reasoning with Unreasonable People," *New York Times*, January 31, 2021, https://www.nytimes.com/2021/01/31/opinion/change-someones-mind.html.

2. Lee Ross and Andrew Ward, "Naive Realism in Everyday Life: Implications for Social Conflict and Misunderstanding," in *Values and Knowledge*, eds. Edward S. Reed, Elliot Turiel, and Terrance Brown (Mahwah, NJ: Lawrence Erlbaum Associates, 1996), 103–35.

3. Elizabeth Louise Newton, "The Rocky Road from Actions to Intentions," PhD diss., Stanford University, 1990, https://creatorsvancouver.com/wp-content/

uploads/2016/06/rocky-road-from-actions-to-intentions.pdf.

4. Katie Shonk, "Principled Negotiation: Focus on Interests to Create Value," *Harvard Law School Program on Negotiation*, blog, September 27, 2021, https://www.pon.harvard.edu/daily/negotiation-skills-daily/principled-negotiation-focus-interests-create-value/.

5. Phyllis Korkki, "Conflict at Work? Empathy Can Smooth Ruffled Feathers," *New York Times*, October 8, 2016, https://www.nytimes.com/2016/10/09/jobs/conflict-at-work-empathy-can-smooth-ruffled-feathers.html.

6. 가브리엘 애덤스와 저자 인터뷰, 2021년 1월 12일.

7. Gabrielle S. Adams and M. Ena Inesi, "Impediments to Forgiveness: Victim and Transgressor Attributions of Intent and Guilt," *Journal of Personality and Social Psychology* 111, no. 6 (2016): 866, https://pubmed.ncbi.nlm.nih.gov/27537273/.

8. Mark Murphy, "Neuroscience Explains Why You Need to Write Down Your Goals If You Actually Want to Achieve Them," *Forbes*, April 15, 2018, https://www.forbes.com/sites/markmurphy/2018/04/15/neuroscience-explains-why-you-need-to-write-down-your-goals-if-you-actually-want-to-achieve-them/.

9. Matthew Feinberg, Robb Willer, and Michael Schultz, "Gossip and Ostracism Promote Cooperation in Groups," *Psychological Science* 25, no. 3 (January 2014): 656–64, https://doi.org/10.1177/0956797613510184.

10. Junhui Wu, Daniel Balliet, and Paul A. M. Van Lange, "Gossip Versus Punishment: The Efficiency of Reputation to Promote and Maintain Cooperation," *Scientific Reports* 6, no. 1 (April 2016), https://www.ncbi.nlm.nih.gov/pmc/articles/PMC4819221/.

11. Jennifer Goldman-Wetzler, *Optimal Outcomes: Free Yourself from Conflict at Work, at Home, and in Life* (New York: HarperCollins, 2020).

12. Francesca Gino, "The Business Case for Curiosity," *Harvard Business Review*, September – October 2018, https://hbr.org/2018/09/the-business-case-for-curiosity.

13. Salvador Minuchin, Michael D. Reiter, and Charmaine Borda, *The Craft of Family Therapy: Challenging Certainties* (New York: Routledge, 2013).

12장

1. Nedra Glover Tawwab, Set Boundaries, *Find Peace: A Guide to Reclaiming Yourself* (New York: TarcherPerigee, 2021).

2. Michelle Gielan, *Broadcasting Happiness: The Science of Igniting and Sustaining Positive Change* (New York: Gildan Media, 2015).

3. Justin M. Berg, Jane E. Dutton, and Amy Wrzesniewski, "What Is Job Crafting and Why Does It Matter?," University of Michigan Stephen M. Ross School of Business Center for Positive Organizational Scholarship, 최종 수정 2008년 8월 1일, https://positiveorgs.bus.umich.edu/wp-content/uploads/What-is-Job-Crafting-and-Why-Does-it-Matter1.pdf.

4. Jane E. Dutton and Amy Wrzesniewski, "What Job Crafting Looks Like," *Harvard Business Review*, March 12, 2020, https://hbr.org/2020/03/what-job-crafting-looks-like.

5. 로버트 서튼과 저자 인터뷰, 2021년 1월 29일.

6. Christine Porath and Christine Pearson, "The Price of Incivility," *Harvard Business Review*, January – February 2013, https://hbr.org/2013/01/the-price-of-incivility.

7. Boris Groysberg and Robin Abrahams, "Managing Yourself: Five Ways to Bungle a Job Change," *Harvard Business Review*, January – February 2010, https://hbr.org/2010/01/managing-yourself-five-ways-to-bungle-a-job-change.

직장생활 인간관계론

13장

1. Susan David, "Manage a Difficult Conversation with Emotional Intelligence," *Harvard Business Review*, June 19, 2014, https://hbr.org/2014/06/manage-a-difficult-conversation-with-emotional-intelligence.

2. David, "Manage a Difficult Conversation."

3. 캐럴라인 웹과 저자 인터뷰, 2021년 2월 21일.

4. Brett J. Peters, Nickola C. Overall, and Jeremy P. Jamieson, "Physiological and Cognitive Consequences of Suppressing and Expressing Emotion in Dyadic Interactions," *International Journal of Psychophysiology* 94, no. 1 (October 2014): 100-7, http://www.psych.rochester.edu/research/jamiesonlab/wp-content/uploads/2014/01/peters.pdf.

5. 로버트 서튼과 저자 인터뷰, 2021년 1월 29일.

6. Brené Brown, "Shame vs. Guilt," *Brené Brown*, blog, January 15, 2013, https://brenebrown.com/blog/2013/01/14/shame-v-guilt/.

7. 캐럴라인 웹과 저자 인터뷰, 2021년 2월 21일.

14장

1. Annie McKee, "Keep Your Company's Toxic Culture from Infecting Your Team," Harvard Business Review, April 29, 2019, https://hbr.org/2019/04/keep-your-companys-toxic-culture-from-infecting-your-team.

2. Christine Porath, "An Antidote to Incivility," *Harvard Business Review*, April 2016, https://hbr.org/2016/04/an-antidote-to-incivility.

3. Amy Jen Su, "6 Ways to Weave Self-Care into Your Workday," *Harvard Business Review*, June 19, 2017, https://hbr.org/2017/06/6-ways-to-weave-self-care-into-your-workday.

4. Tony Cassidy, Marian McLaughlin, and Melanie Giles, "Benefit Finding in Response to General Life Stress: Measurement and Correlates," *Health Psychology and Behavioral Medicine* 2, no. 1 (March 2014): 268–82, https://doi.or g/10.1080/21642850.2014.889570.

5. 켈리 그린우드와 저자 인터뷰, 2021년 3월 2일.

6. Rich Fernandez and Steph Stern, "Self-Compassion Will Make You a Better Leader," *Harvard Business Review*, November 9, 2020, https://hbr.org/2020/11/ selfcompassion-will-make-you-a-better-leader; Serena Chen, "Give Yourself a Break: The Power of Self-Compassion," *Harvard Business Review*, September–October 2018, https://hbr.org/2018/09/give-yourself-a-break-the-power-of-self-compassion.

7. Kristin Neff, "The Three Elements of Self-Compassion," *Self-Compassion*, blog, accessed December 18, 2021, https://self-compassion.org/the-three-elements-of-self-compassion-2/#3elements.

출처

표 4-1

Heidi Grant and E. Tory Higgins, "Do You Play to Win—or to Not Lose?," Harvard Business Review, March 2013, https://hbr.org/2013/03/do-you-play-to-win-or-to-not-lose. 일부 내용 수정.

표 5-1

Manfred F. R. Kets de Vries, "Are You a Victim of the victim syndrome?", Organizational Dynamics 43, no. 2 (July 2012), https://www.researchgate.net/publication/256028208_Are_You_a_Victim_of_the_Victim_Syndrome. 일부 내용 수정.

표 13-1

Shalom H. Schwartz, "An Overview of the Schwartz Theory of Basic Values," Online Readings in Psychology and Culture 2, no. 1 (December 2012), https://doi.org/10.9707/2307-0919.1116. 일부 내용 수정.

직장생활 인간관계론

초판 1쇄 인쇄 2024년 11월 13일
초판 1쇄 발행 2024년 11월 27일

지은이 에이미 갤로
옮긴이 이윤진
펴낸이 고영성

책임편집 하선연 **디자인** 이화연 **저작권** 주민숙

펴낸곳 주식회사 상상스퀘어
출판등록 2021년 4월 29일 제2021-000079호
주소 경기도 성남시 분당구 성남대로 52, 그랜드프라자 604호
팩스 02-6499-3031
이메일 publication@sangsangsquare.com
홈페이지 www.sangsangsquare-books.com

ISBN 979-11-92389-84-4 (03320)